Preuß WEGE ZUR BESCHEIDENHEIT

KARL-HEINZ PREUSS

Wege zur Bescheidenheit

STRATEGIEN FÜR DIE ZUKUNFT

UMSCHAU VERLAG FRANKFURT/MAIN

CIP-Kurztitelaufnahme der Deutschen Bibliothek

Preuß, Karl-Heinz:
Wege zur Bescheidenheit: Strategien für d.
Zukunft / Karl-Heinz Preuß. – Frankfurt am
Main: Umschau-Verlag, 1981.
ISBN 3-524-69022-X

Satz: Maschinensetzerei Janß, Pfungstadt
Herstellung: May & Co, Darmstadt
ISBN 3-524-69022-X · Printed in Germany

INHALT

Buch 1: Prognosen

Buch 2: Wege zu einer besseren Energienutzung

Buch 3: Energiepotentiale und Energiestrategien für die Welt

TEIL 1 DIE ZUKUNFT DER FOSSILEN ENERGIEROHSTOFFE

TEIL 2 ATOMARE AUSWEGE AUS DEM ENERGIEDILEMMA

ANMERKUNG DES AUTORS

Dieses Buch enthält einige kritische Anmerkungen zu Wissenschaft und Forschung heute. Dennoch möchte ich ihren zahlreichen Vertretern und allen anderen, die mich beim Schreiben dieses Buches mit Material, Information, Anregungen, der Bereitschaft zur Diskussion, Geduld oder in jeder anderen Weise unterstützt haben, auf diesem Wege danken.

Ganz besonders aber danke ich meinem Kollegen, dem Diplom-Physiker Rolf H. Simen vom Deutschen Forschungsdienst in Bonn-Bad Godesberg, für seine unermüdliche Bereitschaft zur Diskussion und die kritische Durchsicht des Manuskripts.

Ich wünsche mir, daß die Diskussion über dieses Buch genauso fair fortgesetzt wird, wie sie begonnen hat.

Bonn-Bad Godesberg, im Februar 1981 Karl-Heinz Preuß

BUCH 1

Prognosen

1
Abstimmung Zukunft oder: Das Märchen von der zweckfreien Wissenschaft

Dieses Buch ist kein wissenschaftliches Buch. Es ist für alle geschrieben, denen es nicht gleichgültig ist, unter welchen Bedingungen wir morgen leben. Tagtäglich fallen Entscheidungen, in denen Weichen für die Zukunft gestellt werden. Doch ausgerechnet diejenigen, die von der »Gestaltung« ihrer Gegenwart und Zukunft durch Wissenschaft und Politik am meisten betroffen sind, die Bürger nämlich, sind davon weitgehend ausgeschlossen.

Getroffen werden die Entscheidungen von den Politikern, vorbereitet und geprägt werden sie von den Experten aus Wissenschaft und Technik, die die Politiker beraten. Dabei stellt sich zunehmend die Frage, ob Wissenschaft und Politik noch die wirklichen Interessen der Bürger vertreten. Für die Mehrzahl der Wissenschaftler und Politiker indes stellt sich diese Frage nicht: Die Wissenschaft, mit deren Folgen der Bürger zum Beispiel in der Technik konfrontiert wird, ob er es will oder nicht, beruft sich auf ihre Suche nach Wahrheit und darauf, daß die Entscheidung über »wahr« oder »unwahr« keine Frage breiter Zustimmung sei; die Politiker wiederum sind davon überzeugt, daß all ihre Entscheidungen letztlich als Ergebnis demokratischer Willensbildung zu betrachten sind[1].

Die Überheblichkeit der Wissenschaft

Die Wissenschaftler, stolz darauf, die einzigen zu sein, die wissen, wie die Welt wirklich beschaffen ist und wie sie sich beherrschen läßt, gefallen sich in der Rolle des »distanzierten, die Täuschungen und Projektionen laienhafter Alltagserfahrung unendlich weit hinter sich lassenden Kenners der wahren Verhältnisse«[2], nicht nur gegenüber dem »Normalbürger«, sondern selbst gegenüber Politikern, die sie gerne als »Praktiker« in ähnlicher Weise in alltägliche Händel verstrickt sehen wie andere Leute[3]. »Die Denkweise des Wissenschaftlers«, so drückt es einer ihrer Repräsentanten aus, »ist anders als die der meisten Menschen. Er sucht Wahrheit, indem er an seinen eigenen Sätzen zweifelt, indem er Argumente und Gegenargumente vergleicht, laufend seine Meinung verbessert.«[4] Nichts kennzeichnet die Unbescheidenheit eines Teils der Wissenschaft besser als diese Anmaßung eines Alleinvertretungsanspruches auf ein Prinzip, das, obwohl der Wissenschaft entlehnt, zu den Grundsätzen jeder mündigen Gesellschaft gehören sollte.

Die Vorstellung von der Wissenschaft als reinem Abenteuer des Geistes, von ihrem zweckfreien Dienst an der reinen Erkenntnis, von ihrer politischen und moralischen Neutralität in einer von niederen Interessen geprägten Welt, die sie nach ihrem eigenen Selbstverständnis als besonders geeignet erscheinen läßt, unbeeinflußt von Eigeninteressen die Probleme dieser Welt zu lösen, und die keine Einmischung von außen erlaubt, ist angesichts der Realität pure Illusion. Wie jede andere menschliche Tätigkeit, ist auch die Wissenschaft durch die eine oder andere Interessenlage gebunden, Zwängen und Abhängigkeiten ausgesetzt[5].

Das Märchen von der zweckfreien Wissenschaft kommt Wissenschaftlern wie Politikern gleichermaßen gelegen: Die Wissenschaftler entläßt es aus der Pflicht, ihr Tun zu begründen und dessen Folgen zu verantworten, für die Politiker ist der Hinweis auf die angebliche Wertneutralität der Wissenschaft die bequemste Rechtfertigung ihrer Projekte, den Bürger hält es davon ab, die Wissenschaft zu kontrollieren oder sich in die Beziehungen zwischen Wissenschaft und Politik einzumischen. Dies funktioniert freilich nur so lange, wie der tatsächliche Umfang des Einbaus der Wissenschaft in die Gesellschaft unentdeckt bleibt. Das erhabene Bild der Wissenschaft als einer ehrenwerten Gemeinschaft freier, unabhängiger Geister wurde bereits verdunkelt von der Masse der Wissenschaftler, die in Industrie- und Staatseinrichtungen untergetaucht sind, wo sie, eingebettet in eine Hierarchie, sich auch deren Regeln unterwerfen müssen.

Wissenschaft und Interesse

Die Interessenbindung der Wissenschaft beginnt bereits in der Persönlichkeit und der Person des Forschers: in seiner Bindung an die eigene Arbeit, in seiner Neigung, »mit oder gegen den Strom zu schwimmen«, in seinen Karriereabsichten, in seiner Aufgeschlossenheit für das Neue, in seiner Abhängigkeit vom Auftrag-, Geld- oder Arbeitgeber, auf dessen Ziele er nicht selten verpflichtet ist. Wissenschaftsexterne Zwänge der Wissenschaft sind aber auch systembedingt: So ist beispielsweise die ingenieurwissenschaftliche Forschung weitgehend auf den Fortschritt der Industriegesellschaft ausgerichtet, deren Grundwerte freilich schon sehr alt und noch in einer Welt verwurzelt sind, die längst nicht mehr existiert, einer Welt, in der noch schier unerschöpfliche Rohstoffe zur Verfügung zu stehen schienen und in der man die Natur für robuster hielt, als sie tatsächlich ist[6]. Aber auch die Erscheinungen der Wachstumsideologie haben die Wissenschaft geprägt: der Konsumrausch und die Verschwendung der Wegwerfgesellschaft.

Zivilisatorische Anstöße dieser Art beeinflussen die Ergebnisse der Wissenschaft, noch bevor diese begonnen hat zu forschen. Und was für die Wissenschaft und den Wissenschaftler im allgemeinen gilt, gilt für den Wissenschaftler als Gutachter und Experten im besonderen: Man trifft kaum auf einen Experten, der nicht durch die eine oder andere Interessenlage gebunden ist. Prognosen, beispielsweise über den künftigen Energiebedarf, stehen jedoch, wie viele Beispiele aus der jüngsten Vergangenheit gezeigt haben, auf tönernen Füßen, wenn sie aus einer bestimmten Interessenlage heraus gegeben werden oder diese Interessenlage den Blick für die Realitäten trübt. Dabei wird es zunehmend schwieriger, wirklich unabhängige Experten zu finden. Auf wen anders als auf Experten aus der Energiewirtschaft beispielsweise soll und kann man zurückgreifen, wenn es um Fragen der Energieversorgung geht? Wer anders als ein Kernenergieexperte, dessen Existenzbasis die Machbarkeit der Kernenergie ist, kann Auskunft geben über Fragen, die die Sicherheit der Kernenergie betreffen? Wer anders als der Spezialist in einem großtechnischen Projekt, dessen materielles Wohl oder dessen Karriere von der Verwirklichung dieses Projektes abhängt, hat das Wissen, um die verwendete Technik und ihre Risiken auch zuverlässig zu bewerten?

Die andere Seite der Anwendung von Wissenschaft

Die Art der Technik und ihre Beherrschbarkeit ist jedoch nur die eine Seite der Anwendung von Wissenschaft, die andere betrifft die Auswirkungen dieser Anwendungen auf die Gesellschaft. Ein Beispiel hierfür ist die Risikodebatte in der Kernenergiediskussion. Ob beispielsweise jemand ein bestimmtes Risiko für tragbar hält, ist keine technische Frage, sondern eine, die die Wertvorstellung des Menschen betrifft. Dabei sind Höhe, Realität und Tragbarkeit des Risikos für jeden Beteiligten nicht nur eine Frage der mathematischen Wahrscheinlichkeit, sondern eine Frage seiner subjektiven Einschätzung. So ist beispielsweise der eine der Überzeugung, daß man sich mit den Folgen eines eventuellen Unfalles gar nicht zu beschäftigen braucht, wenn die Wahrscheinlichkeit für einen derartigen Unfall extrem gering ist. Der andere will jedoch unabhängig von der Höhe dieser Eintrittswahrscheinlichkeit wissen, wie die Auswirkungen des auch nur denkbar allerschlimmsten Unfalles sind. Hält er dessen Folgen für nicht annehmbar, möchte er vielleicht lieber auf diese Technologie ganz verzichten[7]. Solche Fragen können jedoch nicht von Fachleuten, sondern müssen von denjenigen entschieden werden, die von dieser Technik betroffen sind.

Auch die Frage beispielsweise, wieviel Energie eine Gesellschaft verbraucht, verbrauchen kann und darf, ist keine Frage, die allein unter dem Blickwinkel der Technik entschieden werden kann, sondern hängt eng mit den Grundhaltungen und Werten dieser Gesellschaft zusammen. Hat man bisher bei ständig wachsendem Energieverbrauch den Blick nahezu ausschließlich auf die Erschließung immer neuer Energiequellen gerichtet, wobei die Entwicklung sparsamerer Nutzungstechniken beim Verbraucher weitgehend auf der Strecke blieb mit der für die Energiewirtschaft verständlicherweise nicht ganz unerfreulichen Folge, daß Umsatz und Gewinn mit dem Ausmaß der Verschwendung anstiegen, so stieß diese Praxis der Lösung der Energieprobleme durch Bereitstellung von immer mehr und immer neuer Energie in der Vergangenheit nur deshalb auf so wenig Widerstand, weil die Spielregeln der alten Wachstums- und Wegwerfgesellschaft von nahezu jedermann akzeptiert wurden. Der Traum jedoch vom materiellen Überfluß, verwirklicht durch eine immer höhere Steigerung der Produktivität unter Einsatz von immer mehr Energie, ist einer der fragwürdigsten Träume der Menschheit geworden in einer Welt, in der noch immer der kleinste Teil der Menschheit den größten Teil an Energie beansprucht und die auch im materiellen Wohlstand immer weiter auseinanderfällt.

Bei Entscheidungen, die die Energiealternativen betreffen, entscheiden wir deshalb nicht nur über technische Systeme, sondern auch über Lebensbedingungen, die damit verbunden sind. Doch welche Lebensbedingungen wünschenswert oder annehmbar sind und welche nicht, das sollte allein derjenige bestimmen, der darunter zu leben hat, nämlich der Bürger. Dabei bedürfen bei einer Wertung der Positionen der Experten, hinter deren eigenen Kontroversen sich ebenfalls tiefe Unterschiede in Wertungen, optimistische oder pessimistische Grundhaltungen sowohl in technischer als auch gesellschaftlicher Hinsicht, Wachstumsdenken und ökologische Weltbilder verbergen, die Zielvorstellungen der Kernenergiegegner unter ihnen genauso einer Überprüfung durch den Bürger wie die Zielvorstellungen der Befürworter.

Solange die Werte, die der Gestaltung unserer Umwelt durch Politik und Wissenschaft zugrundeliegen, identisch sind mit denen der Gesellschaft, ist die »Vertretung« des Bürgers durch Wissenschaft und Politik bei diesen Entscheidungen noch einigermaßen legitim, auch wenn eine verstärkte Teilnahme an diesen Entscheidungen in jedem Fall wünschenswert ist. Weichen jedoch die »neuen« Werte bei der Einführung neuer Technologien von den »alten« ab, oder verlieren die alten ihre Gültigkeit, weil sich die Randbedingungen geändert haben oder gar die Grundbedingungen fortgefallen sind, wird der Vorgang zustimmungspflichtig, beziehungsweise muß die grundsätzliche Ausrichtung von Forschung und Technik neu überprüft werden.

Entscheiden muß der Bürger

In dem Augenblick, in dem es um Werte geht, ist es völlig gleichgültig, ob der Bürger als Laie Wissenschaft »versteht« oder nicht. Bei der Beurteilung von Werten genießen Wissenschaftler kein Privileg: Sie sind weder bessere noch schlechtere Menschen. Die Rolle des Experten und Wissenschaftlers, der für sein Fachgebiet, und zwar ausschließlich für dieses zu den Problemen der Einführung einer neuen Technologie oder zu deren möglichen Folgen Stellung nehmen soll, ist deshalb, welche Interessen er bewußt oder unbewußt auch immer vertreten mag, keine andere als die eines Gutachters in einem öffentlichen Anhörungsprozeß, der auch tatsächlich in der Öffentlichkeit geführt werden muß. Entscheiden muß der Bürger nach dieser Anhörung selbst. Dabei sind selbst die meisten technischen Aspekte etwa der Energiefrage nicht so kompliziert, daß sie der Bürger nicht verstehen könnte, wenn er sich nur ausreichend darum bemüht. An der damit verbundenen gesellschaftlichen »Wertediskussion« kann auch der Wissenschaftler als Bürger gleichberechtigt teilnehmen. Dabei muß er den Wissensvorsprung, den er auf seinem Spezialgebiet hat, verantwortungsbewußt nutzen. Er darf aber nicht, wie beispielsweise der Philosoph und Friedensforscher Carl Friedrich von Weizsäcker warnte, mit dem Anspruch seiner wissenschaftlichen Autorität Politik betreiben [8].

2 Die große Verschwendung

Über zwei Drittel der in der Bundesrepublik Deutschland umgesetzten Primärenergie abzüglich Energieexport, Vorratshaltung und Einsatz von Energierohstoffen für nichtenergetische Zwecke in der chemischen Industrie werden nicht genutzt. Lediglich ein knappes Drittel davon kommt als Nutzenergie beim Verbraucher an. Der große Rest geht bei der Umwandlung und Anwendung verloren. 1978 beispielsweise waren das nicht weniger als 243 Millionen Tonnen Steinkohleeinheiten. Das ist fast die gleiche Menge, die die Bundesrepublik Deutschland 1963 einschließlich nichtenergetischem Verbrauch insgesamt an Primärenergie einsetzte und weniger, als Belgien, Luxemburg, Irland, Dänemark, Norwegen, Österreich, Portugal, die Schweiz und Schweden 1976 zusammen insgesamt an Energie verbrauchten.

Physikalische Gesetze, unzulängliche Technik, Nichtausnutzung verwertbarer Abwärme, Unwissenheit, Gedankenlosigkeit, Bequemlichkeit, eine zu aufwendige Energieversorgungsstruktur, unterentwickelte Energienutzungstechnologien beim Endverbraucher, der falsche Einsatz der falschen Energieform mit der falschen Technik am falschen Ort, die durch nichts begründete Überzeugung, daß die Vorräte, und sei es durch die Zauberformel Atomenergie, letztlich schier unerschöpflich sind, aber auch Gewinnstreben und nicht selten eine mangelhafte Abstimmung in der Planung der Energieversorgung beim Einsatz unterschiedlicher Energieträger sind die Gründe für diese gewaltige Verschwendung.

Zu den größten Verschwendern mit Anteilen zwischen 26 und 30 Prozent an der Gesamtverschwendung gehören Kraftwerke und – bei einem Anteil von 45 Prozent am Endenergieverbrauch – Haushalte einschließlich Kleinverbraucher. In Privathaushalten beispielsweise geht mehr als die Hälfte der eingesetzten, zum Teil zuvor unter hohen Verlusten in die jeweils benötigte Form umgewandelte Energie verloren. Kohle- oder Ölkraftwerke, die ausschließlich Strom erzeugen, nutzen nur etwa ein Drittel der eingesetzten Primärenergie. Bis zu zwei Drittel gehen in Form von Abwärme verloren, die gleichzeitig als Wärmemüll die Umwelt aufheizt. Bei Kernkraftwerken, den bisher üblichen Leichtwasserreaktoren, sind die Verluste mit über 70 Prozent sogar noch höher.

Industrie und Verkehr haben Anteile von 17 bis 18 Prozent an dieser Verschwendung. Im Verkehr, dem kleinsten Verbrauchssektor mit einem Anteil von 20 Prozent am Endenergieverbrauch fällt bei Verlusten von rund 75 Prozent[1] mit etwa 43 Millionen Tonnen Steinkohleeinheiten fast die gleiche Verlustmenge an wie in der Industrie mit einem Anteil von 35 Prozent am Endenergieverbrauch. Diese hohen Verluste entstehen vor allem durch die niedrigen Motorwirkungsgrade heutiger Kraftfahrzeuge. Weniger als 20 Prozent der aus der Kraftstoffverbrennung stammenden Energie werden in Bewegungsenergie umgesetzt. Die meiste Energie wird verwendet, um die Umgebung aufzuheizen. Ein leistungsfähiges Sportauto ist deshalb auch im buchstäblichen Sinne ein »heißer Ofen«: Ein einziger besonders starker Automotor gibt eine Wärmeleistung bis zu einem Megawatt ab[2]. Das entspricht nicht weniger als 1000 elektrischen Heizkörpern, wie sie in vielen Haushalten verwendet werden, mit einer Leistung von jeweils einem Kilowatt. Auf heutige Energiepreise umgerechnet, kostet die auf dem Wege vom Primärenergieträger bis zur Anwendung der Nutzenergie verlorengegangene Energie die Bundesrepublik Deutschland jährlich mehr als 100 Milliarden DM.

Der verlustreiche Weg bis zur Anwendung

Noch größer werden die Verluste, wenn man den Weg der Energie von der Lagerstätte bis zur schließlich gewonnenen Nutzenergie verfolgt. Bei einem durchschnittlichen Ausbeutungsgrad von 25 Prozent des nachgewiesenen Inhaltes einer Erdöllagerstätte werden von 400 Einheiten Rohöl oder von 150 Einheiten Steinkohle eines Steinkohlelagers 100 Einheiten verwertbare Energierohstoffe gewonnen[3]. Der Rest, beim Erdöl der erheblich größere Teil, bleibt in der Lagerstätte zurück oder wird als Erdölgas über dem Bohrloch abgefackelt. Insgesamt werden jährlich fast 200mal 10^9 Kubikmeter Erdgas abgefackelt[4]. Das entspricht fast dem Dreifachen der Erdgasmengen, die von den in der Organisation der erdölexportierenden Staaten OPEC zusammengeschlossenen Ländern produktiv genutzt werden.

Aber auch die tatsächlich bergmännisch gewonnene Energie fließt nicht von selbst zum Verbraucher. Das zeigt das Beispiel[5] einer russischen Erdgasleitung, die über eine Strecke von 2800 Kilometern vom Ural bis zur Grenze der Tschechoslowakei führt. Insgesamt werden für den Energietransport in der Pipeline täglich rund acht Millionen Kubikmeter, die direkt vom Förderstrom abgezweigt werden und rund zehn Prozent der Gesamtmenge ausmachen, als Brennstoff verbraucht. Damit ließe sich, würde man mit dieser Menge ein modernes, einen optimalen Wirkungsgrad erreichendes Großkraftwerk zur Stromerzeugung beheizen, bereits eine Millionenstadt voll mit Elektrizität versorgen.

Von den 100 Einheiten selbst unter erheblichem Energieaufwand bergmännisch erschlossener Energie werden schließlich 72 Einheiten Endenergie gewonnen. (Hierbei sind die in der Bundesrepublik Deutschland erreichten Umwandlungswirkungsgrade[6] zugrundegelegt, die Verluste aber auf dem Transportweg von der Lagerstätte bis zum Kraftwerk oder zur Raffinerie wurden nicht mitgerechnet.) Daraus wiederum erhält der Verbraucher etwas weniger als 32 Einheiten Nutzenergie in Form von Wärme, Licht oder Kraft. 40 Einheiten gehen bei der Umwandlung der Endenergie in Nutzenergie verloren. Am Ende dieser Umwandlungskette bleiben schließlich vom ursprünglichen Energieinhalt einer Erdöllagerstätte gerade acht Prozent und bei einer Steinkohlenlagerstätte, bei der für diese Rechnung freilich extrem günstige Abbaubedingungen angenommen und nicht etwa geologische Vorräte berücksichtigt wurden, etwas mehr als 20 Prozent übrig.

Dabei sagt das Verhältnis des Gesamtwirkungsgrades zwischen Nutzenergie und Lagerstätteninhalt noch nichts über den tatsächlichen Nutzen und damit auch über die tatsächliche Verschwendung aus. Denn Nutzenergie ist beispielsweise bei einer Ölheizung lediglich die Wärme, die aus dem Heizkessel kommt. Je nach der Höhe der Verteilungsverluste, dem Grad der Gebäudeisolierung oder aufgrund des Verbraucherverhaltens kann dieser »Nutzen« noch einmal beträchtlich geschmälert werden. Je schlechter ein Haus isoliert ist, desto mehr Nutzenergie muß erzeugt werden, um es warm zu halten, und desto geringer ist letztlich auch der Nutzen einer sich erschöpfenden Kohle-, Erdöl- oder Erdgaslagerstätte.

Milliardenfach verschwendete Sonnenenergie

Ins nahezu Unermeßliche steigen die Verluste, wenn man gar abschätzen wollte, wieviel Energie ursprünglich notwendig war, um die sich durch Raubbau und Verschwendung schnell aufzehrenden fossilen Energierohstoffe entstehen zu lassen. Kohle, Erdöl und Erdgas sind im Prinzip nichts anderes als gespeicherte Sonnenenergie, die auf dem Umweg über Pflanzen, aber auch Tiere der Urzeit in einem Jahrmillionen währenden Prozeß in ihre heutige Form verwandelt wurden.

Allerdings werden dabei nur millionstel Bruchteile der aufgewendeten Sonnenenergie, etwa das Hunderttausendstel eines Prozents pro Erdflächeneinheit, beispielsweise zu Erdöl[7]. Das heißt nichts anderes, als daß die Menschheit mit jedem Tropfen Erdöl nicht weniger als das Zehnmillionenfache an Sonnenenergie verbrennt. Dabei ist noch nicht einmal berücksichtigt, daß ein Vielfaches an Erdöl im Verlauf der Erdgeschichte entstehen mußte, damit der jetzt schwindende Rest übrig blieb. So wurden nicht nur in geologischen Zeiträumen durch Erdkrustenbewegungen die meisten Speichergesteine wieder vernichtet, sondern auch heute sickern jährlich Millionen Tonnen Erdöl aus »lecken« Speichergesteinen in die Ozeane oder in die Erdkruste unter den Landflächen, wo sich über den leckenden Öllagerstätten Asphaltsümpfe bilden. Berücksichtigt man außerdem, daß nur ein Teil der Erdoberfläche die Vorprodukte für das Erdöl liefert, die Umweltbedingungen für die Bildung des Erdöls in den verschiedenen Erdperioden und unter den unterschiedlichen geologischen Randbedingungen nicht immer gleich günstig waren, war der Wirkungsgrad der Umwandlung von Sonnenenergie in Erdöl wahrscheinlich noch hundert- bis tausendmal kleiner.

Die vermeintlich lange Zeit »billige« Primärenergie Erdöl ist also im Verhältnis von Aufwand zu Ertrag die teuerste Form der Sonnenenergie, die man sich vorstellen kann. Würde man dagegen Sonnenenergie beispielsweise direkt in elektrische Energie umwandeln, so erreicht man heute schon Wirkungsgrade von zehn bis fünfzehn und mehr Prozent.

3
Das Märchen vom Zusammenhang zwischen Energieverbrauch und Wachstum

Der falsche Maßstab für den Wohlstand

Trotz dieser gewaltigen Verluste galt der weitere Anstieg des Verbrauchs an Primärenergie, also der Summe der Energieinhalte aller eingesetzten Energieträger vor ihrer Umwandlung, lange Zeit als der Maßstab, mit dem Wachstum und Wohlstand gemessen wurden. Um dies zu begründen, erfand man das Märchen vom starren Zusammenhang zwischen Energieverbrauch und Wirtschaftswachstum. Dieses Märchen besagt, daß man den Energieverbrauch in einem ganz bestimmten festgelegten Verhältnis zum Wirtschaftswachstum steigern muß, wenn man letzteres erhöhen wolle. Umgekehrt müsse das Wirtschaftswachstum, gemessen in der Zunahme des Bruttosozialprodukts, unter dem man den Gegenwert aller produzierten Waren und Dienstleistungen versteht, sinken oder stagnieren, wenn der Energieaufwand sinkt oder unverändert bleibt.

Praktischerweise glaubte man einen Korrelationskoeffizienten, also das Verhältnis zwischen Wirtschaftswachstum und Energieverbrauch, ausgedrückt in Zahlen, entdeckt zu haben, der das Rechnen und damit auch entsprechende Schätzungen des Energiebedarfs ausgesprochen einfach machte, nämlich eins. Damit ließ sich leicht und plausibel ermitteln und begründen, daß und warum beispielsweise ein Prozent Wirtschaftswachstum exakt ein Prozent Mehraufwand an Primärenergie erfordere.

Tatsächlich nahm zum Beispiel in der Bundesrepublik Deutschland von 1960 bis 1973, noch vor der ersten Ölkrise 1973/74 und in der Zeit der billigen Ölschwemme, der Primärenergieverbrauch mit jährlich durchschnittlich 4,6 Prozent exakt im gleichen Umfang zu wie das wirkliche Wirtschaftswachstum, also das reale Bruttosozialprodukt, das, in inflationsbereinigten Preisen gerechnet, in diesem Zeitraum ebenfalls um durchschnittlich 4,6 Prozent jährlich angestiegen war. Dabei verschweigt allerdings bereits dieser statistische Durchschnittswert, daß der jeweilige Anstieg in den einzelnen Jahren dieses Zeitraums völlig unterschiedlich war: Mal wuchs das Bruttosozialprodukt gegenüber dem Vorjahr drei- bis viermal so schnell wie der Primärenergieverbrauch, mal ging das Wachstum des Energieverbrauchs doppelt so stark zurück wie das wirtschaftliche Wachstum, und natürlich gab es auch Jahre, in denen die jeweiligen Wachstumsraten nicht so weit auseinanderfielen. Aber es gab nur ein einziges Jahr, 1967, in dem der Energieverbrauch gegenüber dem Vorjahr mit der Abweichung von nur einem Promille im gleichen Umfang wie das Bruttosozialprodukt gestiegen war: nämlich gar nicht.

Kurzfristige Schwankungen sprechen zwar nicht von vornherein gegen einen Trend, der sich aus der Bildung von Durchschnittswerten ablesen läßt. Doch dieser vermeintliche Trend verändert sich oder kehrt sich gar um, wenn man den Zeitraum zwischen 1960 und 1973 verläßt und einen Blick auf die Jahre davor und danach wirft. Von 1950 bis 1960 beispielsweise, immerhin auch ein Zehnjahreszeitraum, in den die entscheidende und erfolgreiche Wiederaufbauphase der Bundesrepublik Deutschland nach dem Zweiten Weltkrieg fiel, war auch im Durchschnitt das jährliche Wachstum des Bruttosozialproduktes mit 8,6 Prozent fast doppelt so hoch wie die jährliche Zuwachsrate des Primärenergieverbrauchs von 4,5 Prozent[1]. Ebenso wuchs das reale Bruttosozialprodukt von Ende 1973 bis Ende 1979 mit jährlich durchschnittlich 2,3 Prozent erheblich schneller als der Anstieg des Primärenergieverbrauchs mit weniger als 1,5 Prozent. Im Rahmen der Europäischen Gemeinschaft ist der Energieverbrauch von 1973 bis 1978 praktisch stabil geblieben, obwohl das Wirtschaftswachstum, hier gemessen am Bruttoinlandsprodukt, um zwölf Prozent zugenommen hat[2].

Gleicher Nutzen mit weniger Energie

Vor allem aber verschweigt jede pauschal angenommene Beziehung zwischen Primärenergieeinsatz (oder auch Endenergieverbrauch) und gesamtwirtschaftlichem Wachstum, daß das Verhältnis zwischen Energieaufwand und Wachstum bei den einzelnen Trägern dieses Wirtschaftswachstums völlig unterschiedlich sein kann. Beispiele dafür, wie sich der gleiche Nutzen mit verringertem Energieeinsatz oder zusätzlicher Nutzen ohne Mehraufwand an Energie erzielen läßt, gibt es auch bereits in der Vergangenheit in Hülle und Fülle. In der Bundesrepublik Deutschland ist der Energieaufwand je Einheit der Industrieproduktion zwischen 1953 und 1973 um mehr als 40 Prozent zurückgegangen[3]. Um eine Tonne Roheisen zu erzeugen, brauchte man beispielsweise 1960 895 Kilogramm Steinkohleeinheiten, 1974 dagegen nur noch durchschnittlich 640 Kilogramm Steinkohleeinheiten[4]. Anders ausgedrückt: Mit der Energiemenge von 1960 erzeugte man 1974 400 Kilogramm Roheisen mehr. Die chemische Industrie brauchte 1976 für eine Produktionseinheit nur noch 80 Prozent, die Eisenschaffende Industrie nur noch 93 Prozent, die Nahrungs- und Genußmittelindustrie nur noch 94 Prozent, die Verbrauchsgüterindustrie nur noch 88 Prozent und die Holz-, Zellstoff- und Papierindustrie nur noch 85 Prozent der Energie, die sie 1970 aufwenden mußte[5].

Daß dennoch zwischen 1960 und 1973 in der Bundesrepublik Deutschland, in anderen Ländern machte man zum Teil ähnliche Beobachtungen, Wirtschaftswachstum und Energieverbrauch in trautem Gleichschritt wuchsen, lag nicht zuletzt an der gegenläufigen Tendenz im privaten Bereich. Der Energiekonsum der privaten Haushalte stieg zwischen 1960 und 1973, als immer mehr Familien immer größere Wohnungen bezogen, immer mehr und immer erschwinglicher werdende elektrische Geräte anschafften, die Ausbreitung von Zentralheizungen das Heizen von immer mehr Räumen erlaubte und der Autoboom einsetzte. Außerdem fielen die in diesem Zeitraum besonders hohen Einkommenssteigerungen immer breiterer Schichten, die all diesen Komfort ermöglichten, ausgerechnet mit Energiepreisen zusammen, die kaum stiegen oder teilweise sogar sanken. Damit stieg der Energiekonsum schneller als das Bruttosozialprodukt, zehrte Einsparungen in anderen Bereichen wieder auf und trug auf diese Weise zur Vortäuschung eines einheitlichen Entwicklungstrends bei. In dieser Zeit kletterte beispielsweise der Anteil der Raumheizung am gesamten Endenergiebedarf in der Bundesrepublik von 30 auf fast 50 Prozent[6], wuchs der wegen der hohen Umwandlungsverluste bei der Elektrizitätserzeugung primärenergieaufwendige Stromverbrauch mehr als anderthalbmal so schnell wie Wirtschaftswachstum und Primärenergieverbrauch.

Keine Spirale ohne Ende

Daß dies keine Spirale ohne Ende sein kann, versteht sich fast von selbst. Sättigungserscheinungen treten früher oder später in allen Verbrauchsbereichen auf. Ein Haushalt beispielsweise kann nicht beliebig viel energieverbrauchende Geräte aufnehmen, irgendwann ist jeder Bedarf gedeckt. Mehr Räume, als die Wohnung hat, können nicht beheizt werden. Der Wechsel in eine komfortablere Wohnung wird häufig auch der Wechsel in eine besser isolierte sein. Bereits der Zweitbesitz eines Fernsehers führt wegen der meist geringeren Benutzungszeit des Zweitgerätes schon nicht mehr zum selben Energiemehrbedarf wie die Erstanschaffung. Und werden alte gegen moderne Geräte ausgetauscht, so führt das in der Regel nicht zu einem größeren, sondern geringeren Energieverbrauch. So sank beispielsweise, ausgehend von den modernsten Geräten, der Stromverbrauch von Waschmaschinen von 1955 bis heute um 60 Prozent, der von Farbfernsehern gegenüber 1967 um 70 Prozent, während Geschirrspüler heute gegenüber 1970 23 Prozent, Kühlschränke mit Dreisterne-Fach 24 Prozent, Gefrierschränke 40 Prozent und Warmwassergeräte 50 Prozent weniger Strom verbrauchen[7].

Ein relativ zur Wohlstandsmehrung sinkender Energieverbrauch im privaten Bereich muß deshalb keineswegs mit sinkendem Komfort, rationellerer Energieeinsatz in der Industrie keineswegs mit sinkender Produktion verbunden sein. Das gleiche gilt für die Gesamtwirtschaft. Wachstumsverschiebungen zwischen einzelnen Industrie- und Wirtschaftsbereichen können ebenfalls zur Reduzierung des Energieverbrauches beitragen, ohne daß dies die Wachstumsaussichten des Bruttosozialproduktes schmälern müßte. Für den gleichen Beitrag zum Bruttosozialprodukt braucht beispielsweise das metallerzeugende Gewerbe dreizehnmal so viel Energie wie das metallverarbeitende Gewerbe und 37- beziehungsweise 31mal so viel Energie wie die Bereiche Handel und sonstige Dienstleistungen[8], das Baugewerbe vierzehnmal weniger als der Maschinenbau, dieser aber fünfmal weniger als die Chemie[9].

Berücksichtigt man dabei, daß die bereits im zweiten Kapitel beschriebenen Verschwendungen beim Einsatz der Primärenergie mit Ausnahme der durch physikalische Gesetze bedingten Verluste zumindest zum Teil vermeidbar sind, wird noch deutlicher, warum das Verhältnis zwischen der Zunahme des Primärenergieverbrauches und des Wirtschaftswachstums nicht starr, sondern veränderbar ist.

Wie erheblich diese Veränderungen sein können, hängt unter anderem davon ab, in welchem Umfang es gelingt, den Energieaufwand pro erzeugter Einheit Bruttosozialprodukt im Rahmen der Gesamtwirtschaft zu senken. Eine vom »International Institute for the Environment and Development«, London, veröffentlichte Studie[10] für Großbritannien beispielsweise hält es für möglich, daß in England der Primärenergieeinsatz pro Einheit Bruttosozialprodukt um nicht weniger als zwei Drittel des dort üblichen Wertes verringert werden kann. Andere englische Wissenschaftler, die die Ergebnisse dieser Studie weiterentwickelt haben, halten sogar eine Reduzierung auf ein Sechstel des heutigen Wertes für denkbar. Die entsprechenden Werte, die eine deutsche Wissenschaftlergruppe[11] für die Bundesrepublik Deutschland für erreichbar hält, bewegen sich dazwischen. Je nach Erfolg dieser Bemühungen würde es nicht nur möglich, die Energieverbrauchszuwachsraten zu begrenzen, sondern selbst bei stagnierendem oder sogar absolut sinkenden Gesamtenergieverbrauch noch Wirtschaftswachstum zu erzielen.

4
Die Kunst der Energieprognose

Die falschen Methoden

Die in den sechziger und siebziger Jahren entdeckte vermeintlich enge Beziehung zwischen gesamtwirtschaftlichem Wachstum und Energieverbrauch diente fortan »Globalprognosen« als Grundlage für grobe Schätzungen des Energieverbrauchs und liegt auch heute noch in der Energiediskussion mancher über den Daumen gepeilten Energieprognose zugrunde. Dabei wurde in jüngerer Zeit für sorgfältigere Analysen die Methode, aus der wirtschaftlichen Entwicklung auf den Energieverbrauch zu schließen, etwas verfeinert, indem man die aus der Vergangenheitsentwicklung abgeleiteten und gegebenenfalls leicht korrigierten spezifischen Energieverbräuche einzelner Wirtschaftszweige, die für den jeweils gleichen Beitrag zum Bruttosozialprodukt notwendig sind, mit dem erwarteten oder erhofften Anstieg des Wirtschaftswachstums beziehungsweise mit den entsprechenden Zuwachsraten bei der Wertschöpfung der einzelnen Sektoren verknüpfte. Das führt zwar im Prinzip zu ähnlich wachstumsabhängigen Ergebnissen, läßt jedoch immerhin bereits die Berücksichtigung von unterschiedlichen Entwicklungen und Einsparpotentialen in den einzelnen Verbrauchssektoren sowie von Wachstumsverschiebungen innerhalb der Gesamtwirtschaft zu.

Parallel zu den Globalprognosen rechnete man zur Ermittlung des künftigen Energiebedarfs nicht selten mit einfachen mathematischen Verfahren die Entwicklung des Energieverbrauchs bestimmter Zeitabschnitte der Vergangenheit einfach auf die Zukunft hoch, was, angewendet bei langen Zeiträumen, zu absurden Ergebnissen führt. Zu den für langfristige Prognosezeiträume besonders ungeeigneten Verfahren der Trendextrapolation gehört beispielsweise die wegen ihrer einfachen rechnerischen Handhabung besonders beliebte Exponentialfunktion, eine einfache Zinseszinsrechnung, aber auch die aus dem gleichen Grund bevorzugte lineare Fortschreibung mit gleichbleibenden Zuwachsraten. Beide Funktionen zeichnen sich besonders dadurch aus, daß sie Sättigungsniveaus überhaupt nicht zur Kenntnis nehmen. Das führt zu einem Anstieg des Primärenergieverbrauchs, der zwangsläufig zum Unendlichen strebt.

Welche astronomischen Energieverbräuche man auf diese Weise ermitteln kann, zeigt folgende Rechnung: Würde beispielsweise der Primärenergieverbrauch der Bundesrepublik Deutschland in Höhe von 412 Millionen Tonnen Steinkohleeinheiten 1979 künftig jährlich jeweils gegenüber dem Vorjahr um 4,6 Prozent zunehmen wie in der Zeit zwischen 1960 und 1973, würde er in 50 Jahren um mehr als das Neunfache auf 3904 Millionen Tonnen Steinkohleeinheiten ansteigen. Für den Stromverbrauch, der zwischen 1960 und 1973 um durchschnittlich 7,5 Prozent jährlich zugenommen hat, würde diese exponentielle Fortschreibung der Vergangenheitsentwicklung zu einem 37mal höheren Verbrauch führen. In 75 Jahren hätte der Primärenergieverbrauch der Bundesrepublik Deutschland mit einem Anstieg um das 29fache mit über zwölf Milliarden Tonnen Steinkohleeinheiten bereits den heutigen gesamten Weltenergieverbrauch übertroffen, der Stromverbrauch wäre inzwischen um das 227fache angestiegen und die Bundesrepublik mit Kraftwerken übersät. In 100 Jahren wäre der Primärenergieverbrauch 90mal und der Stromverbrauch 1383mal höher als heute.

Aber auch die bescheidenere Annahme konstanter Zuwachsraten beim linearen Trend in Höhe des Durchschnittswertes des Energieverbrauchswachstums zwischen 1960 und 1973 führt über längere Zeiträume zu zu hohen Annahmen über den Primärenergieverbrauch. Dieser würde sich in fünfzig Jahren mehr als verdreifachen, ein Ergebnis, das allerdings die obere Variante einer Prognose[1] aus dem Jahre 1973 bereits im Jahre 2000 übertrifft, niedriger liegt als eine noch 1980[2] für möglich gehaltene Entwicklung, aber viereinhalbmal so hoch ist wie die derzeit niedrigste Schätzung[3] für das Jahr 2030. In 75 Jahren wäre der Primärenergiebedarf bei linearer Fortschreibung der Vergangenheitsentwicklung viereinhalbmal und in 100 Jahren mit 2,3 Milliarden Steinkohleeinheiten etwas mehr als fünfeinhalbmal so hoch wie heute. Angesichts der Tatsache, daß der Stromverbrauch der Haushalte in der Geschichte der Bundesrepublik Deutschland in 25 Jahren schon einmal um das 15fache zugenommen hat, klingt eine derartige Zunahme auf den ersten Blick gar nicht einmal unwahrscheinlich. Auf der anderen Seite bedürfte es erheblicher Phantasie, um sich auszumalen, was die in ihrer Zahl derzeit stark zurückgehenden Bundesbürger mit so viel Energie pro Kopf anfangen sollten.

Die Irrtümer der letzten Jahre

Aber auch Prognosen über wesentlich kürzere und damit überschaubarere Zeiträume trafen und treffen selten ins Schwarze[4]. Haben beispielsweise viele Prognosen der fünfziger Jahre aufgrund der völlig andersartigen Entwicklung in der Nachkriegs- und Wiederaufbauphase der Bundesrepublik Deutschland die Verschwendung der sechziger und frühen siebziger Jahre erheblich unterschätzt, schossen die Prognosen der frühen siebziger für die achtziger Jahre im allgemeinen Wachstumsrausch so weit über das Ziel hinaus, daß einige von ihnen nach der Ernüchterung durch die erste Ölkrise 1973/74 noch im ersten Drittel des Prognosezeitraums zum Teil gleich mehrfach korrigiert werden mußten.

Ein typisches Beispiel hierfür sind die offiziellen Energieprognosen der Bundesregierung für das Jahr 1985. Ging die Bundesregierung für 1985 bei der Vorlage ihres ersten Energieprogramms im Herbst 1973 noch von einem Primärenergiebedarf von 610 Millionen Tonnen Steinkohleeinheiten aus, korrigierte sie im Rahmen von zwei Fortschreibungen dieses Programms ihre Vorhersage bereits ein Jahr später um 55 Millionen Tonnen Steinkohleeinheiten nach unten und 1977 gleich zweimal[5] um insgesamt weitere 72 Millionen auf schließlich rund 483 Millionen Tonnen Steinkohleeinheiten. Dabei entsprachen die in der ersten Schätzung angenommenen Zuwachsraten von jährlich durchschnittlich 4,3 Prozent ziemlich exakt dem Energieverbrauchszuwachs zwischen 1960 und 1973, wenn man den für 1985 erwarteten Rückgang der Wohnbevölkerung berücksichtigt.

Unzuverlässige Prognosen für das Jahr 2000

Doch selbst die nach der Ölkrise, beispielsweise für das Jahr 2000, gemachten Energieverbrauchsprognosen lassen keine allzu große Zuverlässigkeit erwarten. Dazu ist die Schwankungsbreite ihrer Ergebnisse, die sich im Extremfall bis zum Dreifachen der niedrigsten Werte und darüber hinaus voneinander unterscheiden, viel zu groß. Noch sehr viel weiter klaffen die Schätzungen für das Jahr 2030 auseinander. Würde man derartige Prognosen als Vorhersagen im herkömmlichen Sinne betrachten, könnte man ihnen kaum mehr, wahrscheinlich sogar sehr viel weniger Glauben schenken als Weissagungen der Astrologie. In Wirklichkeit handelt es sich jedoch in der Regel um Prognosen, in denen ein möglicher künftiger Bedarf aufgrund ganz bestimmter Annahmen, zum Beispiel über die wirtschaftliche Entwicklung, abgeschätzt wird. Ändern sich diese Annahmen, ändern sich auch die Ergebnisse. Oder es handelt sich um Szenarien, in denen, anders als bei vielen dieser »bedingten« Prognosen, für die beispielsweise als unveränderbarer Faktor ein bestimmtes Wirtschaftswachstum vorgegeben ist, mögliche Entwicklungslinien durchgespielt und beschrieben werden. Die in diesen Prognosen und Szenarien dazu getroffenen Feststellungen oder unterstellten Annahmen sind das eigentlich Interessante dieser »Vorhersagen«. Setzt man etwa die in ihnen gemachten Annahmen über die wirtschaftliche Entwicklung in Beziehung zu dem schließlich erhaltenen Endergebnis in der Zahl der Höhe des Primärenergieverbrauchs, verraten sie beispielsweise auch, in welchem Umfang sie eine »Entkopplung«[6] zwischen Energieverbrauch und Wirtschaftswachstum für möglich halten.

5
Prognosen im Vergleich

Energieprognosen werden bescheidener

Die Energieprognosen sind nach der ersten Ölkrise bescheidener geworden. Gingen die meisten der Prognosen davor fast durchweg von einer relativ ungestörten Wirtschaftsentwicklung und parallel dazu noch weitgehend von der alten Ankoppelungsvorstellung zwischen Wirtschaftswachstum und Energieverbrauch oder sogar einer noch schlechteren Energienutzung aus, berücksichtigen die meisten Prognosen danach, wenn auch in höchst unterschiedlichem Maße, bereits gewisse Einspareffekte durch technischen Fortschritt oder Änderung des Verbraucherverhaltens, Sättigungserscheinungen in wichtigen Verbrauchsbereichen, eine künftig weniger gleichmäßige Wirtschaftsentwicklung sowie mögliche Änderungen in der künftigen Wirtschaftsstruktur, zum Beispiel Veränderungen der Anteile des produzierenden Gewerbes und des Dienstleistungsbereiches am Bruttosozialprodukt oder durch Energieverteuerung ausgelöste Verschiebungen zwischen energieintensiven und weniger energieaufwendigen Industriesektoren.

Je jünger die Prognosen sind, desto niedriger sind häufig auch die vorhergesagten Energieverbräuche. Dabei geht je nach der Art der Prognose, zum Beispiel je nachdem, wieweit sie noch den alten Kopplungsvorstellungen zwischen Energieverbrauch und Wachstum verhaftet sind, der vermutete Rückgang des Energieverbrauchs schwerpunktmäßig entweder auf rationellere Energienutzung oder auf immer pessimistischer werdende Annahmen über das künftige Wirtschaftswachstum und durch Energieknappheit erzwungene Strukturveränderungen zurück. Für die letztere Art der Prognosen ist die Entwicklung des gesamtwirtschaftlichen Wachstums nach wie vor die wichtigste Bestimmungsgröße des Energieverbrauchs. Fast automatisch muß bei ihnen bei spärlicher fließendem Energienachschub auch die ganze Wirtschaftsentwicklung ins Stocken geraten, was in der Praxis übrigens auch tatsächlich der Fall sein wird, wenn Energie- und Wirtschaftsstruktur so sehr auf verschwenderischen Energieeinsatz ausgelegt sind, daß sie nicht rechtzeitig umschalten können. Energie hat in diesen Prognosen eine »unverzichtbare und dienende Funktion im Räderwerk der Wirtschaft«[1] inne, die in keinem Fall durch Energieknappheit behindert werden dürfe. Die Wirtschaft, insbesondere die Industrie, müsse vielmehr kräftig expandieren, um umgekehrt die für die Sicherung der Energieversorgung notwendigen Investitionen aufbringen zu können[2]. »Energiepolitische Entscheidungen sollten sich deshalb an einem Energieverbrauchsniveau orientieren, das sich in der Realität als zu hoch gegriffen erweist, aber zu gesamtwirtschaftlich wesentlich geringfügigeren Verlusten führen dürfte als eine Politik, in der der Faktor Energie zur limitierenden Größe für gesamtwirtschaftliche Entwicklungen wird.«[3]

Prognose der wirtschaftswissenschaftlichen Institute

Diese Einstellung ist beispielsweise auch die Grundhaltung der Prognosen, die dem Energieprogramm der Bundesregierung zugrundeliegen. In einem für die Zweite Fortschreibung dieses Programms erstellten Gemeinschaftsgutachten[4] prognostizieren das Deutsche Institut für Wirtschaftsforschung (DIW), Berlin, das Energiewirtschaftliche Institut an der Universität Köln (EWI) und das Rheinisch-Westfälische Institut für Wirtschaftsforschung (RWI), Essen, in ihrem »Ausblick« auf die Jahrtausendwende einen Anstieg des Primärenergieverbrauchs auf 600 Millionen Tonnen Steinkohleeinheiten im Jahre 2000. Ein Wert übrigens, den dieselben Institute bei günstigerer Einschätzung der Wirtschaftsentwicklung noch 1973 bereits für das Jahr 1985 für denkbar hielten. Er liegt »bescheiden« schon um rund 150 Millionen Tonnen Steinkohleeinheiten niedriger als beispielsweise der für das Jahr 2000 als »wahrscheinlich« angesehene Primärenergieverbrauch in einer Studie[5], die bereits nach der Ölkrise unter Federführung der Kernforschungsanlage Jülich im Auftrag des Bundesministeriums für Forschung und Technologie erarbeitet wurde und ihrerseits schon zu erheblich niedrigeren Ergebnissen als einige andere Prognosen der siebziger Jahre vor ihr gekommen war. Dennoch fällt in dem Gutachten der drei Institute der Primärenergieverbrauch wesentlich höher aus als in anderen für möglich gehaltenen Entwicklungen und ist rund anderthalbmal so hoch wie der Verbrauch von 1979.

In dieser Prognose, der selbst für den Zeitraum 1985 bis 2000 noch ein verhältnismäßig starkes Wirtschaftswachstum von durchschnittlich jährlich drei Prozent zugrundeliegt, das nur rund ein halbes Prozent[6] unter der Wachstumsrate des realen Bruttosozialproduktes im ersten Halbjahr 1980 liegt, wird, was Verschiebungen zwischen mehr oder weniger stark energieverbrauchenden Wirtschaftszweigen im Rahmen der Gesamtwirtschaft betrifft, ein »mittlerer Strukturwandel«[7] unterstellt, wie er »aufgrund binnen- und weltwirtschaftlicher Einflüsse«[8] erwartet werden kann. Außerdem werden Energieeinsparungen angenommen, die einem Trend (weitgehend »autonome« Einsparprozesse) folgen, der davon bestimmt wird, daß die Verteuerung von Energie sowie gewisse energiesparende Maßnahmen künftig einen sparsameren Energieeinsatz bewirken werden als in der Vergangenheit, wobei jedoch auf besonders starke, gar mit staatlichem Zwang verbundene Anstrengungen zur Energieeinsparung verzichtet wird.

Unter diesen Rahmenbedingungen steigt der Endenergieverbrauch im Verkehr von 1978 mit 54 Millionen Tonnen Steinkohleeinheiten bei ab 1985 rückläufigen Zuwachsraten um 15 Prozent auf 62 Millionen Tonnen Steinkohleeinheiten im Jahre 2000. Der Endenergieverbrauch von Haushalten und Kleinverbrauchern nimmt im gleichen Zeitraum von 116 Millionen Tonnen Steinkohleeinheiten trotz rückläufiger Bevölkerung, der Berücksichtigung von Sättigungstendenzen in einigen Verbrauchsbereichen, erheblicher Einsparungen vor allem bei der Raumheizung sowie anderer im Zeitablauf steigender Einspareffekte um 24 Prozent auf 144 Millionen Tonnen Steinkohleeinheiten zu. Auf der anderen Seite erhöht sich der Endenergieverbrauch der Industrie in Höhe von 89 Millionen Tonnen Steinkohleeinheiten im Jahre 1978 sogar um nicht weniger als 43 Prozent auf 137 Millionen Tonnen Steinkohleeinheiten bis zum Jahre 2000, obwohl weiterhin ein Rückgang des Energieeinsatzes je Produktionseinheit durch Einführung von Technologien mit höheren Wirkungsgraden, eine breitere Anwendung der Wärmedämmung in Produktion und Verbrauch sowie durch das stärkere Vordringen der Kraft-Wärme-Kopplung, also die gekoppelte Eigenerzeugung von Strom und Prozeßwärme, angenommen wird. Auch nimmt der nichtenergetische Verbrauch von Energierohstoffen gleichzeitig um 41 Prozent auf 45 Millionen Tonnen Steinkohleeinheiten zu, während sich der Verbrauch in der Energiegewinnung selbst und in den Umwandlungsbereichen, Übertragungsverluste mitgerechnet, beides bereits Hinweise für ein starkes Vordringen der Elektrizität, gegenüber heute mit einem Anstieg auf 212 Millionen Tonnen Steinkohleeinheiten bis zur Jahrtausendwende sogar etwa verdoppelt. Dabei wirkt sich der bis zum Jahr 2000 erwartete Rückgang der Bevölkerung vor allem in einem leichten Rückgang der Anteile von Verkehr, Haushalten und Kleinverbrauchern am Endenergieverbrauch zugunsten eines entsprechend höheren Anteils der Industrie aus, die dann mit 40 Prozent Anteil am Endenergieverbrauch ein fast ebenso starker Energieverbraucher wie der Bereich Haushalte und Kleinverbraucher mit einem Anteil von 42 Prozent geworden ist.

Am stärksten steigt in dieser Prognose jedoch der Stromverbrauch. Ausgerechnet der Sekundärenergieträger, bei dessen Umwandlung aus der Primärenergie die höchsten Verluste entstehen, nämlich je nach Kraftwerkstyp bis zu zwei Drittel und mehr der eingesetzten ursprünglichen Energie, verdoppelt seinen Anteil am gesamten Primärenergieverbrauch bis zum Jahr 2000. Er soll auch auf diese Weise vor allem in Haushalt und Industrie immer mehr Heizöl ersetzen. Dabei steigt der Endenergiebedarf an Strom von 1978 mit 319 Milliarden Kilowattstunden auf das fast 2,4fache, auf 760 Milliarden Kilowattstunden, und der Bruttostromverbrauch auf mehr als das Zweieinhalbfache von rund 356 Milliarden auf 900 Milliarden Kilowattstunden. Um diese gewaltige Strommenge zu erzeugen, muß fast die Hälfte der insgesamt im Jahr 2000 verbrauchten Primärenergie eingesetzt werden.

Dieser denkbaren Entwicklung im »Referenzfall« ihrer Prognose, die bereits schon fast zu einer Halbierung des Verhältnisses zwischen Wirtschaftswachstum und Energieverbrauchsanstieg für die Zeit nach 1985 gegenüber dem Jahrzehnt bis 1973 führt (ein Ergebnis, das zu einem großen Teil vor allem auf die erwarteten Strukturveränderungen zurückzuführen ist und das sich gleichzeitig nach 2000 mit wachsendem Stromanteil und mit zunehmender Einführung der ebenfalls mit großen Umwandlungsverlusten beziehungsweise großem Energieaufwand verbundenen Kohleveredelung wieder verschlechtert), stellen die drei Institute eine alternative Entwicklung gegenüber, die einen etwas geringeren

Primärenergieverbrauchsanstieg mit sich bringt. Unter der Voraussetzung, daß beispielsweise das Wirtschaftswachstum ein halbes Prozent niedriger ausfällt als ursprünglich angenommen, der Stromverbrauch weniger stark steigt als im Referenzfall, der Zubau an Kernenergie geringer ausfällt als geplant, die Chemische Industrie langsamer wächst als vorgesehen und der Endenergieverbrauch insgesamt wegen noch stärker steigender Energiepreise sowie durch eine verstärkte Energieeinsparpolitik langsamer ansteigt als vorhergesagt, halten die drei wirtschaftswissenschaftlichen Institute einen für das Jahr 2000 um 40 Millionen Tonnen Steinkohleeinheiten niedrigeren Primärenergieverbrauch für möglich.

Das »Deutschland-Modell«

Einen Anstieg des Primärenergiebedarfs auf 584 Millionen Tonnen Steinkohleeinheiten für das Jahr 2000 prognostizieren die Autoren einer als »Deutschland-Modell«[9] bekannt gewordenen Untersuchung des Instituts für angewandte Systemforschung und Prognose e. V. (ISP), Hannover, das im Auftrag des Bundesministeriums für Forschung und Technologie 1977 ein Modell zur Erfassung möglicher wirtschaftlicher und technischer Entwicklungen in der Bundesrepublik Deutschland earbeitet hat. Dabei geht der Referenzfall dieser Szenarien, in dem keine »besonderen Energieeinsparmaßnahmen« berücksichtigt werden, noch von einer verhältnismäßig starren Kopplung zwischen Wirtschaftswachstum und Primärenergieverbrauchszuwachs aus. Trotzdem liegt bereits in diesem Referenzfall der vorhergesagte Primärenergiebedarf für das Jahr 2000 etwas niederiger als im Referenzfall der Prognose der wirtschaftswissenschaftlichen Institute. Das liegt vor allem an einer geringeren Einschätzung des gesamtwirtschaftlichen Wachstums. Gehen die wirtschaftswissenschaftlichen Institute noch von einem Wachstum des Bruttosozialprodukts von durchschnittlich vier Prozent für den Zeitraum von 1975 bis 1985 und von drei Prozent für die Zeit danach bis zur Jahrtausendwende aus, rechnen die Autoren des Deutschland-Modells für den Gesamtzeitraum von 1975 bis 2000 nur noch mit einer Zunahme des Bruttosozialprodukts von jährlich durchschnittlich 2,4 Prozent. Rechnet man den Zuwachs des Bruttosozialprodukts allerdings auf eine Zunahme pro Kopf der Bevölkerung aus, fällt der

Wachstumsverlust gegenüber der Entwicklung der Vergangenheit mit einer auf diese Weise errechneten Zuwachsrate von jetzt durchschnittlich jährlich 2,9 Prozent bereits erheblich kleiner aus. Dabei rechnen die Autoren des Deutschland-Modells mit einem Rückgang der Wohnbevölkerung in der Bundesrepublik Deutschland von rund 61 Millionen heute bis auf 56 Millionen im Jahre 2000. Diese Bevölkerungsentwicklung[10] zeigt zugleich, daß die Wachstumsannahmen der wirtschaftswissenschaftlichen Institute übertrieben optimistisch sind.

Einen weiteren Grund für den trotz noch immer unberücksichtigt gebliebener Energiesparmaßnahmen erfolgenden Rückgang des Energieverbrauchszuwachses gegenüber der Entwicklung vor allem im Zeitraum zwischen 1960 und 1973 sehen die Autoren dieses Modells in einem Strukturwandel in der Wirtschaft, der beispielsweise die weniger energieintensiven Dienstleistungsbereiche stärker ansteigen läßt als etwa die energieaufwendige Grundstoffindustrie.

Obwohl der Primärenergieverbrauch in diesem Referenzszenarium des Instituts für angewandte Systemforschung und Prognose (ISP) niedriger liegt als im Referenzfall der Prognose der wirtschaftswissenschaftlichen Institute für das Jahr 2000, ist die zur Verfügung stehende Endenergie mit 361 Millionen Tonnen Steinkohleeinheiten größer als in der Gemeinschaftsprognose der Institute mit nur 343 Millionen Tonnen Steinkohleeinheiten. Das liegt an den geringeren Verlusten bei der Umwandlung von Primär- in Endenergie durch die um etwa 24 Prozent geringere Stromerzeugung. Zwar steht im Strom ein besonders hochwertiger Sekundärenergieträger zur Verfügung, doch werden dessen Vorteile wieder wettgemacht, wenn beispielsweise beim Ersatz von Heizöl durch Strom für Direkt- oder Speicherheizung durch einen extrem niedrigen energetischen Gesamtnutzungsgrad, der beispielsweise bei der elektrischen Speicherheizung nicht einmal halb so hoch ist wie bei einer konventionellen Ölheizung, Primärenergie unnötig verschwendet wird.

Ein »Einsparszenarium«

Noch wesentlich günstigere Ergebnisse erzielt das von den Wissenschaftlern des ISP entwickelte Alternativszenarium. Dieses alternative Szenarium ist ausdrücklich auf das Ziel der Energieeinsparung ausgerichtet. Einsparungen können beispielsweise durch verändertes Verbraucherverhalten, durch einen funktionsgerechten Einsatz der verschiedenen, je nach Anwendungszweck geeigneten Energieträger sowie durch verbesserte Techniken bei Energieerzeugung und Energieverbrauch erreicht werden. Zu den vorgeschlagenen Maßnahmen, die ein verändertes Verbraucherverhalten auslösen könnten, gehören Maßnahmen, die beispielsweise in der Bundesrepublik Deutschland bereits Eingang in die Ziele der Energiepolitik[11] gefunden haben: zum Beispiel eine verbrauchsabhängige Heizkostenabrechnung sowie eine Veränderung der Stromtarifstruktur[12], bei der sich ebenfalls energiesparendes Verhalten energiebewußter Verbraucher stärker als bisher in der Rechnung niederschlägt.

Zu den vorgeschlagenen technischen Maßnahmen gehören ebenfalls solche, deren Entwicklung oder Anwendung in der Bundesrepublik Deutschland bereits gefördert[13] wird: zum Beispiel eine bessere Wärmedämmung in Gebäuden, der Einbau von Wärmepumpen und Solaranlagen, die Entwicklung von im Kraftstoffverbrauch sparsameren Autos oder die Senkung des Energieverbrauchs elektrischer Haushaltsgeräte, zu der sich in der Bundesrepublik die Hersteller von Elektrogeräten bereits freiwillig verpflichtet[14] haben. All diese Maßnahmen erlauben eine Einsparung von Energie ohne Einschränkung des Nutzens, die zum Teil bereits kurzfristig zu einer spürbaren Entlastung der Energiebilanz beitragen. Die Erschließung neuer Energiereserven beansprucht in der Regel nicht nur zum Teil ganz erheblich lange Entwicklungszeit, sondern ist meist auch noch erheblich teurer als etwa entsprechende Investitionen zur Energieerhaltung, die wiederum mit dem Vorteil verbunden sind, daß sie sich mit den zukünftig gesparten, mit Sicherheit steigenden Energiekosten verrechnen lassen. Maßnahmen also, die bei ernsthafter Energieverknappung durch die geringeren Energiemengen, die beschafft werden müssen, die Sachzwänge verringern und deren bereits weitgehendes Einfließen in die praktische Energiepolitik in dem von den Autoren des Modells 1978 berücksichtigten Umfang die Ziele dieses »Einsparszenariums« mehr als realistisch erscheinen läßt.

In diesem Alternativszenarium des Deutschland-Modells verringert sich gegenüber dem Referenzfall im Jahre 2000 der gesamte Stromverbrauch um 20 Prozent auf brutto 552 Milliarden Kilowattstunden, die Endenergie um 54 Millionen Tonnen Steinkohleeinheiten auf nur noch 307 Millionen Tonnen Steinkohleeinheiten und der Primärenergieverbrauch um 89 Millionen auf nur noch 495 Millionen Tonnen Steinkohleeinheiten. Die dadurch bereits gesparte Energiemenge entspricht ziemlich exakt der gesamten Steinkohlenförderung der Bundesrepublik Deutschland im Jahre 1978.

Die Sparquoten steigen

Zu ähnlich hohen absoluten Sparbeträgen und einer mit rund 15 Prozent gleichen Einsparquote, bezogen auf den Gesamtenergieverbrauch, kommt eine unter Federführung der Deutschen Forschungs- und Versuchsanstalt für Luft- und Raumfahrt (DFVLR) durchgeführte und Ende 1978 weitgehend abgeschlossene Studie[15] im Rahmen des Programms Angewandte Systemanalyse (ASA) der Arbeitsgemeinschaft der Großforschungseinrichtungen. Die ASA-Wissenschaftler rechnen im Referenzfall für das Jahr 2000 mit einem Primärenergieverbrauch von 540 Millionen Tonnen Steinkohleeinheiten, der sich bei verstärkten Anstrengungen zur rationellen Energieverwendung um 80 Millionen Tonnen Steinkohleeinheiten senken ließe. Dabei sind die möglich erscheinenden Einsparpotentiale beziehungsweise verbesserten Energienutzungsgrade im Endverbraucherbereich noch nicht einmal voll ausgeschöpft.

Zu noch höheren Einsparquoten kommt eine Studie der Arbeitsgruppe Umwelt, Gesellschaft, Energie (AUGE) der Universität Essen und des Energiewirtschaftlichen Instituts (EWI) an der Universität Köln. Relativ zur erwarteten Wirtschaftsentwicklung der Bundesrepublik Deutschland können nach den Berechnungen der im Auftrag des Bundesministeriums für Forschung und Technologie durchgeführten Untersuchung[16] um die Jahrhundertwende in der Industrie rund 21 Prozent, im Verkehr rund 17 Prozent und im Haushalt rund 25 Prozent der Endenergie ohne Nutzeneinschränkung eingespart werden. Bezogen auf einen 1979 geschätzten[17] Primärenergieverbrauch von 500 bis 550 Millionen Tonnen Steinkohleeinheiten im Jahre 2000 bedeutet dies eine Einsparung von insgesamt rund 22 Prozent und eine Senkung des Primärenergiebedarfs um 110 bis 120 Millionen auf nur noch 390 bis 430 Millionen Tonnen Steinkohleeinheiten. Ein Ergebnis, dessen höherer Wert in einer 1979 von der Deutschen Shell AG, Hamburg, veröffentlichten Prognose[18] nur unter der Annahme einer extrem ungünstigen Wirtschaftsentwicklung mit einem Bruttosozialproduktsanstieg von durchschnittlich jährlich lediglich 1,1 Prozent zwischen 1985 und dem Jahr 2000 erreicht wird, während eine bei Berücksichtigung der rückläufigen Bevölkerungszahl bereits als günstige Wirtschaftsentwicklung eingestufte Bruttosozialproduktswachstumsrate von knapp 1,9 Prozent schon wieder zu einem Anstieg des Primärenergieverbrauchs auf 513 Millionen Tonnen Steinkohleeinheiten[19] im Jahr 2000 führt.

Da sich die in der Untersuchung von den Autoren der AUGE-Studie als »eher konservativ« eingestuften nachgewiesenen Einsparpotentiale im wesentlichen auf den Endenergiebereich beschränken, müssen mögliche Einsparungen im Umwandlungsbereich noch hinzugerechnet werden. Auch wurden in der Wirtschaft keine weiterreichenden Strukturveränderungen unterstellt. Doch bereits allein die bei gleichem Nutzen erzielten Einsparungen im Endabnehmerbereich entsprechen, bezogen auf den Einsatz an Primärenergie, in ihrer Höhe rund drei Viertel des Energieinhalts der insgesamt 1978 in der Bundesrepublik Deutschland geförderten oder erzeugten Primärenergie in Form von Steinkohle, Braunkohle, Erdöl, Erdgas und Wasserkraft.

Mit halber Energie zum dreifachen Reichtum?

Wie groß diese Einsparungen im Extremfall sein können und welche Auswirkungen dies auf den Energieverbrauch hätte, zeigen Modelluntersuchungen[20] des Instituts für angewandte Ökologie, Freiburg, die Ende 1979 abgeschlossen wurden. Ließen sich die dort unterstellten Verbesserungen bei der Energienutzung verwirklichen, würde sich gegenüber dem Energienutzungsstandard von 1973, dem Ausgangs- und Bezugsjahr der Studie, bis zum Jahre 2030, dem Zieljahr der Untersuchung, die Wirksamkeit des Energieeinsatzes in der Bundesrepublik Deutschland nicht weniger als verdoppeln. Umgekehrt: Der jeweilige Endenergieverbrauch im Jahre 2030 wäre unter sonst gleichen Bedingungen ohne den Einsatz energiesparender Techniken bei lediglich demselben durch den Energieeinsatz erzielten Nutzen doppelt so hoch.

Zusammen mit einer rückläufigen Bevölkerungsentwicklung, die etwa einer mittleren Variante[22] von Modellrechnungen des Statistischen Bundesamtes entspricht und von einem Rückgang der Wohnbevölkerung bis zum Jahre 2000 auf 57 Millionen und bis zum Jahr 2030 auf 45 Millionen Einwohner ausgeht, würde dies bei gleichzeitiger Verdopplung (2000) bis Verdreifachung (2030) des Bruttosozialproduktes pro Kopf[23] zu einem Rückgang des Endenergiebedarfs der Bundesrepublik Deutschland auf rund 215 Millionen Tonnen Steinkohleeinheiten bis zum Jahre 2000 und bis zum Jahr 2030 auf weniger als 60 Prozent des Verbrauchs von 1978 auf nicht mehr als 150 Millionen Tonnen Steinkohleeinheiten führen. Dies setzt allerdings einen starken Strukturwandel mit erheblichen Verschiebungen in der Wirtschaft sowohl zwischen dem Dienstleistungssektor und dem produzierenden Gewerbe als auch innerhalb der gewerblichen Wirtschaft selbst voraus, innerhalb der nach dieser Untersuchung, im Trend durchaus übereinstimmend[23] mit anderen Studien, beispielsweise die sehr energieintensive Grundstoffindustrie wie etwa die Stahl- und Aluminiumproduktion, nicht zuletzt aufgrund von Standortvorteilen, die andere rohstoffproduzierende Länder haben, erheblich langsamer wächst als beispielsweise die besonders stark wachstumbestimmende Investitionsgüterindustrie.

Fällt der Strukturwandel in der Industrie geringer aus als hier unterstellt, käme für eine weniger technologieintensive Variante im Jahr 2030 ein Mehrbedarf von 27 Millionen Steinkohleeinheiten hinzu. Das wären dann immer noch 32 Prozent weniger als 1978.

Ein neuer Weg zur Ermittlung der Energiebedürfnisse

Ausgangspunkt der Ermittlung des notwendigen Endenergiebedarfs in den Szenarien des Instituts für angewandte Ökologie ist nicht die Nachfrage nach Energie an sich, sondern, da Energieverbrauch kein Selbstzweck ist und immer mit einem angestrebten Nutzen verbunden ist, die Nachfrage nach Energiefunktionen, Energiedienst- oder Energienutzleistungen, zum Beispiel warme Räume, Licht oder eine bestimmte pro Kraftstoffeinheit erreichte Kilometerleistung, ein durchaus legitimer, wenn auch nicht einfacher Weg zur Bedarfsermittlung. Dieser Nutzen wird, zum Beispiel im privaten Bereich, in den Modellrechnungen erheblich gesteigert: Im dabei jeweils erreichten »Sättigungszustand« wird pro Kopf der Wohnbevölkerung etwa 1,7mal soviel Wohnfläche beheizt wie 1973, anderthalbmal soviel Auto gefahren, dreimal soviel geflogen, 1,75mal soviel geduscht und gebadet, wobei ein zusätzlicher Warmwasserbedarf für die Versorgung nicht mehr elektrisch beheizter Wasch- und Spülmaschinen bereits berücksichtigt ist und jeder Haushalt so gut wie jedes, einschließlich der bis dahin neu hinzugekommenen, heute noch unbekannten Geräte in Benutzung hat[24].

Diese erhebliche Ausweitung der Energienutzleistungen bei gleichzeitigem Rückgang des tatsächlichen Energieeinsatzes wird unter anderem durch die konsequent verbesserte Energienutzung gegenüber dem mittleren technischen Standard von 1973 erreicht: zum Beispiel durch eine Senkung des Raumwärmebedarfs um durchschnittlich 70 Prozent durch heiz- und regelungstechnische Verbesserungen, vor allem aber durch die Einführung der bereits heute in Schweden[25] gültigen Bauvorschriften, wobei ein Teil des Wohnungsbestandes im Jahre 2030 noch den heute gültigen Wärmedämmungsvorschriften[26] von 1977 entsprechen darf, was dadurch ausgeglichen wird, daß ein kleiner Teil der dann entstandenen Häuser bereits den extrem guten Wärmedämmungsstandard heutiger »Nullenergiehäuser« aufweist. Hinzu kommen ferner eine bei Personenkraftwagen um 60 Prozent verbesserte Kilometerleistung pro Liter Kraftstoffverbrauch, ein um 30 Prozent bezogen auf den Energieeinsatz wirksamerer industrieller Prozeßwärmeeinsatz durch Wärmerückgewinnung, Abwärmenutzung, verbesserte Prozeßführung, eine verstärkte Kraft-Wärme-Kopplung bei der industriellen Erzeugung von Prozeßwärme und Strom, eine Senkung des spezifischen Energiebedarfs von elektrischen Haushaltsgeräten um 65 Prozent sowie Verbesserungen bei elektrischen Antrieben, zum Beispiel durch mikroelektronische Steuerungs- und Regeleinrichtungen, die mit einer Senkung des spezifischen Stromverbrauchs um 30 Prozent berücksichtigt wurden[27].

Diese Maßnahmen würden in Verbindung mit den anderen unterstellten Bedingungen bewirken, daß der Endenergiebedarf der privaten Haushalte und Kleinverbraucher[28] bis zum Jahre 2000 auf rund zwei Drittel und bis zum Jahre 2030 auf knapp die Hälfte des Wertes von 1978 sinken würde. In der Industrie fiele der Endenergieverbrauch im Jahre 2000 knapp unter den Wert von 1978 und bis zum Jahr 2030 auf zwei Drittel des heutigen Verbrauches. Im Verkehr verringerte sich der Endenergiebedarf gegenüber 1978 bis zum Jahre 2000 um knapp zehn Prozent, um dann bis 2030 auf etwas weniger als 60 Prozent des Verbrauchs von heute abzusinken. Da Elektrizität vorzugsweise nur noch dort eingesetzt wird, wo sie nicht oder nur schwer zu ersetzen ist, geht der Endenergieverbrauch an Strom gegenüber 1978 bis zum Jahr 2000 um rund acht Prozent und bis zum Jahr 2030 um knapp 30 Prozent zurück. Der in den Szenarien des Instituts für angewandte Ökologie unberücksichtigt gebliebene, jedoch in die üblichen Energiebilanzen[29] miteinbezogene nichtenergetische Verbrauch würde wegen der ungünstigen Annahmen über das Wachstum der chemischen Grundstoffindustrie stagnieren und sich sowohl für das Jahr 2000 als auch im Jahr 2030 mit rund 34 Millionen Tonnen Steinkohleeinheiten[30] etwa in Höhe des heutigen Verbrauchs bewegen.

Der Endenergiebedarf von 215 Millionen Tonnen Steinkohleeinheiten im Jahr 2000 und von 150 Millionen Tonnen Steinkohleeinheiten im Jahr 2030 würde unter Hinzurechnung des nichtenergetischen Verbrauchs je nach Art der eingesetzten Primärenergieträger wie Erdöl, Erdgas, Kohle oder auch Biomasse, Sonnenenergie, Wind- und Wasserkraft sowie den Annahmen über die gesamte Umwandlungsstruktur[31] im Jahre 2000 zu einem Primärenergiebedarf von durchschnittlich 330 Millionen Tonnen Steinkohleeinheiten und im Jahre 2030 von durchschnittlich 244 Millionen Tonnen Steinkohleeinheiten beziehungsweise selbst in der Variante mit etwas geringerem Strukturwandel im Industriebereich mit etwa 282 Millionen Tonnen Steinkohleeinheiten zu einem noch niedrigeren Verbrauch als 1968 führen.

6
Die Energieperspektive in den Prognosen

Was weniger Energieverbrauch bedeutet

Für die Zukunft der Energieversorgung der Bundesrepublik Deutschland ist es ein erheblicher Unterschied, ob im Jahre 2000 ein Primärenergiebedarf von 330 Millionen Tonnen Steinkohleeinheiten oder von beispielsweise 560 bis 600 Millionen Tonnen Steinkohleeinheiten gedeckt werden muß. Ein noch größerer Unterschied ist es, ob im Jahre 2030 ein Primärenergieaufwand von 244 bis 282 Millionen Tonnen Steinkohleeinheiten beziehungsweise von etwa 312 Millionen Tonnen Steinkohleeinheiten anfällt, wenn man den höheren Wert im Modell des Instituts für angewandte Ökologie, das im Jahr 2030 von einer Wohnbevölkerung von 45 Millionen ausgeht, unter der Annahme, daß die Zahl der in der Bundesrepublik lebenden Ausländer noch stärker ansteigt, auf eine Wohnbevölkerung von 50 Millionen[1] hochrechnet, oder ob man zu diesem Zeitpunkt mit vielleicht 800 oder gar fast 1400 Millionen Tonnen Steinkohleeinheiten rechnen muß.

In dem einen Falle könnte sich die bereits heute in der Energieversorgung stark von Importen abhängige Bundesrepublik – lediglich 45 Prozent des Gesamtenergieangebots stammte 1978 aus heimischer Gewinnung, vor allem von Stein- und Braunkohle, während 55 Prozent, zum Beispiel 96 Prozent des Erdöls, importiert werden mußten – bis zum Jahre 2030 zunehmend aus dieser Importabhängigkeit lösen. In dem anderen Falle würde sich die Bundesrepublik Deutschland in eine immer größere Importabhängigkeit verstricken, wobei mit zunehmender Höhe der Prognosen bei gleichzeitiger Verknappung der Ressourcen immer fraglicher wird, wie diese Energiemengen auf dem Weltmarkt überhaupt beschafft werden sollen. Ganz zu schweigen von dem durch die erheblich ansteigende Nachfrage entstehenden mächtigen Auftrieb der Preise, die dann weniger reiche Volkswirtschaften, zum Beispiel die ärmeren Entwicklungsländer, für die gleichen Energierohstoffe bezahlen müßten.

Ebenso ist es für die Beurteilung des Beitrages der »heimischen« Energiequellen, wie Sonne, Wind und Wasserkraft, nicht gleichgültig, ob, beispielsweise im Jahre 2030, mit 312 Millionen Tonnen Steinkohleeinheiten lediglich 75 Prozent des Primärenergiebedarfs von 1979 in Höhe von 412 Millionen Tonnen Steinkohleeinheiten oder mit 800 oder gar 1400 Millionen Tonnen Steinkohleeinheiten das fast Doppelte bis fast Dreieinhalbfache des heutigen Bedarfs gedeckt werden müssen. Der mögliche Beitrag beispielsweise der Windenergie zur Stromerzeugung ist unter der Voraussetzung, daß sich der Endenergiebedarf an Strom bis zum Jahre 2030 gegenüber heute um 30 Prozent senken läßt, ganz anders einzuschätzen als unter der Erwartung, daß sich der Strombedarf bis dahin verdrei- bis verfünffachen wird. Der Beitrag von Sonnen- und Umgebungswärme ist unter der Einschätzung, daß sich der Raumwärmebedarf auf 50 bis 30 Prozent des heutigen Bedarfs senken läßt, ganz anders zu bewerten als unter der Annahme, daß dafür weiter 100, allenfalls 70 Prozent der bisher dafür erforderlichen Wärmemengen pro Haus benötigt werden. Aber auch über den Bau von Schnellen Brütern brauchte man wahrscheinlich gar nicht zu diskutieren, wenn der Strombedarf nicht steigen, sondern sinken würde.

Ein Blick auf die Jahrtausendwende

Um einen Primärenergiebedarf von 330 Millionen Tonnen Steinkohleeinheiten im Jahre 2000 zu decken, brauchte man beispielsweise die heimische Stein- und Braunkohleförderung in Höhe von rund 120 Millionen Tonnen Steinkohleeinheiten[2] im Jahre 1978 nicht zu erhöhen, könnte den Mineralöleinsatz des Jahres 1978 in Höhe von 203 Millionen Tonnen Steinkohleeinheiten halbieren, den Einsatz von Erdgas, bei dem heute bereits 34 Prozent aus eigener Förderung stammen, mit 60 Millionen Tonnen Steinkohleeinheiten auf der Höhe des Jahres 1978 einfrieren, sämtliche Kernkraftwerke stillegen, und den Rest von 49 Millionen Tonnen Steinkohleeinheiten mit Hilfe erneuerbarer Energiequellen dekken, deren Potential bei entsprechender Förderung bereits im Jahre 2000 erheblich darüber[3] liegen könnte.

Hält man, wie die drei wirtschaftswissenschaftlichen Institute, die in ihren Berechnungen zur Deckung des Bedarfs im Jahre 2000 »Sonstige Energieträger« einschließlich Sonnenenergie, Umgebungswärme und Abfallenergie zuzüglich Wasserkraft lediglich mit 33 bis 38 Millionen Tonnen Steinkohleeinheiten berücksichtigen[4], diesen Anteil regenerativer Energiequellen noch für zu hoch, kann man den relativ kleinen, dann immer noch fehlenden Rest auch durch eine geringfügige Steigerung der heimischen Kohleförderung decken. Eine Studie[5] der Bergbauforschung, Essen, hält beispielsweise eine Steigerung der gegenwärtigen Stein- und Braunkohleförderung in der Bundesrepublik Deutschland bis zum Jahre 2000 auf insgesamt rund 145 Millionen Tonnen Steinkohleeinheiten und bis zum Jahre 2030 auf rund 160 Millionen Tonnen Steinkohleeinheiten für möglich.

Um dagegen einen für konventionelle Prognosen bereits recht bescheidenen Primärenergiebedarf von 600 Millionen Tonnen Steinkohleeinheiten zu decken, müßte die Förderkapazität des deutschen Stein- und Braunkohlebergbaues von vornherein bis nahe an die Grenze des bis 2000 möglich erscheinenden Ausbaus auf 140 Millionen Tonnen Steinkohleeinheiten gesteigert werden, außerdem bliebe auch der Einsatz von Erdöl und Erdgas mit zusammen 259 Millionen Tonnen Steinkohleeinheiten fast unverändert auf der Höhe des Verbrauchs von 1978 mit rund 264 Millionen Tonnen Steinkohleeinheiten. Um jedoch den vorhergesagten hohen Stromverbrauch in Höhe von 900 Milliarden Kilowattstunden, der einem Primärenergieeinsatz von fast 290 Millionen Tonnen Steinkohleeinheiten entspricht, von dem die Kernenergie 510 Milliarden Kilowattstunden, entsprechend einem Einsatz von 163 Millionen Tonnen Steinkohleeinheiten an Primärenergie, liefern soll, decken zu können, müßte bis zum Jahr 2000 eine Kernkraftwerkskapazität von 75 000 Megawatt elektrisch installiert werden. Zum Vergleich: Anfang 1980[6] waren in der Bundesrepublik Deutschland 15 Kernkraftwerksblöcke mit zusammen 9300 Megawatt Leistung in Betrieb. Vor dem Hintergrund der Auseinandersetzungen über das Für und Wider der Kernenergie aber wäre es bereits eine übertrieben optimistische Annahme, wenn man für das Jahr 2000 mit der Hälfte der eingeplanten Kernkraftwerkskapazität rechnen würde. Das bedeutet aber, daß die fehlenden Mengen an Primärenergie durch zusätzliche Importe von fossilen Brennstoffen beschafft werden müssen.

Noch gravierender wären die Unterschiede in der Versorgungssituation, wenn man einen Blick auf das Jahr 2030 wirft. Zu diesem Zeitpunkt wäre der Endenergiebedarf mit 150 Millionen Tonnen Steinkohleeinheiten bei sehr starken Strukturveränderungen innerhalb der Industrie unter den drastischen Einsparannahmen der Szenarien des Instituts für angewandte Ökologie inzwischen so gesunken, daß der dafür notwendige Primärenergiebedarf bequem durch erneuerbare Energiequellen und Kohle aus ausschließlich eigener Förderung gedeckt werden könnte.

Dieser Extremfall[7], der allerdings einen starken Ausbau der Nutzung regenerativer Energiequellen voraussetzt, böte dann ein fast schon idyllisch anmutendes Bild einer im Energiebereich weitgehend autarken und im Hinblick auf die Versorgungsstruktur weitgehend auf kleinen, dezentralen Einheiten aufgebauten Bundesrepublik[8]: Sonnenwärme beispielsweise deckt zu 50 Prozent den Niedertemperaturwärmebedarf in Höhe von 44 Millionen Tonnen Steinkohleeinheiten der Haushalte und Kleinverbraucher, den Rest liefert die Wärme von dezentralen Kraft-Wärme-Kopplungsanlagen bis hinunter zu ebenfalls auf Kraft-Wärme-Kopplung aufbauenden Kleinstanlagen[9] zur direkten Belieferung kleinster Verbrauchereinheiten sowie die direkte Beheizung. Der Niedertemperaturwärmebedarf der Industrie in Höhe von 15 Millionen Tonnen Steinkohleeinheiten würde zu einem Drittel mit Sonnenenergie und zu zwei Drittel aus kohlebefeuerten Kraft-Wärme-Kopplungsanlagen gedeckt. In umweltfreundlichen Anlagen verfeuerte Kohle liefert auch den übrigen industriellen Prozeßwärmebedarf von 34 Millionen Tonnen Steinkohleeinheiten.

Die gesamte Kraft-Wärme-Kopplung, einschließlich des Stroms aus industrieeigenen Anlagen, deckt schließlich auch 40 Prozent des Endenergiebedarfs an Strom in Höhe von ungefähr etwa 26 Millionen Tonnen Steinkohleeinheiten, den Rest liefern Wind- und Wasserkraft. Während die Wasserkraft in dieser Rechnung nur mit einer geringfügigen Steigerung gegenüber dem heute bereits tatsächlich geleisteten Beitrag berücksichtigt wird, muß dazu das 1976 auf 220 Terawattstunden oder etwas mehr als 27 Millionen Tonnen Steinkohleeinheiten im Jahr geschätzte in der Bundesrepublik Deutschland technisch nutzbare Windkraftpotential[10] allerdings mit 13,2 Millionen Tonnen Steinkohleeinheiten fast zur Hälfte genutzt werden.

Der Kraftstoffbedarf in Höhe von 31 Millionen Tonnen Steinkohleeinheiten würde in diesem Modellfall durch die »geschickte Nutzung«[11] von land- und forstwirtschaftlichen Abfällen und aus Müll (Methanol) zur Produktion von Alkohol- beziehungsweise Dieselkraftstoffen zu etwa zwei Dritteln gedeckt, während das restliche Drittel durch die als Folge des erwarteten Bevölkerungsrückgangs möglich gewordene Freisetzung von landwirtschaftlichen Nutzflächen für die Produktion von »Alkoholpflanzen« oder durch Importe aus flächenreicheren Nachbarstaaten beschafft werden müßte. Alternativ ließe sich ein Teil des ohnehin erheblich bescheidener gewordenen Kraftstoffbedarfs auch durch Umwandlung von Kohle in Methanol gewinnen.

Unter diesen Bedingungen könnte bei einem Bedarf an Primärenergie für die reine Energieversorgung in Höhe von lediglich 207 Millionen Tonnen Steinkohleeinheiten der Einsatz heimischer Stein- und Braunkohle ungefähr auf dem Stand von heute verbleiben, wenn es gleichzeitig gelänge, den Einsatz von regenerativen Energieträgern gegenüber dem Jahre 2000 auf rund 93 Millionen Tonnen Steinkohleeinheiten fast zu verdoppeln. Damit wäre bereits die gesamte Energieversorgung voll gesichert. Berücksichtigt man den (ohne die Einbeziehung unkonventioneller Möglichkeiten wie etwa die unterirdische Vergasung sonst nicht nutzbarer extrem tief liegender Kohlevorkommen) bis zum Jahre 2030 möglichen Ausbau der Kohleförderung, verbleibt ein Überschuß von rund 50 Millionen Tonnen Steinkohleeinheiten[12]. Damit ließe sich entweder ein weiterer Teil der Kraftstoffversorgung decken, der Bedarf der Chemieindustrie an Energierohstoffen für den nichtenergetischen Einsatz, die sonst weiterhin auf dem Weltmarkt vorzugsweise in Form von Kohlenwasserstoffen besorgt werden müßten, befriedigen, ein geringer als erhofft ausfallendes Potential von nutzbaren erneuerbaren Energiequellen ausgleichen oder der Mehrbedarf an Primärenergie durch einen im Industriebereich etwas geringer ausfallenden Strukturwandel sowie durch eine etwas höhere Bevölkerung berücksichtigen.

Berücksichtigt man darüber hinaus, daß im Jahre 2030, insbesondere bei weltweit sparsamerem Umgang mit Energie, noch immer gewisse Mengen an Erdöl und vor allem Erdgas, aber auch aus Ölschiefer und Ölsand gewonnene Kohlenwasserstoffe und bei entsprechendem Ausbau von Weltkohleförderung und Weltkohlehandel auch an Kohle oder Kohleprodukten auf dem Weltmarkt verfügbar sein werden, besteht gegenüber den in diesem Modellfall angenommenen Minimalverbrauchswerten für die Versorgung noch ein ganz erheblicher Spielraum nach oben. Dadurch könnten beispielsweise auch trotz aller Sparbemühungen nicht eingesparte Primärenergiemengen abgedeckt werden.

Völlig anders sieht die Versorgungssituation im Jahre 2030 bei der Energiezukunft der anderen Prognosen aus, wenn man, wie beispielsweise die 1979 vom Deutschen Bundestag eingesetzte Enquete-Kommission »Zukünftige Kernenergie-Politik«[13], die einem der von ihr untersuchten vier möglichen »Energiebedarfssteuerungsmodellen« die wichtigsten Annahmen der Gemeinschaftsprognose der drei wirtschaftswissenschaftlichen Institute zugrundelegte, etwa den Versuch macht, den von der Zweiten Fortschreibung des Energieprogramms der Bundesregierung vorgezeichneten Weg entsprechend zu verlängern. Unter der Annahme eines nach dem Jahre 2000 auch bei diesem Weg leicht abflachenden Wirtschaftswachstums mit jährlich noch durchschnittlich 1,4 Prozent, das jedoch beispielsweise nur um rund drei zehntel Prozent über dem eines an die Szenarien des Instituts für angewandte Ökologie angelehnten anderen Modells liegt, errechnete die Kommission im Referenzfall[14] für das Jahr 2030 bei einer angenommenen Wohnbevölkerung von 50 Millionen Menschen einen Primärenergiebedarf von rund 800 Millionen Tonnen Steinkohleeinheiten.

Mit 50facher Kernkraftwerksleistung in das Jahr 2030?

Um diesen hohen Primärenergiebedarf zu decken, müßte, allen Beteuerungen von notwendigen Energieeinsparungen und angeblich für den industriellen Aufbau der Entwicklungsländer frei werdender fossiler Energiemengen der Befürworter dieses Weges zum Trotz, der heutige Einsatz von Stein- und Braunkohle auf 210 Millionen Tonnen Steinkohleeinheiten etwa verdoppelt, die Importe an Erdöl und Erdgas, wenn die ohnehin spärlichen entsprechenden deutschen Reserven bis dahin erschöpft sind, von 234 Millionen Tonnen Steinkohleeinheiten in 1978 auf 250 Millionen erhöht und die Kernkraftwerkskapazität um das fast Siebzehnfache der heute in Kernkraftwerken installierten elektrischen Leistung auf 165 Gigawatt elektrischer Leistung gesteigert werden. Dazu müßten nach 2000 jährlich etwa vier Kernkraftwerke in der Größenordnung von 1300 Megawatt in Betrieb gehen.

Würde man dabei nur die heute üblichen Leichtwasserreaktoren einsetzen und auf die politisch umstrittene Wiederaufarbeitung verzichten, hätte sich der Verbrauch von Natururan bis zum Jahre 2030 bereits auf 650000 Tonnen summiert, das ist mehr als ein Drittel der gesamten Uranvorkommen in den 35 uranreichsten Ländern der Welt (UdSSR, die osteuropäischen Staaten und die Volksrepublik China ausgenommen), die nach einem OECD-Bericht[15] aus dem Jahre 1980 zu heute wirtschaftlichen Kosten bis zu 80 Dollar je Kilogramm ausgebeutet werden können. Jährlich kämen, kein weiteres Ansteigen der nuklearen Kapazität vorausgesetzt, weitere 24000 Tonnen Uran hinzu. Wollte man den Natururaneinsatz auf jährlich 9000 Tonnen, mit dann stark fallender Tendenz, begrenzen, brauchte man bis zum Jahr 2030 Schnelle Brüter mit einer installierten elektrischen Leistung von insgesamt 84 Gigawatt.

Sollte sich der in diesem Modell erwartete »mittlere Strukturwandel« in der Wirtschaft nicht einstellen, stiege unter sonst gleichen Annahmen (bedingt durch die erheblich wachsenden Umwandlungsverluste durch die starke Zunahme des Strombedarfs und der Kohleveredelung, in deren Prozeß über Zugaben von nuklear erzeugtem Wasserstoff oder zur Verfügung gestellte nukleare Prozeßwärme zur Schonung der Kohleressourcen ebenfalls Kernenergie eingekoppelt würde) der Primärenergieverbrauch bei einem Endenergieverbrauch von lediglich 580 Millionen Tonnen Steinkohleeinheiten bis zum Jahre 2030 auf die fast unvorstellbare, jedoch sich durchaus noch im Rahmen früherer Prognosen bewegende Höhe von 1380 Millionen Tonnen Steinkohleeinheiten an, nachdem er bereits im Jahre 2000 auf fast 700 Millionen Tonnen Steinkohleeinheiten geklettert wäre. Um einen solch extrem hohen Primärenergiebedarf im Jahre 2030 zu decken, müßte, da bereits im Referenzfall dieses Energiemodells der Weltmarkt für fossile Energierohstoffe überstrapaziert wurde, die unerschöpfliche Energie mit einem Beitrag von 50 Millionen Tonnen Steinkohleeinheiten als erschöpft angesehen werden, die Kernkraftwerkskapazität auf nicht weniger als 500 Gigawatt, das über 50fache der heutigen in Kernkraftwerken installierten Leistung, davon 187

Gigawatt in Schnellen Brütern, gesteigert werden – Werte, von denen niemand, auch nicht der engagierteste Befürworter der Kernenergie, ernsthaft annehmen kann, daß sie bis dahin erreichbar sind.

Zwei grundsätzliche Wege

Vergleicht man die unterschiedlichen Prognosen und die damit verbundenen Strategien zur Deckung des prognostizierten Bedarfs, zeichnen sich deutlich zwei grundsätzlich verschiedene Wege ab: Der unbescheidenere von ihnen setzt auf die maximale Ausweitung des Angebots, der andere bescheiden auf die Minimierung des Bedarfs und versucht erst dann den verbleibenden Restbedarf durch einheimische, möglichst weitgehend auch regenerative Energieträger zu decken.

Die Höhenflüge des einen Weges werden durch die zunehmende Erschöpfung der fossilen Energieressourcen gebremst, die längerfristig auch von der Kohle nicht aufgehalten werden kann. Das gleiche trifft für die wachsenden Umweltprobleme zu, für die zunehmende Kollision mit den Interessen der Entwicklungsländer, die einen wachsenden Anteil an diesen immer knapper werdenden fossilen Rohstoffen benötigen, für die Verfügbarkeit von Uran, für die Sicherheitsprobleme bei einem derart maximalen Ausbau der Kernenergie, aber auch für die Wahrscheinlichkeit, daß ein solcher Ausbau kaum möglich wäre, ohne den inneren Frieden der Bundesrepublik Deutschland gründlich zu stören. Nicht zuletzt trifft für die gewaltigen Investitionen zu, die dieser auf maximalen Energieeinsatz und kapitalintensive Großtechnologien aufbauende Weg, der kaum noch Geld für ernsthafte Anstrengungen zur Energieeinsparung oder beispielsweise eine konsequente Nutzung der – wenn auch in bescheidenem Umfang – ebenso in der Bundesrepublik zur Verfügung stehenden Sonnenenergie übrig ließe, verschlingen würde. Die Aussichten des anderen Weges hängen entscheidend davon ab, in welchem Umfang die extremen Einsparziele und der angestrebte starke Ausbau der Nutzung erneuerbarer Energiequellen erreicht werden können.

Die Grenzen der Steigerung des Angebots auf der einen und die Grenzen der Senkung des Bedarfs auf der anderen Seite sind die entscheidenden Fragen, die für die Beurteilung dieser beiden Strategien gestellt werden müssen. Dabei ist die zweite Frage zuerst zu stellen, weil sie bereits die Probleme der ersten lösen kann. Welche Wege zur besseren Energienutzung können mit welchem Erfolg beschritten werden?

BUCH 2

Wege zu einer besseren Energienutzung

7
Ungenutzte Potentiale

Bessere Primärenergienutzung durch Kraft-Wärme-Kopplung

Die Kraftwerke gehören zu den größten Energieverschwendern. Allein in der Bundesrepublik Deutschland erzeugten sie 1978 einen Wärmemüll im »Wert« von 70,5 Millionen Tonnen Steinkohleeinheiten, was etwa dem gesamten Primärenergieeinsatz von Belgien und Luxemburg entspricht. Rund zwei Drittel der in Wärmekraftwerken eingesetzten Primärenergie gehen als Abwärme oder durch Leitungsverluste auf dem Wege zum Verbraucher verloren. Bereits bei der Umwandlung in elektrische Energie betragen die Verluste bei den modernsten fossil beheizten Anlagen rund 60 Prozent, bei Leichtwasserreaktoren wegen des durch die etwas niedrigeren Dampftemperaturen bedingten geringeren Wirkungsgrades etwa 68 Prozent.

Mit einer in Kohle-, Öl-, Erdgas- und Kernkraftwerken 1978 eingesetzten Primärenergiemenge von 108,1 Millionen Tonnen Steinkohleeinheiten wurden 41,1 Millionen Tonnen Steinkohleeinheiten Strom erzeugt. Das entspricht einem durchschnittlichen Umwandlungsgrad von 38 Prozent. Durch Leitungsverluste erhöht sich der Verlust von 62 Prozent noch einmal auf rund 67 Prozent, so daß schließlich nur 33 Prozent der ursprünglich aufgewendeten Primärenergie beim Verbraucher als Strom ankommen. Das waren, In- und Exporte an Strom und Strom aus Wasserkraft einbezogen, 1978 rund 36,2 Millionen Tonnen Steinkohleeinheiten oder rund 294 Milliarden Kilowattstunden Strom.

Wirkungsgraderhöhungen bei der Stromerzeugung sind physikalische Grenzen gesetzt. Das bedeutet jedoch nicht, daß der nicht in Strom umgewandelte Teil der eingesetzten Primärenergie zwangsläufig verloren gehen muß. Ein Teil dieses »Wärmemülls« könnte beispielsweise in den Bereich Haushalte und Kleinverbraucher abgelenkt werden, wo der größte Teil des Endenergiebedarfs in der Nachfrage nach Niedertemperaturwärme, zum Beispiel für Heizung und Warmwasser, besteht. Rein mengenmäßig würde diese Abwärme sogar ausreichen, um den gesamten Raumwärmebedarf der privaten Haushalte – bei gleichem verschwenderischen Einsatz wie bisher – zu decken.

Mit 30 bis 40 Grad Celsius fällt sie jedoch in einer so niedrigen Temperatur an, daß sie für Heizzwecke praktisch unbrauchbar ist. Ein winziger Bruchteil dieser niedrigtemperierten Abwärme könnte landwirtschaftlich genutzt werden. Im Kühlwasser von Kraftwerken bei Köln [1] und bei Emden [2] tummeln sich beispielsweise bereits Karpfen, Welse, Barsche, Aale und sogar einige exotische Süßwasserfische, die in dem warmen Wasser besonders schnell wachsen und deshalb als Speisefische wesentlich früher marktfähig sind. Aale erreichten in solchen Warmwasser-Aquakulturen bereits nach ein bis zwei Jahren ein Gewicht, für das sie in normaltemperierten Freilandgewässern sechs bis acht Jahre brauchen würden [3]. Kraftwerksnah angesiedelte Gartenbaubetriebe könnten ebenfalls einen Teil der Abwärme nutzen. Über unterirdisch verlegte Rohre ließe sich hier mit Hilfe der Abwärme der Freilandboden erwärmen, so daß der Lichtüberschuß in den Frühjahrs- und Herbstmonaten für ein zusätzliches Pflanzenwachstum genutzt werden könnte. Solche Verfahren werden beispielsweise im Forschungsprojekt »Agrotherm« [4] erprobt. Sie erlauben freilich keine Abwärmenutzung in großem Stil, sondern sind in erster Linie als eine mit Nutzen verbundene umweltfreundlichere Möglichkeit der Kraftwerkskühlung zu betrachten.

Kraftwerke lassen sich jedoch auch so auslegen, daß ihre Abwärme von vornherein bei einer so hohen Temperatur, zum Beispiel 100 Grad Celsius, anfällt, daß sie als Prozeßwärme oder für die Raumheizung direkt genutzt werden kann. Bei dieser gekoppelten Erzeugung von hochwertiger Wärme und Strom (Kraft) sinkt zwar der Wirkungsgrad der Stromerzeugung etwas ab. Dafür wird jedoch die im Kraftwerk eingesetzte Primärenergie bis zum Doppelten und mehr ausgenutzt. Die Gesamtverluste lassen sich so gegenüber der reinen Stromerzeugung etwa halbieren. Moderne Heizkraftwerke, die nach dem Prinzip der Kraft-Wärme-Kopplung arbeiten, erreichen in der technischen Auslegung Wirkungsgrade von 80 bis 85 Prozent, die auch unter der praxisgerechten Bedingung eines jahreszeitlich unterschiedlichen Bedarfs nicht weiter als bis auf etwa 70 Prozent absinken.

Zwar verbraucht ein Kraftwerk mit Kraft-Wärme-Kopplung etwas mehr Primärenergie als ein vergleichbares herkömmliches Kraftwerk. Dafür erhält man jedoch das Mehrfache an nutzbarer Wärmeenergie. Wieviel Primärenergie dabei insgesamt eingespart werden kann, zeigt folgendes Beispiel[5]: Ein Ölkraftwerk etwa, das ausschließlich Strom liefert, braucht in der Stunde rund 26 Tonnen Öl, um eine elektrische Leistung von 100 Megawatt zu erzeugen. Ein zentrales Heizwerk in der Nachbarschaft, das ausschließlich Wärme produziert, verbraucht in der Stunde zusätzlich 24 Tonnen Öl, um Nutzwärme mit einer Energie von rund 210 Megawattstunden liefern zu können. Zusammen müssen für die Strom- und Wärmelieferung in der Stunde 50 Tonnen Öl aufgewendet werden. Wird dagegen die gleiche Strom- und Wärmemenge in einem kombinierten Heizkraftwerk produziert, braucht man gegenüber der reinen Stromerzeugung nur drei Tonnen Öl mehr und kann in diesem Fall ganz auf das zusätzliche reine Heizwerk verzichten. Erheblich sind die Einsparungen auch gegenüber der Einzelheizung: Um beispielsweise 25000 Wohnungen ganzjährig mit Heiz- und Brauchwasserwärme zu versorgen, beträgt der Mehraufwand nur etwa 11000 Tonnen Heizöl[6]. Die Einzelverbraucher müßten dagegen selbst bei guten Wirkungsgraden ihrer Ölheizung für die gleiche Nutzwärme rund 60000 Tonnen Heizöl einsetzen.

Trotz dieser offensichtlichen Vorzüge haben die mit Kraft-Wärme-Kopplung betriebenen öffentlichen Kraftwerke und Industriekraftwerke an der gesamten Stromerzeugung in der Bundesrepublik Deutschland einen Anteil von lediglich rund sieben Prozent[7]. Der Hauptgrund: Strom wird in erster Linie in Großkraftwerken produziert. Großkraftwerke jedoch, mit ihren meist fernab vom Verbraucher gelegenen Standorten, sind von vornherein bei der Anwendung der Kraft-Wärme-Kopplung benachteiligt, weil eine genügende Anzahl von Abnehmern in vertretbarer Entfernung für eine wirtschaftliche Verteilung der in großen Mengen gleichsam »geballt« anfallenden Abwärme meist gar nicht zur Verfügung steht.

Doch selbst die Nutzung der aus großen Kraftwerksblöcken stammenden Abwärmemengen in Ballungsgebieten bereitet erhebliche Schwierigkeiten. Zum einen sind technisch aufwendige und kapitalintensive zentrale Verteilsysteme (»Fernwärmeschienen«) notwendig, zum anderen ist die über weite Strecken nur verlustreich zu transportierende Fernwärme wegen des großen Mengenangebots selbst in diesen dicht besiedelten Gebieten nur dann wirtschaftlich einzusetzen, wenn auf dichtem Raum die Verbraucher auch möglichst weitgehend an das Fernwärmenetz angeschlossen werden und der Einzelverbraucher zugleich auf zu starke, den Wärmebedarf und damit die Rentabilität des Fernwärmeeinsatzes wieder senkende Wärmedämmungsmaßnahmen verzichtet.

Das könnte zum einen, beispielsweise durch einen Anschlußzwang, zur »Vernichtung« bestehender Wärmeversorgungsstrukturen führen und künftige, auf Wärmedämmung und einem bescheideneren Wärmebedarf aufbauende Versorgungssysteme behindern. Zum anderen würden bei einer starken Ausweitung der zentralen Fernwärmeversorgung über die bestehenden Ballungsgebiete hinaus unter dem Gesichtspunkt der »Rentabilität« Bevölkerungs- und Siedlungsdichten erforderlich, die höher sind als heute und die auch nur auf Kosten ohnehin benachteiligter ländlicher Räume, zum Beispiel durch Abwanderung von Arbeitskräften, zu verwirklichen sein dürften und deshalb unter raumordnungspolitischen Gesichtspunkten mehr als unerwünscht sein müssen. All diese Schwierigkeiten führen letztlich dazu, daß in Großkraftwerken auch künftig der größte Teil der eingesetzten Primärenergie verschwendet wird.

Ein sinnvoller, mit den jeweiligen Siedlungs- und Bebauungsstrukturen harmonisch abgestimmter und wegen der durch die flexiblere Auslastung gegebenen Möglichkeit, die Koppelprodukte Wärme und Strom in einem dem tatsächlichen Verbrauch und dem jahreszeitlich unterschiedlichen Bedarf besser entsprechenden Verhältnis herzustellen, sowie ein auch wesentlich wirtschaftlicherer und mit erheblich geringeren Verteilungsproblemen verbundener Einsatz der Kraft-Wärme-Kopplung läßt sich nur mit Kraftwerken geringerer Kapazität als die der üblichen großen Kraftwerksblöcke verwirklichen. Auf diese Weise ließe sich nicht nur ein erheblich größerer Teil der Siedlungsgebiete »fernwärmefähig« machen, sondern es könnten durch die verbrauchernahe Erzeugung gleichzeitig auch die hohen Transportverluste des elektrischen Stroms verringert werden. Weil in der kalten Jahreszeit gleichzeitig besonders viel Strom und Wärme gebraucht werden, hilft dieser in Kraft-Wärme-Kopplung erzeugte Strom überdies mit, den »Winterverbrauchsberg« an Strombedarf zu bewältigen und entsprechende Reservekapazitäten in Großkraftwerken zu ersetzen.

Die häufig einseitige Bevorzugung großer Kraftwerksblöcke an Standorten abseits des Wärmeverbrauchs durch überregionale Energieversorgungsunternehmen trägt jedoch dazu bei, daß die Möglichkeiten dieser volkswirtschaftlich sinnvollen, die Primärenergie drastisch besser ausnutzenden und verbrauchsnah gekoppelten Erzeugung von Strom und Wärme erheblich eingeschränkt werden[8]. Ein riesiges Sparpotential bleibt auf diese Weise ungenutzt, weil die auf eine starke Ausweitung des Strombedarfs setzenden Energieversorgungsunternehmen in einer Optimierung der Stromerzeugung für sich die größeren Chancen sehen. Die künftigen Möglichkeiten der Kraft-Wärme-Kopplung und die mit ihnen verbundenen Einsparungen hängen deshalb ganz entscheidend von der Einschätzung der Entwicklung des künftigen Strombedarfs ab. Je mehr Strom zentral erzeugt wird, desto geringer werden in der Regel auch die Möglichkeiten sein, die damit verbundene Verschwendung zu begrenzen.

Umweltfreundliche Kleinkraftwerke

Der verstärkte und verbrauchernahe Einsatz der Kraft-Wärme-Kopplung hängt freilich von der Entwicklung nicht nur leistungsfähiger, sondern auch besonders umweltfreundlicher kleiner oder mittlerer Kraftwerke ab. Das sollten wegen der schwindenden Ölreserven allerdings keine Ölkraftwerke mehr sein, sondern, weil Kohle der einzige wirklich in größeren Mengen zur Verfügung stehende und zugleich in der Förderungsleistung steigerungsfähige heimische fossile Energierohstoff ist, vor allem kohlebefeuerte Anlagen. Mit neuen, für kleinere bis mittlere Anlagen besonders geeigneten Verfahren für die umweltfreundliche Direktverbrennung der Kohle versucht man, den Entwicklungsvorsprung der Großtechnologien gegenüber Kleinanlagen, der durch die Bevorzugung der Großkraftwerke entstanden ist, aufzuholen. Als besonders aussichtsreich gilt hier das Verfahren der Wirbelschichtfeuerung[9]. Bei ihr wird die fein zerkleinerte Kohle freischwebend in der Verbrennungsluft verbrannt, während mit dieser Luft gleichzeitig eingeblasene »Zugaben« von feingemahlenem

Dolomit oder anderem Kalkstein den in der Kohle enthaltenen Schwefel zum größten Teil bereits im Feuerungsraum binden, so daß er nicht mehr als umweltbelastendes Schwefeldioxidgas (SO_2) durch den Schornstein entweichen kann.

In dieses »Wirbelbett«, das die unter hohem Druck eingeblasene Verbrennungsluft erzeugt und in der Kohlestaub und Feinkohle nebst Zugaben schwebend festgehalten und zugleich intensiv miteinander »verwirbelt« werden, werden die Heizflächen zur Dampferzeugung direkt eingetaucht. Sie kühlen die brennende Luft-Kohle-Schicht und nehmen die Wärmeenergie direkt und ohne größere Verluste auf[10]. Diese besonders wirksame Wärmeübertragung erlaubt zugleich, die Kesseltemperaturen auf etwa die Hälfte der sonst üblichen Höhe zu senken, was wiederum mit einer drastischen Verringerung (um bis zu 70 Prozent) der Produktion von gesundheitsschädlichen Stickoxiden (NO_x) verbunden ist, die bei der Verbrennung des Luftstickstoffs im Kessel vor allem bei sehr hohen Temperaturen entstehen.

Wird zusätzlich mit den unter Druck stehenden Abgasen aus der Wirbelschichtverbrennung nach entsprechender Entstaubung oder bei Verwendung besonders belastungsfähiger Turbinenschaufeln eine Gasturbine betrieben, die nicht nur den Verdichter für die Verbrennungsluft antreibt, sondern einen weiteren, zusätzlich Elektrizität erzeugenden Generator, lassen sich im Optimalfalle selbst bei reiner Stromerzeugung Wirkungsgrade bis zu 45 Prozent erzielen. Das gegenüber konventionellen Anlagen etwas schwierigere Problem der Leistungsregelung, zum Beispiel bei verringerter Nachfrage nach Strom, läßt sich beispielsweise durch Unterteilung des Wirbelschichtkessels in mehrere Einzelsegmente[11] lösen, die jeweils getrennt mit Brennstoff und Verbrennungsluft versorgt werden können.

Ein zusätzlicher, wertvolle Primärenergie sparender Effekt, der auch bei atmosphärischer Wirbelschichtfeuerung, also der Verbrennung der Kohle unter normalem Druck, erreicht wird, entsteht dadurch, daß in der Wirbelschicht bisher wegen ihres geringen Heizwertes nicht verwendbare Energierohstoffe verbrannt werden können, zum Beispiel billige, ballastreiche Kohle oder auch noch brennbare Abfallmaterialien, die bei der Kohleaufbereitung ausgeschieden sind, wenn das Wirbelschichtverfahren nur in einer den Wirkungsgrad verbessernden Zusatzanlage[12] genutzt wird.

In Verbindung mit der Anwendung der Kraft-Wärme-Kopplung, also der gemeinsamen Produktion von Strom und Fernwärme, ließen sich mit Hilfe dieser umweltfreundlichen kleinen, aber auch mittelgroßen Kraftwerke bei der Ausnutzung der Kohle Gesamtwirkungsgrade erzielen, die bisher noch von keinem Kraftwerk erreicht wurden. Dazu kommt ein weiterer Vorteil: Bereits bei atmosphärischer Wirbelschichtfeuerung wird die notwendige Kesselgröße wegen der besonders guten Wärmeübertragung auf die direkt in das Wirbelbett eingetauchten Heizflächen zur Dampferzeugung erheblich reduziert, und bei druckbetriebenen Anlagen verringert sie sich gar bis auf rund ein Fünftel der Abmessungen vergleichbarer konventioneller Kesselanlagen. Dadurch ließen sich wirbelschichtbefeuerte Kraftwerke, die in kleinen Einheiten eingesetzt und dabei zum Beispiel jeweils einen Stadtteil mit Strom und Wärme versorgen könnten, wesentlich kompakter bauen und deshalb auch optisch viel besser in das Stadtbild einfügen.

Nahwärme statt Fernwärme?

Heizkraftwerke mit Gas- oder Dampfturbinen sind jedoch nicht die einzige Möglichkeit, durch die gekoppelte Erzeugung von Wärme und Strom Primärenergie zu sparen. Im Extremfall kann sich der einzelne Verbraucher über »Total-Energy-Anlagen«[13] mit beidem selbst versorgen. Eine sinnvolle Ergänzung der Kraft-Wärme-Kopplung aus konventionellen oder wirbelschichtgefeuerten Heizkraftwerken sind beispielsweise Blockheizkraftwerke[14] (BHKW). Sie sind so klein, daß sie gleichsam »objektbezogen« Wärme und Strom erzeugen können, wie etwa für ein Hallenbad, einen Gewerbebetrieb, ein Krankenhaus oder eine Anzahl Wohnungen. Sie nutzen die Kühlwasser- und Abgaswärme von Verbrennungsmotoren zu Heizzwecken für Abnehmer in unmittelbarer Nähe und erzeugen zugleich Strom, der ins örtliche Netz eingespeist wird. Auf den Endabnehmer bezogen, also einschließlich Verteilung, erreichen neueste Anlagen dieser Art, die meist mit Erdgas betrieben werden, dessen Vorräte weltweit aller Voraussicht nach wesentlich länger reichen als die des Erdöls, bei der Ausnutzung der Primärenergie einen Gesamtnutzungsgrad von 85 Prozent, der sich durch technische Verbesserungen wahrscheinlich noch auf rund 90 Prozent[15] steigern läßt und damit auch die bisher besten Heizkraftwerke weit übertrifft.

In der Praxis decken die Motoren eines Blockheizkraftwerkes, das aus Gründen der besseren Regelbarkeit bei unterschiedlichem Bedarf aus einer mehrmotorigen Anlage besteht, die zugleich die Verwendung von Motoren aus großen Serien, zum Beispiel aus dem Lastkraftwagen- und Schiffsmotorenbau, erlaubt, nur etwa die Hälfte der insgesamt von angeschlossenen Verbrauchern benötigten Wärmeleistung, um Überkapazitäten sowohl bei der Wärme- als auch bei der Stromerzeugung zu vermeiden. Die Spitzenlast wird dann beispielsweise über einen Heizkessel gedeckt.

Dabei nutzen Blockheizkraftwerke das Gas viel besser, als dies in einer Nur-Kesselanlage möglich ist. Das zeigt besonders deutlich ein Beispiel aus Heidenheim, wo das erste Blockheizkraftwerk der Bundesrepublik Deutschland errichtet wurde. Heute sind hier bereits mehrere Blockheizkraftwerke in Betrieb, und im Frühjahr 1980 wurde eine neu errichtete Anlage mit einem bereits bestehenden Fernheizwerk zur Beheizung von 1666 Wohneinheiten zusammengeschlossen.

Für die Beheizung einer Siedlung mit 293 Wohnungen wurden in der Vergangenheit bis zum Einsatz eines Blockheizkraftwerkes mit den alten Kesselanlagen im Durchschnitt jährlich 620000 Liter leichtes Heizöl verfeuert. Nach der Umstellung auf dezentrale Kraft-Wärme-Kopplung und Erdgas, bei der sechs Erdgas-Motoren mit einer installierten elektrischen Leistung von jeweils 90 Kilowatt mit der Kühlwasser- und Abgaswärme die Siedlung heizen, verbraucht man zwar eine Gasmenge, die 684000 Liter Heizöl entspricht. Dafür erhält man jedoch neben vier Millionen Kilowattstunden Heizwärme noch 2,1 Millionen Kilowattstunden Strom, der ins städtische Netz eingespeist wird. Die um 64000 Liter Erdöl pro Jahr höhere Brennstoffmenge reicht also aus, um 2,1 Millionen Kilowattstunden Strom zu erzeugen. In einem normalen Kraftwerk brauchte man für die Erzeugung der gleichen Strommenge dagegen 550000 Liter Öl, mehr als das Achtfache.

Die höhere Wertigkeit des Stromanteils, der hohe Gesamtnutzungsgrad der Blockheizkraftwerke, der sich durch Zusatzaggregate, zum Beispiel Kompressoren in direktem Wärmepumpenbetrieb oder elektromotorische Wärmepumpen, die mit Hilfe des synchron zur Wärmeerzeugung erzeugten Stroms beispielsweise über Energiedächer[16] oder Energiefassaden der Umgebung zusätzliche Wärme entziehen, sogar auf über 100 Prozent erhöhen läßt, bedeutet eine indirekte Steigerung der Erdgasmengen.

Würde man nur 20 Prozent der zur Zeit in Großkraftwerken verbrannten Erdgasmengen, also etwa 5700 Megawatt an Erdgas, auf Blockheizkraftwerke umlenken, so ließen sich zusätzlich 4670 Megawatt an elektrischer Leistung gewinnen, ohne daß auch nur eine einzige Steinkohleneinheit mehr an Primärenergie eingesetzt werden müßte. Die umgelenkten Erdgasmengen erzeugen nämlich, bezogen auf den elektrischen Endverbrauch, zunächst einmal genausoviel Strom, wie man bei ihrem Einsatz in Großkraftwerken erhalten hätte. Zusätzlich liefern sie jedoch erhebliche Mengen an Wärme, für die man jetzt kein Gas oder Öl in konventionellen Kesselanlagen einsetzen muß. Die auf diese Weise freigewordene Primärenergie erzeugt in weiteren Blockheizkraftwerken nun bereits zusätzlichen Strom und weitere Wärme, mit der sich erneut alte, mit schlechterem Jahreswirkungsgrad als Blockheizkraftwerke arbeitende Kesselanlagen ersetzen lassen. Der am Ende dieser Kette[17] ohne Mehreinsatz von Primärenergie gewonnene Strom entspricht der Leistung von vier bis acht Großkraftwerken.

Gewissermaßen als »verlängerter Arm der Fernwärme« erschließt das Blockheizkraftwerk ländliche Räume, in denen wegen der dünnen Besiedlung keine Anschlußmöglichkeiten an größere Heizkraftwerke bestehen, für das primärenergiesparende System der Kraft-Wärme-Kopplung oder erleichtert durch den Ausbau kleiner lokaler Netze den späteren harmonischen Aufbau größerer Verbundsysteme. Im Konzept der Stromversorgung können Blockheizkraftwerke ähnlich wie andere Heizkraftwerke den Winterberg der Stromlast übernehmen, den Spitzenbedarf decken und bei Störungen in den Großkraftwerken die notwendige Reserve stellen. Als große Notstromaggregate können sie, wenn etwa bei großen Schneekatastrophen die Überlandleitungen ausfallen, beispielsweise die Wasserversorgung der kommunalen Werke sichern und mit relativ geringem Mehraufwand eine Notstromversorgung garantieren, die die sonst installierte Notstromleistung um ein Vielfaches übertrifft.

Außer mit Erdgas (und Erdöl) lassen sich Blockheizkraftwerke auch mit Flüssiggas, in landwirtschaftlichen Betrieben gewonnenem Biogas, Klärgas, das in vielen Kläranlagen ohnehin als Abfallprodukt anfällt und häufig zu einem großen Teil nutzlos abgefackelt wird, Gas aus verschiedenen Verfahren der Müllverwertung, vergaster Kohle mit und ohne eingekoppelter Kern- oder

Sonnenenergie hergestelltem Wasserstoff betreiben, so daß dieses System der Kraft-Wärme-Kopplung im Nahbereich mehr als nur eine Übergangslösung ist.

Kraft-Wärme-Kopplung in der Industrie

Besonders aussichtsreich ist das primärenergiesparende System der Kraft-Wärme-Kopplung in der Industrie, in der ohnehin häufig ein erheblicher Bedarf an Wärme und Strom gleichzeitig anfällt. Ihr Stromverbrauch hat bereits heute einen Anteil von rund 60 Prozent am gesamten elektrischen Endenergiebedarf. Indem die Industrie nicht nur ihre eigene Prozeßwärme, sondern auch ihre eigene Elektrizität erzeugt, ließe sich ihre Stromabnahme bei Großkraftwerken drastisch verringern, die für drei Einheiten eingesetzten nichtregenerierbaren Brennstoffs lediglich eine Einheit Elektrizität oder im Falle von Leichtwasserreaktor-Kernkraftwerken sogar noch weniger liefern.

Überschüssiger Strom würde gleichzeitig einen Teil des Bedarfs von Haushalten und Kleinverbrauchern decken, so daß je nach der Entwicklung des künftigen Stromverbrauchs primärenergiesparend gewonnener Strom aus kommunaler und industrieller Kraft-Wärme-Kopplung sowie aus Blockheizkraftwerken einen großen, wenn nicht gar den größten Teil des gesamten Endenergiebedarfs an Strom liefern könnte. Großkraftwerke sowie kleine Wasserkraftwerke, die für eine gleichmäßige Auslastung besonders geeignet sind, brauchten dann unter Umständen lediglich einen Teil der Grundlast zu stellen, also jene Kraftwerksmindestleistung, die unabhängig von den tages- und jahreszeitlichen Schwankungen immer gebraucht wird.

Im industriellen Kraft-Wärme-Verbund läuft der beispielsweise in der Wirbelschichtfeuerung erzeugte heiße Dampf durch eine vorgeschaltete Turbine und erzeugt dabei Elektrizität, ehe er bei niedrigerem Druck als Prozeßdampf für den Fertigungsprozeß ausgestoßen wird, oder man nutzt die Abwärme aus Hochtemperaturanlagen für eine nachgeschaltete Stromproduktion. Die zusätzliche Brennstoffmenge für die Elektrizitätsgewinnung beträgt nur etwas mehr als die Hälfte[18] der Primärenergie, die für die Erzeugung der gleichen Menge an Elektrizität in einem Großkraftwerk eingesetzt werden müßte.

Noch 1950 erzeugte die Industrie fast die Hälfte des von ihr benötigten Stroms selbst; Ende 1978 war es nur noch rund ein Fünftel[19]. In einer Zeit besonders niedriger, zum Teil sogar sinkender Energiepreise, die keine überaus großen Anreize zum Sparen, zum Beispiel über eine Kraft-Wärme-Kopplung bei der Herstellung von Prozeßwärme zur besseren Brennstoffausnutzung, boten, konnten die Energieversorgungsunternehmen mit günstigen Stromangeboten aus ihrem Netz gleichzeitig manche alte Industriestromanlage stillegen. Die mangelnde Nachfrage nach selbstproduziertem Strom ließ Forschung und Entwicklung für Kleinkraftwerke mit Kraft-Wärme-Kopplung weitgehend verkümmern und sorgte für einen entsprechenden Entwicklungsvorsprung der von den Elektrizitätsunternehmen bevorzugten Großkraftwerke, der die Technik der Kleinkraftwerke insgesamt weiter ins Hintertreffen geraten ließ.

Hinzu kam, daß die Elektrizitätswirtschaft ihre fast monopolartige Stellung[20] weidlich ausnutzte, um durch eine entsprechende Vertragsgestaltung zwischen ihr und den Strom auch selbst erzeugenden Industrieunternehmen, zum Beispiel durch höhere Preise für aus dem Netz benötigten Zusatzstrom und umgekehrt Niedrigstpreise für in das Netz eingespeisten Überschußstrom, den Anreiz zur Eigenstromerzeugung noch weiter herabzusetzen. Diese rechtlichen Hemmnisse wurden durch neue Vereinbarungen[21] zwischen Elektrizitätswirtschaft und industriellen Stromerzeugern im Herbst 1979 weitgehend abgebaut. Nachdem sich auch die Hauptursache an der mangelnden Nachfrage nach in Kraft-Wärme-Verbund arbeitenden Anlagen, nämlich die niedrigen Brennstoffpreise, durch einen drastischen Anstieg der Rohölpreise ins Gegenteil verkehrt hat, und weil die Preise für Netzstrom ebenfalls anzogen und Neuentwicklungen, wie Blockheizkraftwerke sowie Forschungs- und Entwicklungsarbeiten für die Wirbelschichtfeuerung, die Wettbewerbs- und Zukunftsaussichten für Kleinkraftwerke mit Kraft-Wärme-Kopplung erheblich verbessert haben, könnten industrielle Stromerzeugung und dabei insbesondere die Elektrizitätsgewinnung aus industrieller Kraft-Wärme-Kopplung künftig erheblich ausgeweitet werden.

Nach einer Schätzung[22] der Vereinigung Industrielle Kraftwirtschaft (VIK), Essen, könnten, weitere Fortschritte in der Forschung und Entwicklung bei Kleinanlagen mit Kraft-Wärme-Kopplung vorausgesetzt, in weniger als 20 Jahren 16000 Megawatt an elektrischer Leistung durch zusätzliche Ausnutzung der Kraft-Wärme-Kopplung bei bereits bestehender Dampf- oder Heißwassererzeugung in Industrie und Gewerbe bereitgestellt werden. Das entspricht der installierten Leistung von dreizehn bis sechszehn großen Kernkraftwerken. Dazu müßten allerdings zwei Drittel dieser bisher als reine Wärmeerzeuger betriebenen Anlagen durch Anlagen mit Kraft-Wärme-Kopplung ersetzt werden. Dies könnte jedoch zum großen Teil im Rahmen ohnehin erforderlicher Erneuerungszyklen geschehen. Wenn lediglich 60 Prozent dieser Anlagen gleichzeitig laufen, stünde eine zusätzliche Netzleistung von fast 10000 Megawatt zur Verfügung.

Rechnet man mit mindestens weiteren 10000 Megawatt[23] installierter elektrischer Leistung aus zusätzlicher Kraft-Wärme-Kopplung im kommunalen Bereich und addiert dazu die bereits heute vorhandene, in Industriekraftwerken installierte elektrische Leistung von knapp 19000 Megawatt, so übersteigen die bereits verwirklichte Industriestromkapazität und die geschätzte Stromerzeugungskapazität aus zusätzlicher Kraft-Wärme-Kopplung die Hälfte der 1978 insgesamt in der Bundesrepublik Deutschland installierten Kraftwerksleistung von 85487 Megawatt.

Strom aus Abfall

Nicht nur die herkömmliche Technologie der Kraft-Wärme-Kopplung liefert zusätzlichen Strom. Krafterzeugungsanlagen beispielsweise, die, im Prinzip zwar ähnlich aufgebaut wie konventionelle Dampferzeuger, statt mit Wasser mit bereits wesentlich früher siedenden organischen Verbindungen, wie Fluorkohlenwasserstoffen arbeiten, können im Produktionsprozeß anfallende überschüssige Abwärme niedriger Temperatur, die nicht für Heiz- und Vorwärmzwecke gebraucht wird, in mechanische Energie oder elektrischen Strom umwandeln[24]. Auf diese Weise lassen sich beispielsweise die Abgase aus dem Drehofen einer Düngemittelfabrik ebenso nutzen wie der beim Würzekochen in einer Brauerei entstehende, nur 90 Grad Celsius warme »Dampf«. Solche Anlagen haben zwar einen verhältnismäßig geringen Wirkungsgrad, dafür steht jedoch die Abwärme praktisch kostenlos zur Verfügung. Auch aus derartigen Prozessen könnte allein in der Bundesrepublik Deutschland eine Strommenge gewonnen werden, die der Produktion mehrerer Großkraftwerke entspricht[25].

Besonders günstig läßt sich Strom erzeugen, wenn bei der Produktion brennbare Abfallstoffe anfallen. Dazu gehört beispielsweise Hochofengas (Gichtgas). Allein aus diesem billigen Abfallprodukt wurden 1978 bereits 3,4 Millionen Kilowattstunden in industriellen Stromerzeugungsanlagen gewonnen[26]. Aber auch im kommunalen Bereich fallen zahlreiche brennbare Abfallstoffe an, aus denen sich zusätzlicher Strom erzeugen ließe. So kommt heute der Heizwert des Mülls in vielen Großstädten den Werten der Rohbraunkohle nahe. Durch die Nutzung des Energieinhalts der Abfälle in Ballungsgebieten ließen sich bei vollständiger Verbrennung der Abfälle etwa acht Prozent des kommunalen Stromverbrauchs in diesen Gebieten decken[27].

Abfallwärmenutzung in Haushalt, Landwirtschaft und Industrie

Technisch wesentlich weniger aufwendig als etwa die Gewinnung von mechanischer Energie oder Strom aus für konventionelle Dampfmaschinen nicht geeigneter oder nicht genügend heißer Abfallenergie aus Fertigungsprozessen ist ihre Nutzung für die Lieferung von Wärme. So können ohne zusätzlichen Energieaufwand Produktions- und Büroräume beheizt und kann Brauchwasser erwärmt werden. In der Industrie, die in der Bundesrepublik Deutschland mehr als ein Drittel der gesamten Endenergie verbraucht, fällt unterschiedlich heiße Abwärme in vielen Bereichen und auf zahlreichen Produktionsstufen an.

So gibt es in einem Hüttenwerk eine ganze Kette unterschiedlicher Abfallenergien auf dem Wege von der Roheisenerzeugung im Hochofen bis zu den Abkühlanlagen für die fertigen Produkte im Walzwerk. In einer Gießerei müssen die Schmelzöfen gekühlt, in einer Steinkohlenkokerei die Koksofenabgase vor der Weiterverarbeitung auf etwa 20 Grad Celsius erniedrigt werden. Das dafür benötigte Kühlwasser kann dabei seine Wärme entweder, wie es noch in vielen Fällen geschieht, umweltschädlich an die Umgebung oder aber beispielsweise über einen Wärmetauscher an einen weiteren Kreislauf abgeben, der sie dann als Nutzwärme zu den einzelnen Abnehmern transportiert.

Da häufig mehr Abwärme anfällt als im einzelnen Betrieb sinnvoll verbraucht werden kann, könnten Industriebetriebe auch Verbraucher in der Nachbarschaft oder aber in Ballungsgebieten, wie es in Einzelfällen[28] bereits geschieht, Fernwärmeverbundnetze mit überschüssiger Wärme beliefern. Das zeigt auch ein interessantes Vorhaben im Ruhrgebiet: Dort sollen im Endzustand eines zum Teil schon verwirklichten Projektes[29] 5000 Wohnungen mit der Abfallenergie eines Stahlwerks beheizt werden. Es handelt sich um ein modernes Blasstahlwerk, in dem flüssiges Roheisen durch Einblasen von Sauerstoff von seinem Kohlenstoffanteil befreit wird. Bei diesem Vorgang bilden sich große Mengen brennbarer Kohlenoxidgase, die bisher über einen hohen Kamin abgefackelt wurden. Das Gas beheizt jetzt einen Dampfkessel, der ein Fernwärmenetz mit Heißwasser versorgt. Bei einem ähnlichen Projekt[30], ebenfalls im Ruhrgebiet, soll die Abgaswärme aus einem Walzwerk für die Fernheizung genutzt werden. Dabei will man, um die Kosten für die dafür notwendigen Zusatzanlagen zu senken, das Fernheizwasser direkt in die Abhitzekessel einspeisen. Damit umgeht man den üblichen und zugleich auch teueren Weg, indem man den zunächst gewonnenen Dampf mit Wärmetauschern von Dampf- in Heißwasserwärme umformt.

Mit dem gesamten Wärmemüll von Industrie und Kraftwerken könnte man rein mengenmäßig leicht den gesamten Raumwärmebedarf des Ruhrgebietes decken[31]. Voraussetzung wäre allerdings ein ausgedehntes Wärmeverteilungssystem, das zwar zu verhältnismäßig hohen Kosten erstellt werden müßte, für das jedoch gerade in diesem Ballungsgebiet nicht nur wegen der dichten Besiedlung, sondern auch wegen der häufig engen Nachbarschaft zwischen Wärmeerzeugern und Wärmeverbrauchern besonders günstige Voraussetzungen bestehen. Da bei der Fernwärme der Rohenergiepreis nur mit einem Anteil von etwa 25 Prozent in den Fernwärmepreis einfließt, würde sich dies auch für den Verbraucher auszahlen.

Nutzbare Abwärme fällt aber nicht nur in der Industrie, bei Fertigungsprozessen, sondern praktisch überall an: in Kleinbetrieben, in der Landwirtschaft und in jedem Haushalt. Häufig jedoch ist ihre Temperatur so niedrig, daß diese erst auf ein für Heiz- und Brauchwasserzwecke nutzbares Niveau »gepumpt« werden muß. Dies ist mit strom- oder gasbetriebenen Wärmepumpen möglich, die im Prinzip ebenso funktionieren wie ein normaler Kühlschrank, der seinem Inneren Wärme entzieht und damit die Umgebung »aufheizt«. Wie bei den Kältemaschinen kann dabei sowohl das Absorptions- als auch das Kompressionsprinzip (Luftpumpe) genutzt werden. Und wie beim Kühlschrank muß für die Kälte- beziehungsweise jetzt Wärmeleistung Energie zugeführt werden. Dafür erhält man jedoch je nach Temperaturgefälle zwischen Abfall- und Nutzwärme sowie Art der Wärmepumpe das Mehrfache an nutzbarer Wärmeenergie.

Bei gleicher »Pumpleistung« ist dabei die tatsächliche Einsparung von Primärenergie um so größer, je besser das Verhältnis zwischen ursprünglich eingesetzter Primärenergie und der dafür gewonnenen Nutzwärme ist. So gesehen nutzt eine mit Strom aus Kraft-Wärme-Kopplung betriebene elektrische Wärmepumpe die Primärenergie wesentlich besser als eine mit ihr identische Wärmepumpe, die ihren Strom aus einem Großkraftwerk ohne Kraft-Wärme-Kopplung bezieht, weil bei dessen Erzeugung bereits zwei Drittel der Primärenergie verlorengehen. Am besten kann man Primärenergie unter dieser Betrachtungsweise mit einer Erdgaswärmepumpe einsparen, die das Gas zwar wesentlich schlechter als ein Elektromotor den Strom, nämlich nur zu 35 Prozent und damit mit einem ähnlichen Wirkungsgrad wie ein Großkraftwerk in mechanische Energie umwandelt, dafür jedoch zusätzlich etwa 60 Prozent[32] Wärmeenergie in Form von warmem Kühlwasser und heißen Auspuffgasen in die Gesamtwärmebilanz einkoppeln kann. Auf diese Weise läßt sich der Gegenwert fast des gesamten tatsächlich aus der ursprünglichen Abfall- oder Umgebungsenergie stammenden Anteils an der schließlich gewonnenen Nutzwärme als echte Einsparung an Primärenergie verbuchen.

Unter besonders günstigen Umständen braucht man für den Betrieb der Wärmepumpe sogar keine beziehungsweise kaum zusätzliche Energie. Ein Friseurgeschäft beispielsweise, in dem Trockenhauben, Föhne, Lockenwickler und eine ganze Anzahl weiterer Geräte die Kundenräume regelrecht aufheizen, kann anstelle der bisher üblichen meist ständig laufenden Klimaanlage auch eine Wärmepumpe einbauen[33]. Diese Wärmepumpe ersetzt nicht nur die bisherige Klimaanlage und verbraucht den dafür vorgesehenen Strom, sondern liefert gleichzeitig auch das Warmwasser für die zahlreichen Haarwäschen. In einer Fleischerei, in der eine ganze Reihe von verschiedenen Kühlaggregaten Tag und Nacht im Einsatz ist, muß man die dabei entstehende starke Abwärme nicht unbedingt an die Raumluft abgeben, sondern kann die Kühlrippen einer entsprechend konstruierten Anlage auch durch einen Wassertank leiten[34]. Auf diese Weise läßt sich nicht nur der Warmwasserbedarf zum Wurstkochen und für andere innerbetriebliche Zwecke decken, sondern zusätzlich noch jener von einer begrenzten Anzahl weiterer Verbraucher, die an das Warmwassernetz mit angeschlossen sind. Trotzdem braucht man für eine solche Anlage nicht mehr, sondern, weil durch die besseren Kühlverhältnisse in den Räumen, in denen die Klimageräte stehen, auch deren Laufzeiten kürzer werden, sogar weniger Strom. Wie schnell sich eine derartige Anlage bezahlt macht, hängt freilich davon ab, in welchem Umfang sich die bisher noch verhältnismäßig hohen Investitionskosten[35] zum Beispiel durch Serienbau senken lassen und wie schnell die Preise steigen für die fossilen Brennstoffe, die benötigt werden, wenn eine solche Anlage fehlt.

»Kühlwärme« läßt sich praktisch aus jedem Haushalt zurückgewinnen, in dem ein Gefriergerät steht. Das könnte zugleich die Energiebilanz von Kühl- und Tiefkühlgeräten erheblich verbessern, die, wenn man eine eventuell vorhandene elektrische Heizung unberücksichtigt läßt, die größten Stromverbraucher im Haushalt sind. Allein der Energieverbrauch der Gefriergeräte in der Bundesrepublik Deutschland entsprach 1978 mit etwa 7,1 Milliarden Kilowattstunden dem gesamten Stromverbrauch der Landwirtschaft oder rund 75 Prozent des Stromverbrauchs von Bundesbahn und Verkehrsbetrieben. Einen erheblichen Teil der für die Erzeugung dieses Stromes aufgewendeten Primärenergie könnte man zurückgewinnen, wenn man die »Wärmepumpe« Gefrierschrank mit einer Warmwasserbereitungsanlage kombiniert[36]: Bereits im Normalfall wird die von ihr aufgenommene elektrische Energie bei der Kühlung des Gefriergutes und des Schrankinnenraumes über den Motorverdichter und den Kältekreislauf in Wärme umgesetzt. Man braucht jetzt nur noch den Verflüssiger des Gefriergerätes durch eine Verflüssigerspirale in einem Warmwasserspeicher zu ersetzen und beide Geräte durch Leitungen zu verbinden, in denen das Kühlmittel zirkulieren kann. Nutzt man zusätzlich die Abwärme des Motorverdichters, läßt sich auf diese Weise bereits etwa die Hälfte des Warmwasserbedarfs eines durchschnittlichen Vierpersonen-Haushaltes dekken. Dabei wären die Mehrkosten[37] für die Konstruktionsänderungen des Gefriergerätes, verglichen mit der Anschaffung einer normalen Wärmepumpe, gar nicht einmal besonders hoch, weil mit dem Tiefkühlgerät ja bereits eine »Wärmepumpe« vorhanden ist.

Mit einer »normalen« Wärmepumpe wiederum kann man auch aus Abluft und Abwasser Wärme wieder nutzbar machen. Rechnet man mit Verlusten von etwa 30 Prozent bei der »Abführung« des Abwassers, beträgt der nutzbare Wärmeinhalt des Abwassers noch immer etwa 70 Prozent. Gewinnt man diesen mit einer Wärmepumpe zurück, die die dreifache Menge der Energie verfügbar macht, die in sie hineingesteckt wird, läßt sich der sonst übliche Energieeinsatz für die Warmwasserversorgung ebenfalls auf rund die Hälfte verringern[38].

In der Landwirtschaft gibt es besonders viele Möglichkeiten zur Wärmerückgewinnung. Bereits mit der Körperwärme von Kühen kann man Wasser bis auf 60 Grad Celsius erhitzen, wenn die Stallluft in eine Wärmepumpe geleitet wird[39]. Schon bei den heutigen Investitionskosten[40] für entsprechende Wärmerückgewinnungsanlagen würde es sich für viele landwirtschaftliche Betriebe lohnen, die bei der Milchkühlung anfallende Abwärme zur Warmwasserbereitung zu nutzen. Nach Berechnungen der Bundesforschungsanstalt für Landwirtschaft in Braunschweig-Völkenrode[41] reicht die täglich anfallende Milchmenge von fünfzehn Kühen, von denen jede jährlich durchschnittlich 5000 Liter liefert, beim Abkühlen auf vier Grad Celsius entzogene Wärme aus, um den gesamten Warmwasserbedarf für den Stall zu decken. Dabei ermöglicht es ein Liter kuhfrische Milch, 0,6 bis 0,85 Liter Wasser auf 50 bis 55 Grad Celsius zu erhitzen. Bei 33 Stück Milchvieh kann man zusätzlich ohne jede Zusatzheizung täglich 200 Liter Warmwasser für den Haushalt gewinnen. Auch bei dieser Art der Wärmerückgewinnung entsteht kein zusätzlicher Energieaufwand: Es reicht die auch bisher schon für das Kühlen eingesetzte Energie.

Sind Wärmepumpen für Raumheizung Energieverschwender?

In den Fällen, in denen Wärmerückgewinnungsanlagen keine oder nur wenig zusätzliche Energie erfordern, sondern lediglich ein ohnehin notwendiger Prozeß durch Nutzung von Abfall- oder Umweltwärme besser ausgenutzt wird, ist Wärmerückgewinnung unter dem Gesichtspunkt der Primärenergieeinsparung in jedem Fall sinnvoll. Muß zusätzliche Energie aufgewendet werden, hängt der Nutzen ganz entscheidend davon ab, in welchem Verhältnis der Primärenergieaufwand für diese zusätzliche Energie zur Primärenergieersparnis durch die zusätzlich gewonnene Nutzenergie steht. Die auf den ersten Blick bestechende Energiebilanz beispielsweise einer Elektrowärmepumpe (Luft-Wasser-System), die für eine Einheit Elektrizität etwa drei Einheiten Wärme für die Raumheizung liefert, von denen zwei aus der Umgebungswärme, die in Luft, Grundwasser und Erdreich gespeichert ist, oder aus anfallender Abwärme stammen, verliert bereits von ihrem Glanz, wenn für die Bereitstellung dieser einen Einheit Elektrizität drei Einheiten Primärenergie aufgewendet werden müssen. Dabei gilt dieses Verhältnis zwischen Stromeinsatz und Nutzenergiegewinn nicht einmal für jeden Anwendungsfall, sondern nur für eine Wärmepumpe, die bei Temperaturen unter drei Grad Celsius, wie sie im Winter häufig auftreten, abgeschaltet wird.

Wollte man den gleichen Wärmepumpentyp ganzjährig, also auch bei extremen Minustemperaturen betreiben, würde sein Wirkungsgrad bereits erheblich sinken, weil das von der Anlage zu überwindende Temperaturgefälle sehr viel größer ist. Der Primärenergieaufwand für die gleiche Menge Nutzenergie wäre dann trotz ihres Anteils an Umgebungswärme ungefähr so groß wie bei einer konventionellen Erdgasheizung, nicht entscheidend niedriger als bei einer modernen Ölheizung, deren Wirkungsgrad sich durch verbesserte Brennerelemente noch erheblich steigern läßt, und fast doppelt so hoch[42] ist wie bei einer Gaswärmepumpe. Die Gaswärmepumpe, bei der die Entwicklung von großen Anlagen allerdings fortgeschrittener als die von Kleinanlagen ist, hat den zusätzlichen Vorteil, daß ein kleiner Teil der zusätzlich gewonnenen Abgaswärme vom Motor noch genutzt werden kann, um den Wärmetauscher mit der Umgebungsluft eisfrei zu halten, was erlaubt, die Umgebungsluft auch bei sehr tiefen Außentemperaturen noch weitgehend als Wärmequelle zu nutzen.

Abgesehen davon, daß eine nur »bivalent« betriebene Elektrowärmepumpe, die an wirklich kalten Tagen eine konventionelle Ölheizung für sich einspringen lassen muß, trotz der hohen Kosten[43], die mit ihr verbunden sind, letztlich nicht sehr viel mehr als nur eine etwas weitergehende Übergangsheizung ist, wird ihre mögliche Anzahl[44] durch die jahreszeitlich bedingten Lastunterschiede im Stromnetz begrenzt. Sie nutzt lediglich an Tagen mit milder Witterung noch freie Kraftwerkskapazitäten, die an wirklich kalten Tagen für die Deckung des übrigen Strombedarfs gebraucht werden, und sorgt damit für eine höhere durchschnittliche Auslastung der Kraftwerke und des Verteilungssystems – allerdings auf Kosten der dafür gebrauchten fossilen Brennstoffe, da in den Übergangszeiten mit höherem Wärmebedarf hauptsächlich Kohlekraftwerke den zusätzlichen Strom liefern, während Kernkraftwerke typische Grundlastkraftwerke sind.

Jede einzelne zusätzlich durch weitere Wärmepumpen oder einen ganzjährigen Betrieb pro Jahr »gesparte« Tonne Heizöl müßte darüber hinaus mit Investitionen in Höhe von etwa 4000 bis 5000 DM[45] für den Bau von zusätzlichen Kraftwerken, den Ausbau und die Verstärkung des Netzes bezahlt werden. Allein eine Million Tonnen Heizöl, ein winziger Bruchteil des insgesamt für die Raumheizung und Warmwasserbereitung eingesetzten Öls, der auf diese Weise durch zusätzliche Kraftwerkskapazität ersetzt würde, machte Investitionen in Höhe von vier bis fünf Milliarden DM notwendig, die Kosten für die Wärmepumpen nicht einmal mitgerechnet. Man kann sich ausrechnen, was der Ersatz von Öl durch elektrische Widerstandsheizungen, die nicht nur ein Drittel, sondern die gesamte Energie für die von ihnen gelieferte Wärme aus dem Netz entnehmen, durch Zubau von Kraftwerken ohne Kraft-Wärme-Kopplung kosten würde.

Würde man dagegen beispielsweise die gleiche Menge Erdgas, die 1978 in Kraftwerken ohne Kraft-Wärme-Kopplung verfeuert wurde, in Blockheizkraftwerken einsetzen und von den durch die zusätzlich zur gleichen Strommenge wie bisher gewonnene Nutzwärme »freigewordenen« Mengen an Öl und Gas in alten Heizkesselanlagen nur ein Drittel in Gaswärmepumpen und ein weiteres Drittel in zusätzlichen Blockheizkraftwerken einsetzen, die wiederum mit dem von ihnen erzeugten Strom in Einfamilienhäusern elektromotorische Wärmepumpen betreiben, würde man am Ende einer solchen Substitutionskette durch die mit dem höheren Wirkungsgrad von Blockheizkraftwerken und gasmotorischen Wärmepumpen und der zusätzlichen »Einkopplung« von Umgebungsenergie verbundene indirekte Steigerung der ursprünglich vorhandenen Erdgasmenge pro Jahr nicht weniger als 22 Millionen Tonnen Öl[46] einsparen, ohne daß auch nur eine einzige Einheit Primärenergie zusätzlich aufgewendet werden müßte. Das entspricht – bei einem Bruchteil an Investitionen pro Tonne eingesparten Heizöls – einer jährlichen Ersparnis von über elf Milliarden DM.

Aber auch fast jede andere Möglichkeit, bei der Wärmeerzeugung Öl einzusparen, wäre billiger als ein für diesen Zweck notwendiger Zubau von großen Kohle- oder Kernkraftwerken. Ein erheblich größeres und wesentlich billiger und schneller zu erreichendes Energieeinsparpotential liegt beispielsweise auch in einem rationelleren Energieeinsatz durch den Endverbraucher und in Wirkungsgradverbesserungen der von ihm eingesetzten konventionellen Energienutzungs-Technologien.

8
Wirkungsgradverbesserungen bei der Endenergie

Verbesserte Energienutzung bei Haushalts- und Heizgeräten

Haushalte und Kleinverbraucher sind in der Bundesrepublik Deutschland mit einem ungenutzten Endenergieanteil von rund 63 Millionen Tonnen Steinkohleeinheiten im Jahr 1978 nach den Kraftwerken die zweitgrößten Energieverschwender. Diese verschwendete Energie entspricht mehr als der Hälfte der von ihnen insgesamt umgesetzten Endenergie.

Allein für die elektrische Versorgung der rund 34 Millionen Kühl- und Gefriergeräte in den Haushalten der Bundesrepublik Deutschland muß eine Kraftwerkskapazität installiert werden, die der Leistung von mehr als drei großen Kernkraftwerken vom Typ Biblis A (1200 Megawatt) entspricht. Auf mindestens zwei von ihnen könnte man verzichten, wenn man Geräte konstruieren würde, die bereits nach dem heutigen Stand von Wissenschaft und Technik möglich sind. Eine Untersuchung[1] an der Universität Bremen beispielsweise rechnet beim Betrieb von Gefriergeräten mit einer möglichen Ersparnis von über 72 Prozent, bei Kühlschränken sogar von fast 80 Prozent. Allerdings ist das technisch Mögliche nicht in jedem Falle immer das ökonomisch Sinnvolle. Doch durch vorgenommene Verbesserungen nach streng wissenschaftlichen Maßstäben lassen sich gegenüber den heute praxisüblichen Verbrauchswerten hohe Einsparpotentiale nutzbar machen, die künftig durch den verstärkten Einsatz von Mikroprozessoren, winzigen elektronischen Schaltungen, noch besser erschlossen werden können.

Untersuchungen[2] des von der Elektrizitätswirtschaft getragenen Elektrowärmeinstituts, Essen, haben zum Beispiel gezeigt, daß selbst unter wirtschaftlichen Gesichtspunkten und bei Einsatz teilweise noch weitgehend konservativer Technik die größten Stromverbraucher und zugleich -verschwender unter den elektrischen Haushaltsgeräten[3], die Kühl- und Gefriergeräte, allein durch verbesserte Wärmedämmung und Konstruktion, die Vergrößerung der Wärmeübertragungsflächen von Verdampfer und Kondensator sowie durch eine Wirkungsgradsteigerung des Aggregats und noch ohne jede Mikroelektronik[4] gegenüber heute 30 bis 50 Prozent und damit, wenn man eine Schätzung[5] über den Anteil der einzelnen Geräte am gesamten Stromverbrauch zugrundelegt, jährlich fünf bis acht Milliarden Kilowattstunden Strom einsparen könnten. Bei einem Geschirrspülautomaten ließe sich durch verbesserte Gehäuseisolierung und Wärmerückgewinnung im Gerät, durch eine Absenkung der Spültemperatur, die bei entsprechender Verbesserung der Spülmittel um so höher ausfallen könnte, und eine Verringerung der Wassermenge pro Spülgang der Stromverbrauch um ein Viertel oder um 675 Millionen Kilowattstunden verringern. Bei Elektroherden könnte die Kombination verschiedenster Maßnahmen, zum Beispiel durch eine auf der Unterseite gut wärmegedämmte Kochplatte, eine weitgehende Vermeidung von Verdampfungsverlusten durch eine entsprechende Regelung der Energiezufuhr oder die Verwendung von Dampfdruckkochtöpfen sowie durch weniger Wärme abgebende und zugleich den Platten besser angepaßte Töpfe sowie eine verbesserte Regelung von Automatikplatten zu Einsparungen von 33 Prozent oder rund drei Milliarden Kilowattstunden Strom führen.

Verbesserungen bei konventionellen Wäschetrocknern, zum Beispiel durch Wärmedämmung sowie durch eine geschickte Führung der kühlen Zuluft, würden einem Einsparungspotential von etwa zehn Prozent oder 60 Millionen Kilowattstunden entsprechen. Um sogar 40 Prozent niedriger als bei einem konventionellen Ablufttrockner läge der Energiebedarf eines Trockners, der als Wärmepumpe arbeitet. Allerdings sind die Kosten eines derartigen Gerätes bisher auch etwa doppelt so hoch. Bei Waschmaschinen, bei denen der Energieverbrauch bereits in der Vergangenheit drastisch reduziert[6] wurde, rechnet das Elektrowärmeinstitut zwar lediglich mit einer möglichen weiteren Einsparung von etwa sechs Prozent und damit einem »nur« um 426 Millionen Kilowattstunden geringeren Verbrauch durch Wirkungsgradverbesserungen des Waschmotors und eine verbesserte Wärmedämmung. Trotzdem könnten Neuentwicklungen bei Waschmitteln, die eine Senkung der Waschtemperaturen erlauben würden, zu einer weiteren, ganz erheblichen Energieeinsparung führen. Eine weitere

Verbesserung ließe sich durch den verstärkten Einsatz von elektronischen Bauelementen und Mikroprozessen erzielen, die den Ablauf der Waschprogramme an die Beladung, den Verschmutzungsgrad der Wäsche, den Härtegrad des Wassers und die automatische Dosierbarkeit eventuell künftig flüssiger Waschmittel anpaßt. Bei einem solchen »fortgeschrittenen« Waschautomaten[7] müßten Sensoren beispielsweise die Temperatur, Laugengehalt und Trübung des Wassers erfassen, um dem Mikrocomputer Informationen zu übermitteln, mit denen er einen optimalen Energie-, Wasser- und Waschmittelverbrauch errechnen und steuern kann.

Nach einer Schätzung[8] aus der Elektroindustrie könnte allein die Steuerung von Waschmaschinen und Geschirrspülern mit Mikrocomputern und die verfeinerte Regelung von elektronischen Wäschetrocknern, Kühlschränken sowie Gefriertruhen den Energieverbrauch dieser Geräte um 15 bis 20 Prozent senken. Bezogen auf den für das Jahr 1978 geschätzten Stromverbrauch dieser Geräte entspräche das einer Stromeinsparung von vier bis fast fünfeinhalb Milliarden Kilowattstunden. Für eine rationelle Energieverwendung ausgerüstete Haushaltsgeräte könnten überdies in einem rechnergesteuerten Verbund energiesparend miteinander gekoppelt werden. Entsprechend programmiert würde beispielsweise ein zentraler »Hauscomputer«[9], der den sinnvollen Einsatz der einzelnen Geräte koordiniert, überwacht und dafür sorgt, daß die jeweils benötigte Energie immer dort bezogen wird, wo sie am wirtschaftlichsten ist. Das bedeutet unter Umständen, daß die Energie für die Erwärmung des Wasch- oder Spülwassers, etwa im tiefsten Winter, von der Ölheizung geliefert wird, wenn diese bei voller Auslastung mit relativ hohem Wirkungsgrad arbeitet, oder von der Abwärme eines Gefrier- oder Kühlschranks und nur im Ausnahmefall von der im Wasch- oder Geschirrspülgerät vorhandenen elektrischen Warmwasserheizung.

Der Betrieb dieser beiden Geräte mit Warmwasser, das außerhalb von ihnen nichtelektrisch erzeugt wird, bedeutet zwar wegen des damit verbundenen geringeren Stromverbrauchs in den meisten Fällen eine Primärenergieersparnis. Wie hoch und wie sinnvoll sie jedoch ist, hängt von der Art der Wärmequelle ab. So würde in einem durchschnittlichen Haushalt beispielsweise die Warmwasserversorgung von Geschirrspülmaschine und Waschmaschine wohl zu einer Einsparung von jährlich 940 Kilowattstunden Stromenergie, aber gleichzeitig zu einem Mehrbedarf von etwa 260 Litern Heizöl führen[10], einem Energieträger, dessen Rohprodukt bald erschöpft ist. Wesentlich sinnvoller und zugleich mit einer wesentlich höheren Primärenergieeinsparung verbunden wäre es, wenn das Warmwasser aus Blockheizkraftwerken oder aus einem Fernwärmenetz stammen würde, das mit industrieller Abwärme oder mit Heizwärme aus einem Kraftwerk mit Kraft-Wärme-Kopplung gespeist wird. Ebenfalls sehr günstig ist es, wenn die Energie für die Erwärmung des Wassers von »haushaltseigener« Abwärme oder von einer Solarheizung geliefert wird.

Doch auch ohne jede Änderung der Versorgungsstruktur, ohne jede technische Verbesserung oder Neuerung, allein durch eine weniger verschwenderische Benutzung der Geräte ließen sich bereits erhebliche Mengen an Energie einsparen. Bei einem Stromverbrauch einer Waschmaschine von etwa 3,3 Kilowattstunden Strom für eine Kochwäsche mit Vorwäsche, der von der Füllmenge so gut wie unabhängig ist, kann man, um im Laufe der Zeit 18 Kilogramm Wäsche zu reinigen, entweder verschwenderisch neunmal zwei Kilogramm in die Maschine packen und damit auch neunmal 3,3 Kilowattstunden verbrauchen oder vier Ladungen zu jeweils 4,5 Kilogramm für viermal 3,3 Kilowattstunden waschen, was bei einem Strompreis von 15 Pfennig pro Kilowattstunde auch insgesamt 2,30 DM billiger wäre[11]. Wer im offenen Topf kocht, zuviel Wasser zum Ankochen der Speisen nimmt, Töpfe benutzt, deren Boden nicht die Größe der Kochplatte hat und nach dem Abschalten noch gespeicherte Wärme schlecht oder überhaupt nicht nutzt, der verbraucht beim Kochen und Backen 33 bis 55 Prozent mehr Strom als nötig[12]. Um beispielsweise anderthalb Liter Wasser kochend zu halten, kann man im Extremfall mit einem schlechten Topf und Kochen ohne Deckel mit 850 Watt 350 Prozent Strom mehr verbrauchen als für die gleiche Leistung bei einem mit der Platte genau abschließenden Topf mit geschlossenem Deckel, der nur etwa 190 Watt verbraucht[13].

Die Elektrohausgeräte-Hersteller selbst[14] rechnen damit, daß sich allein bis 1985 im Vergleich zu dem bis 1978 bereits erreichten technischen Standard bei Waschautomaten durchschnittlich sieben bis zehn Prozent, bei Geschirrspülmaschinen zehn bis 15 Prozent, bei Elektroherden (ohne Berücksichtigung von »passendem« Kochgeschirr) drei bis fünf Prozent und bei Kühl- und Gefriergeräten 15 bis 20 Prozent Strom einsparen lassen. Dabei muß man allerdings berücksichtigen, daß die Mehrzahl der heute benutzten Haushaltsgeräte vor 1978 angeschafft wurde und sich deshalb auch die bis zu diesem Zeitpunkt verwirklichten zum Teil ganz erheblichen Einsparpotentiale in der Energiebilanz bis 1985 angeschaffter Geräte stark bemerkbar machen werden. So beträgt beispielsweise die von den Elektrohausgeräte-Herstellern geschätzte bis 1985 erreichbare Ersparnis beim spezifischen Energieverbrauch eines Geschirrspülers gegenüber dem technischen Stand von 1978 zwar nur höchstens 15 Prozent, jedoch gegenüber einer 1970 angeschafften Maschine bereits 37 Prozent. Berücksichtigt man darüber hinaus die mögliche Entwicklung von für niedrige Arbeitstemperaturen geeigneteren Spülmitteln und den sicheren verstärkten Einsatz von kleinen elektronischen Bauelementen, dürfte sich ein Einsparpotential von erheblich mehr als 50 Prozent verwirklichen lassen.

Auch bei der Beleuchtung lassen sich hohe Einsparraten erzielen. So hält beispielsweise die Elektrohausgeräteindustrie bei Glühlampen eine Verbesserung der Lichtausbeute um 20 bis 40 Prozent gegenüber dem bereits heute erreichten Stand für denkbar[15]. Weiterentwicklungen bei schon heute im Stromverbrauch wesentlich genügsameren Leuchtstofflampen schaffen voraussichtliche Einsparpotentiale gegenüber Glühlampen von 60 bis 90 Prozent und selbst gegenüber den heute fortschrittlichsten vergleichbaren Leuchtstofflampen[16] von 36 Prozent.

Am meisten Energie wird jedoch bei der Raumheizung verschwendet. Bedenkt man dabei, daß etwa 84 Prozent[17] des Endenergieverbrauchs der privaten Haushalte und Kleinverbraucher auf die Raumheizung entfallen, und Haushalte und Kleinverbraucher wiederum mit einem Anteil von rund 45 Prozent in der Bundesrepublik Deutschland fast die Hälfte der gesamten Endenergie verbrauchen, dann wird deutlich, welche Folgen hier mögliche Einsparpotentiale für die Gesamtenergiebilanz haben. Eine im Auftrag des Bundesministeriums für Forschung und Technologie durchgeführte Studie über »Auswirkungen von Technik und Verhaltensweisen auf den Energieverbrauch«[18] kommt zu dem Ergebnis, daß ohne jede Veränderung der Beheizungsstruktur, zum Beispiel den vermehrten Einsatz von Fernwärme, ohne jede zusätzliche Wärmedämmungsmaßnahme am Gebäude selbst, bei einem bereits bestehenden Heizsystem allein durch eine sinnvolle

Betriebsweise, gegebenenfalls verbesserte Fugen an Fenstern und Türen, ergänzende Einrichtungen zur Steuerung und Regelung, eine »sachgemäße« Instandhaltung, Wartung, Reinigung und Kontrolle bei einem Mehrfamilienhaus (zum Beispiel mit zwölf Wohnungen) bis zu 31 Prozent und bei einem Einfamilienhaus bis zu 35 Prozent der bisher verbrauchten Energie eingespart werden können. Rechnet man mit einer möglichen Ersparnis von durchschnittlich 32 Prozent für alle Wohngebäude, entspräche dies, wenn man vom Endenergieverbrauch des Jahres 1978 ausgeht, einer Ersparnis von 32 Millionen Tonnen Steinkohleeinheiten[19]. Der größte Teil dieser Einsparungen, nämlich für sich allein bereits 22 Prozent bei Einfamilienhäusern und 17 Prozent bei Mehrfamilienhäusern, geht dabei auf Maßnahmen zurück, die zwar mit einer Umstellung der Verbrauchergewohnheiten, nicht aber mit Komfortverzicht, sondern mit einer Erhöhung der Behaglichkeit und einem gesünderen Raumklima verbunden sind: zum Beispiel auf eine Senkung der Raumtemperatur um ein bis anderthalb Grad Celsius, eine stärkere Absenkung der Temperatur in der Nacht und eine sinnvollere Lüftung als bisher.

Doch auch bereits bescheidene technische Veränderungen am herkömmlichen Heizsystem selbst bringen erhebliche Einsparungen mit sich. Ein verbesserter Ölbrenner[20] beispielsweise, der als »Abfallprodukt« der Weltraumforschung entwickelt wurde, verbraucht bis zu 15 Prozent weniger Öl. Er besteht zwar überwiegend aus Bauteilen herkömmlicher Ölbrenner, doch ließen sich durch die Anwendung von Erfahrungen aus der Raketenforschung bei der Gemischaufbereitung und der Steuerung des Verbrennungsablaufes sowohl der Wirkungsgrad steigern als auch die Schadstoffemission deutlich herabsetzen. Seine Abgase sind völlig frei von Ruß- und Ölrückständen. Bis zu 15 Prozent des Heizöls könnten auch durch »intelligente« Brennersteuerungen mit Hilfe von Mikroprozessoren eingespart werden[21].

Ein anderes »Abfallprodukt«, zwar nicht aus der Weltraumfahrt, sondern aus der Kernenergieforschung, entstand bei Wärmetauscher-Konzeptstudien für den Hochtemperatur-Reaktorbau: neue keramische Bauelemente[22], die auf vielfältige Weise zur besseren Energienutzung beitragen können. Ein auf ihrer Basis entwickeltes vollkeramisches Gasheizgerät zur Gewinnung von Heizungs- und Brauchwasser beispielsweise, bei dem ein keramisches Brenner-Element mit gleichmäßiger und sauberer Verbrennung und ein keramischer Wärmetauscher mit hoher Wärmeübertragungsleistung miteinander kombiniert wurden, nutzt die Energie bis zu 20 Prozent besser aus als herkömmliche Systeme und hat, bezogen auf den oberen Heizwert des Brenngases, einen Wirkungsgrad von rund 98 Prozent. Dieses keramische Heizsystem kann auch an die Verbrennung von Öl angepaßt werden. Durch ihre hohe Temperaturbeständigkeit und Unempfindlichkeit gegen Temperaturschocks sowie ihre Beständigkeit gegen aggressive Medien sind die keramischen Bauelemente überdies ideale Werkstoffe für die Wärmerückgewinnung.

Verbesserte Energienutzung im Verkehr

Obwohl der Verkehr nur einen Anteil von rund 20 Prozent am Endenergieverbrauch hat, schafft er spielend einen Anteil von 30 Prozent an der Gesamtverschwendung im Bereich der Endenergie. Weniger als 22 Prozent der eingesetzten Energie werden wirklich genutzt. Schuld daran sind vor allen Dingen die niedrigen Motorwirkungsgrade der rund 22 Millionen Personenkraftwagen, Lastkraftwagen und Busse in der Bundesrepublik Deutschland, die rund 36 Prozent des Rohöls oder 53 Millionen Liter Benzin und Diesel verbrauchen, deren Energieinhalt aber weniger als zu einem Fünftel die Antriebsräder auch tatsächlich erreicht. Dabei schneidet der Ottomotor gegenüber dem Dieselmotor noch wesentlich schlechter ab.

Nach dem Stand der Technik könnten allein durch konstruktive Verbesserungen bei der Auslegung des Motors und einen verstärkten Einsatz der Mikroelektronik bis zu 30 Prozent Kraftstoff eingespart werden[23]. 30 Prozent weniger Benzinverbrauch erwartet man bereits von einem »Auto der Zukunft«[24], an dessen Entwicklung sich in einem vom Bundesministerium für Forschung und Technologie geförderten Projekt Automobilindustrie und eine Hochschularbeitsgemeinschaft beteiligen und das bald erprobt werden soll. Dieses Auto ist nicht nur genügsamer, sondern auch umweltfreundlicher und vor allen Dingen sicherer. Ein deutscher Automobilkonzern[25] experimentiert sogar schon mit einem Motor, der nicht mehr als 3,7 Liter pro 100 Kilometer verbraucht. Derzeit sind es durchschnittlich noch mehr als zehn Liter pro 100 Kilometer.

Einsparungen sind durch eine veränderte Karosseriegestaltung, verbesserte Motoren, geringeres Gewicht und niedrigere Rollreibungs- und Luftwiderstandswerte möglich. Allein die ab 1985 durch Mikroelektronik erzielbaren Einsparungsmöglichkeiten werden von der Industrie auf 30 Prozent geschätzt[26]. So kann beispielsweise ein Mikrocomputer die Benzineinspritzung und Zündzeitpunktverstellung so beeinflussen, daß der Kraftstoffverbrauch bis zu 20 Prozent bei gleicher Fahrleistung abnimmt. Die Mikroelektronik macht jedoch noch zahlreiche weitere Entwicklungen denkbar, zum Beispiel eine elektronische »Klopfregelung«, einen elektronisch gesteuerten Ventilbetrieb, die Hubraumverstellung zur Vermeidung von Verlusten bei gedrosseltem Motorbetrieb oder die Entwicklung eines »elektronischen Gaspedals«[27].

Erhebliche Fortschritte trotz bereits erreichter Verbesserungen in der Aerodynamik sind auch bei der Verringerung des Luftwiderstandes möglich. Die Deutsche Forschungs- und Versuchsanstalt für Luft- und Raumfahrt rechnet damit, daß sich der europäische Mittelwert für den »Widerstandsbeiwert« vom Personenkraftwagen von derzeit 0,45 in weniger als fünf Jahren auf 0,30 senken läßt[28]. Das würde zu einer Kraftstoffersparnis von durchschnittlich rund zwölf Prozent führen und entspräche allein in der Bundesrepublik Deutschland jährlich 2,5 Milliarden Litern. Aber auch der Autofahrer selbst kann durch ein energiebewußteres Verhalten im Verkehr zu einem geringeren Kraftstoffverbrauch beitragen. Der Allgemeine Deutsche Automobil-Club ADAC schätzt die allein damit verbundenen Einsparungen auf circa 35 Prozent[29]. Auch die regelmäßige Wartung – Zündkerzen, Vergaser-, Ventileinstellung, Reifendruckkontrolle – hilft Energie sparen: Allein ein schlecht eingestellter Vergaser kann bis zu 20 Prozent mehr Kraftstoff verbrauchen[30].

Von einem ungewöhnlichen »Bastard«-Antrieb[31], der in einem neuartigen Linienbus erprobt wird, werden mindestens 20 Prozent Kraftstoffersparnis und darüber hinaus eine Verringerung der Schadstoffe im Abgas des wesentlich entlasteten Verbrennungsmotors erwartet. Bewegungsenergie, die sonst beim Abbremsen vernichtet wird, speichert dieser neue Bustyp in einem Druckspeicher, der selbst dann noch aufgeladen wird, wenn der konventionelle Motor im Leerlauf dreht. Dieser konventionelle Motor, ein Diesel, arbeitet mit einem hydrostatischen Motor zusammen, der als Antrieb geschaltet mitbeschleunigt und als Pumpe geschaltet bremst. Bei einer Bremsung pumpt er Hydraulik-Öl in einen bis auf 300 bar aufladbaren Hochdruckspeicher. Von dort fließt beim »Gasgeben« das Hydraulik-Öl zum Hydrostatik-Motor zurück.

Wirkungsgradverbesserungen im Hinblick auf die Kraftstoffausnutzung sind auch in der Luftfahrt möglich. Einen wichtigen Beitrag dazu können vor allem aerodynamische Verbesserungen leisten. Dazu gehören beispielsweise neuartige Tragflächen, die eine überschnelle Strömung an der gewölbten Oberfläche der Flügel zulassen, während das Flugzeug selbst noch mit Unterschallgeschwindigkeit fliegt, was im Normalfall zu gefährlichen Überbelastungen der Tragflächen führt. Mit solchen bereits entwickelten »superkritischen« Flügeln[32] fliegen Flugzeuge nicht nur sicherer, sondern auch wirtschaftlicher, da mit zunehmender Geschwindigkeit der Oberströmung der Auftrieb erhöht und gleichzeitig der Luftwiderstand gesenkt wird. Wegen des höheren Auftriebs wiederum kann die Flügelfläche verkleinert werden. In Verbindung mit einer größeren Flügeldicke erlaubt das ein geringeres Flügelgewicht, da sich bei einem dickeren Profil die Wandstärken des Flügels reduzieren lassen. Das geringere Flügelgewicht, der erhöhte Auftrieb und der verringerte Luftwiderstand führen zusammen gegenüber vergleichbaren konventionellen Flugzeugen zu einer Treibstoffersparnis von etwa 15 Prozent[33].

Verbesserte Prozeßführungen und Wirkungsgradverbesserungen in Industrie und Gewerbe

Auch in der Industrie sind über die bereits erreichten Einsparungen, eine stärkere Ausnutzung der Kraft-Wärme-Kopplung und die Nutzung von Abfallenergie hinaus noch weitere Energieeinsparungen möglich. Oft sind sie das Ergebnis einer Fülle von technischen Detailverbesserungen bei den unterschiedlichsten Prozeßführungen. Mit Hilfe der Mikroelektronik lassen sich beispielsweise in der Fertigung viele Abläufe besser überwachen und steuern sowie energiereiche Prozesse wirkungsvoller nutzen[34]. So würde bei großen Industrieöfen bereits eine geringfügige Wirkungsgradverbesserung von wenigen Prozent zu Einsparungen führen, die sich in der gesamten Primärenergiebilanz erheblich bemerkbar machten. In der Grundstoffindustrie betreibt man heute Industrieöfen, deren thermische Anschlußleistung bis zu 200 Megawatt beträgt, was dem gesamten Primärenergieumsatz bei der elektrischen Stromversorgung einer mittleren Großstadt entspricht[35]. Würde ein Prozeßrechner die Ofenführung übernehmen, ließe sich eine optimale Betriebsweise erzielen. Würde man mit Hilfe der Mikroelektronik im gesamten Industriebereich nur zehn Prozent[36] einsparen, könnte die Industrie[37], gemessen an ihrem gesamten Endenergieverbrauch von 1978 und keine weiteren Einsparungen durch andere Energiesparmaßnahmen vorausgesetzt, rund neun Millionen Tonnen Steinkohleeinheiten weniger verbrauchen.

Erhebliche Einsparungen sind entgegen einem weitverbreiteten Vorurteil auch bei elektrischen Antrieben möglich. So ist die Auslegung von Pumpen, Verdichtern und Ventilatoren häufig nur schlecht an den tatsächlichen Leistungsbedarf angepaßt, obwohl sich dieser in vielen Fällen relativ leicht ermitteln läßt[38]. Statt dessen wird die Motorleistung nicht selten durch Ventile, Klappen oder Anstellwinkelveränderungen an den jeweils angetriebenen Aggregaten gedrosselt, eine Verschwendung, die sich zumindest teilweise durch eine bessere Anpassung der Motoren vermeiden läßt. Auch bei Maschinen, zum Beispiel Werkzeugmaschinen, deren Kraftbedarf je nach Arbeitsvorgang unterschiedlich ist, lassen sich durch optimal abgestimmte Schalttechniken[39] bessere Anpassungen erreichen. Bei mit unterschiedlicher Belastung betriebenen Motoren erlaubt eine mit Thyristoren geregelte Stromzufuhr eine Drehzahl- und Leistungsbegrenzung ohne Energieverlust, während bei einer herkömmlichen Regelung über Widerstände Energie vernichtet wird. Der Einsatz solcher moderner Motoren wird deshalb häufig mit einer Energieeinsparung verbunden sein.

9
Energiebewußt bauen und planen

Wieviel Wärme man überhaupt braucht, um ein Haus warmzuhalten, hängt – abgesehen von den energiesparenden oder energieverschwendenden Gewohnheiten seiner Bewohner – entscheidend davon ab, wie gut das Gebäude die ursprüngliche und wichtigste Funktion erfüllt, seine Bewohner vor den Klimaeinflüssen ihrer Umwelt zu schützen, und – in der kühlen Jahreszeit – wie gut es mit der dafür benötigten Restwärme »wirtschaftet«. Unabhängig davon, wie gut oder wie schlecht zum Beispiel ein Heizkessel die in ihn gesteckte Energie nutzt und wieviel Energie bereits für die Herstellung und Verteilung dieser der Heizung zugeführten Energie verlorengeht.

Der Weg zur Verringerung des Restwärmebedarfs beginnt aber nicht erst beim Bauwerk oder gar erst mit einer verbesserten Wärmedämmung der einzelnen Wohnung, sondern schon mit der energiebewußten Planung[1] neuer Wohngebiete. Bereits Standort und Gebäudeanordnung haben großen Einfluß auf den Restwärmebedarf. Sandboden etwa nimmt ebenso schnell Wärme wie Kälte an, wodurch, besonders in Tallagen, Kaltluft- und Frostbildung begünstigt werden. Will man solche Kältestaus vermeiden, müssen entsprechende Tallagen gut durchlüftet bleiben, dürfen also nicht zugebaut werden. Andererseits müssen zu hohe Windgeschwindigkeiten verhindert werden, was durch eine geeignete Bepflanzung, zum Beispiel mit Laubhölzern, möglich ist. Denn der Wind ist ein Feind der Wärme: Ein wenig geschütztes, freistehendes Einfamilienhaus braucht deshalb mindestens zehn Prozent mehr Wärme als ein windgeschütztes[2].

Eine wichtige Rolle spielt auch die Anordnung eines Gebäudes im Gelände: Sinnvoll ist eine klare Orientierung der Wohnseite nach Süden, wobei die Südfassaden auch noch im Winter möglichst viel Sonne erhalten sollten. Nach Süden gerichtete zweifach verglaste Fenster sind die billigsten »Sonnenkollektoren« oder »Wärmefallen«. Sie sollten deshalb auch möglichst groß sein, »Nord-Fenster« dagegen klein und am besten dreifach verglast, um die unvermeidlichen Wärmeverluste gering zu halten[3]. Je nach Siedlungstyp können zwischen fünf und 35 Prozent des theoretischen Wärmebedarfs in Gebäuden durch die Fenster gewonnen werden[4]. Große Fenster sind also keineswegs unbedingt die großen Energieverschwender, für die sie häufig gehalten werden. Dem relativ hohen Energieverlust aufgrund der geringeren Isolierung im Vergleich mit der übrigen »Außenhaut« des Gebäudes steht in vielen Fällen ein beträchtlicher Wärmegewinn durch die Einstrahlung der Sonne gegenüber. Untersuchungen[5] des Fraunhofer-Instituts für Bauphysik in Holzkirchen haben gezeigt, daß bereits 85 Watt pro Quadratmeter von der Sonne gelieferte Energie, eine Einstrahlung, die bei durchschnittlichem Winterwetter mindestens während der halben Tageszeit zur Verfügung steht, ausreichen können, um den Wärmeverlust eines modernen Zweischeibenfensters auszugleichen. Bei höherer Einstrahlung entsteht sogar ein Wärmegewinn. Bei 120 Watt, die immerhin einige Stunden pro Tag geliefert werden, wird der Wärmebedarf eines Raumes durchschnittlicher Bauart im Winter sogar vollständig durch die Sonne gedeckt.

Auch die Struktur eines Hauses hat erheblichen Einfluß auf den Wärmebedarf. Stark gegliederte Bauwerke, die bei gleichem Rauminhalt eine größere Außenfläche haben, die am Wärmeaustausch mit der Umgebung beteiligt ist, sind deshalb energetisch ungünstiger als eine etwas kompaktere Bauweise. Aus demselben Grund senken auch etwas komplexere, zusammengefaßte Wohneinheiten den Wärmebedarf[6]: Eine Hauszeile aus vier Reihenhäusern braucht etwa 20 Prozent weniger Wärme aus der Heizung als vier sonst identische, jedoch freistehende Einfamilienhäuser. Macht man daraus – bei denselben Grundrissen und bei gleicher Grundfläche – ein vierstöckiges Mehrfamilienhaus, beträgt die »Einsparung« sogar 45 Prozent.

Selbstverständlich beeinflußt auch die Wahl des Baustoffes, vor allem seine Wärmedämmung, den Restwärmebedarf. Es gibt eine Fülle von zusätzlichen Möglichkeiten, die Wärmeverluste von Wänden, Fenster, Dach und Keller zu verringern. »Ohne besondere Schwierigkeiten«, so bereits ein Untersuchungsergebnis[7] aus dem Jahre 1976, lassen sich dadurch bei Ein- und Mehrfamilienhäusern bis zu 40 Prozent Energie einsparen. Ein Einsparpotential bei Einfamilienhäusern von sogar 50 Prozent, das sich allein durch konventionelle Maßnahmen im Bereich der Wärmedämmung selbst bei bereits bestehenden »Normalhäusern« auf wirtschaftliche Weise erreichen läßt, nennt ein Forschungsprojekt[8], das den heutigen Stand der Bau- und Isoliertechnik zugrundelegt.

Im Rahmen dieses mehrjährigen, vom Bundesministerium für Forschung und Technologie geförderten Projektes wurde auf dem Gelände des Forschungslaboratoriums Aachen von Philips ein Versuchshaus aufgebaut, das durch seine extreme Wärmedämmung und zusätzliche ausgeklügelte technische Maßnahmen, jedoch noch ohne direkte Beheizung etwa durch Wärmepumpen oder über eine Sonnenenergieanlage, mehr als 85 Prozent der Heizwärme einspart, die ein vergleichbares Einfamilienhaus mit »Vollwärmeschutz« entsprechend den Richtlinien der Elektrizitätswerke für Häuser mit Elektronachtspeicherheizungen braucht. Statt 24 000 Kilowattstunden oder 3000 Liter Heizöl pro Jahr an zusätzlicher Heizenergie beim Haus mit dem irreführenden Begriff »Vollwärmeschutz« werden lediglich noch rund 3200 Kilowattstunden entsprechend 450 Litern Heizöl benötigt. Ein »Normalhaus«, dessen Wärmedämmungstandard dem Durchschnitt der Mehrheit der Häuser entspricht, die in der Bundesrepublik Deutschland vorhanden sind, hätte sogar einen Heizenergiebedarf bis zu 35 000 Kilowattstunden pro Jahr. Das ist mehr als das Zehnfache des Heizwärmebedarfs des Experimentierhauses von Aachen. Der eigentliche Raumwärmebedarf ist so niedrig, daß im Winter die Hälfte davon bereits durch die internen Wärmequellen im Haus, wie die Körperwärme der Bewohner und die »Betriebswärme« von Beleuchtung und anderen elektrischen Geräten, gedeckt wird. Der noch fehlende bescheidene Rest an Heizwärme kann von einer Sonnenenergieanlage oder einer Wärmepumpenheizung geliefert werden.

Allerdings ist dieses Versuchshaus, ein Einfamilienfertighaus mit einer Wohnfläche von rund 120 Quadratmetern, auch extrem gut isoliert: Dafür sorgen beispielsweise eine 24 Zentimeter starke Zusatzisolierung und eine erheblich erhöhte Wärmedämmung in Wänden, Decken und Fußböden sowie besonders wärmedämmende Fensterscheiben, die das Infrarotlicht reflektieren. Das

Haus ist so gut abgedichtet, daß man nahezu keine unkontrollierten Luftströme hat. Das bedeutet natürlich auch, daß eine Lüftung eingebaut werden muß. Eine künstliche Lüftung wiederum legt es nahe, die Wärme aus der Abluft zu nutzen. Dazu braucht man keine teuren Wärmepumpen, sondern es genügen einfache Wärmetauscher. Die Abluft wird lediglich an der Zuluft so vorbeigeführt, daß beide ihre Wärme gegenseitig austauschen können. Zusätzlich läßt man die dem Wohnbereich zugeführte Luft noch durch die Kanäle des Drainagesystems der Kelleraußenwände streichen. Das Erdreich, das – unabhängig von den jahreszeitlichen Schwankungen – in etwa ein Meter Tiefe in mittleren Breitengraden stets eine Temperatur von zehn bis zwölf Grad Celsius hat, wird auf diese Weise zur billigen »Klimaanlage«: Die Angleichung der Raumluft an die Temperatur des Erdreiches führt im Sommer zu Kühlung und im Winter zur Vorwärmung. Der zusätzliche Energieaufwand für das Gebläse, mit dem die Luft transportiert wird, ist minimal. Diese »Ankopplung« an das Erdreich deckt ebenfalls bereits einen Teil des Heizwärmebedarfs.

Doch auch die – gegenüber diesem Versuchshaus – wesentlich bescheideneren Maßnahmen zum Wärmeschutz, wie er in Schweden längst Vorschrift ist, zum Beispiel Dreifachverglasung der Fenster, eine Wandisolierung von zwölf Zentimetern sowie eine Decken- beziehungsweise Dachisolierung von 20 Zentimetern, würde den Wärmebedarf gegenüber einem »Normalhaus« mit den Abmessungen des Aachner Experimentierhauses um rund 70 Prozent oder 25 000 Kilowattstunden auf jährlich etwa 10 000 Kilowattstunden senken. Die damit verbundene Heizenergieersparnis ist so groß, daß sich die Anwendung des schwedischen Standards bei einem Neubau bereits heute – im Verhältnis zu den für die bessere Wärmedämmung notwendigen höheren Baukosten [9] in jedem Fall lohnt. Auch eine entsprechende Umrüstung von »Altbauten« zahlt sich für den Verbraucher aus, auch wenn das Verhältnis zwischen den Kosten für den zusätzlichen Aufwand für die Wärmedämmung und den Preisen für die eingesparte Energie wegen der bei einem vorhandenen Gebäude höheren quadratmeterbezogenen Zusatzkosten [10] nicht ganz so günstig und die Amortisationszeit, abhängig vom Anstieg der Energiepreise, entsprechend länger ist.

Berücksichtigt man, daß der bereits seit Herbst 1977 für Neubauten geltende erhöhte Wärmeschutz [11] schon eine Verringerung des Heizwärmebedarfs gegenüber der bis dahin üblichen Bauweise um etwa 20 Prozent bewirkt, die Anwendung selbst des schwedischen Wärmeschutzstandards zumindest auf mittlere Sicht für Neu- und Altbauten wirtschaftlich ist, vor Erlaß der verschärften Wärmeschutzverordnungen bereits ein Bestand von rund 23 Millionen meist schlecht isolierter und deshalb verbesserungswürdiger Wohnungen vorhanden war und daß derzeit mindestens 40 Prozent der Endenergie allein für die Raumheizung aufgewendet werden müssen, wird deutlich, welches Einsparpotential allein in einer verbesserten Wärmedämmung liegt, das sich durch eine energiebewußte Siedlungsplanung, durch die Verringerung von Umwandlungs- und Verteilungsverlusten sowie durch verbesserte Wirkungsgrade von Heizsystemen noch ganz erheblich erweitern läßt.

10 Einsparpotentiale

Ein Versuch, all diese beschriebenen oder angedeuteten Wege zur besseren Energienutzung im Primär- und Endenergiebereich in einer einzigen Zahl als mögliche Einsparquote zusammenzufassen, würde nicht nur zu Schwierigkeiten, sondern auch zu wenig plausiblen Ergebnissen führen. Die möglichen Einsparquoten der einzelnen geschilderten Maßnahmen lassen sich keineswegs addieren, sondern durchdringen sich gegenseitig so, daß das Gesamtergebnis stark davon abhängt, welche Einzelmaßnahme mehr und welche weniger bevorzugt wird. Und ob sie überhaupt durchgeführt wird, hängt zum Beispiel nicht allein davon ab, ob sie nach objektiven Maßstäben tatsächlich wirtschaftlich ist, sondern auch davon, ob sie derjenige, der sie durchführen muß, für wirtschaftlich hält oder nicht; hinzu kommen zahlreiche andere Unwägbarkeiten. Allenfalls ließen sich für eine solche Rechnung die technisch möglichen Einsparpotentiale zugrundelegen. Das würde jedoch zu sehr hohen und deshalb nur wenig realistischen Werten führen.

Statt dessen seien als Vergleichswerte einige Einsparpotentiale genannt, die die Enquete-Kommission des Deutschen Bundestages »Zukünftige Kernenergie-Politik« [1] für die von ihr diskutierten Energiemodelle unter genau definierten Bedingungen errechnet hat. Dabei unterscheidet sie im wesentlichen zwei Einsparvarianten, von denen sie die eine als »starkes Sparen«, die andere als »sehr starkes Sparen« einstufen läßt.

Das »starke Sparen« entspricht den Erwartungen, die man mit den Auswirkungen der teilweise bereits stark gestiegenen und auch künftig noch weiter steigenden Energiepreise verknüpft. Es setzt zwar ein energie- und kostenbewußtes Verhalten der Verbraucher voraus, wird aber dadurch erleichtert, daß ein großer

Teil der vorgeschlagenen Maßnahmen auch nach wirtschaftlichen Maßstäben für den Einzelverbraucher vorteilhaft ist. Dabei werden in einigen Fällen bereits administrative Maßnahmen, wie etwa die Verschärfung bestehender oder die Einführung neuer Normen und Vorschriften notwendig sein, um das anvisierte Einsparungspotential auch wirklich auszuschöpfen.

Das »sehr starke Sparen« orientiert sich am weit höher gesteckten Ziel des »technisch Möglichen und energetisch noch Sinnvollen«, erfordert deshalb auch schon den »unabdingbaren politischen Willen, Energieeinsparungen höchste Priorität in der Energiepolitik einzuräumen«, und erwartet bei steigendem ökonomischen Druck eine noch stärkere »Marktdurchdringung« von Technologien zur sparsamen Nutzung von Energie[2].

Unter diesen Bedingungen rechnet die Kommission gegenüber einer Entwicklung mit heutiger Nutzungstechnologie und verändertem Verbraucherverhalten bis zum Jahre 2030 im Endenergiebereich mit Einsparungen von 28 Prozent bei starkem und von 40 Prozent bei sehr starkem Sparen. Im Bereich der Raumheizung beispielsweise könnten im Verbrauchsektor »Haushalte«, bauliche und heizungstechnische Maßnahmen sowie eine Veränderung der Beheizungsstruktur insgesamt berücksichtigt, bei Einfamilienhäusern bei starkem Sparen 62 Prozent und bei sehr starkem 80 Prozent, bei Mehrfamilienhäusern bei starkem Sparen 39 Prozent und bei sehr starkem Sparen 59 Prozent eingespart werden.

Bei Kleinverbrauchern dürften die gleichen Annahmen wie für Mehrfamilienhäuser gelten. Beim Heizenergiebedarf der Industrie ließen sich bei starkem Sparen 20 Prozent und bei sehr starkem Sparen 40 Prozent einsparen. Im Bereich der Prozeßwärme betrügen die möglichen Einsparungen im Sektor Haushalte 28 beziehungsweise 40 Prozent, bei Kleinverbrauchern 10 bis 15 Prozent und bei der Industrie 20 bis 33 Prozent. Für Beleuchtung und stationäre Antriebe könnten im Sektor Haushalte 20 beziehungsweise 40 Prozent, bei Kleinverbrauchern 20 beziehungsweise 30 Prozent und von der Industrie 20 beziehungsweise 33 Prozent eingespart werden. Im Straßenverkehr wurden für beide Einsparvarianten bei Personenkraftwagen 50 Prozent, bei Lastkraftwagen 30 Prozent angenommen.

Das alles sind freilich nur Näherungswerte von Entwicklungen, die nicht die einzig denkbaren sind. Bei mangelndem Willen zur Sparsamkeit sind geringere, bei entsprechender Entschlossenheit zum Energiesparen sogar noch größere Einsparungen möglich. Die Kommission selbst rechnet damit, daß sich ein großer Teil der von ihr für beide Varianten geschätzten Einsparquoten bereits bis zum Jahre 2000 verwirklichen läßt: 18 Prozent bei starkem und 25 Prozent bei sehr starkem und 30 Prozent bei »extremem« Sparen, wobei letzteres bis zum Jahr 2030 eine Gesamteinsparungsquote von 50 Prozent ergeben könnte.

BUCH 3

Energiepotentiale und Energiestrategien für die Welt

TEIL 1

DIE ZUKUNFT DER FOSSILEN ENERGIEROHSTOFFE

11
Kommt ein neues Kohlezeitalter?

Energie für lange Zeit

Von allen im Laufe der Erdgeschichte aus pflanzlicher und tierischer Substanz entstandenen und deshalb fossil genannten Energie-Rohstoffen Kohle, Erdöl und Erdgas sowie den bisher nur sehr begrenzt genutzten Ölsand- und Ölschiefervorkommen reicht die Kohle noch am längsten. Ihr Anteil an den insgesamt bekannten oder vermuteten fossilen Energierohstoff-Vorräten der Erde, deren Energieinhalt rund 12 500 Milliarden Tonnen Steinkohleeinheiten entspricht, von denen sich unter den technisch-wirtschaftlichen Bedingungen von heute allerdings nur sieben bis acht Prozent gewinnen lassen, wird auf rund 80 Prozent geschätzt[1].

Die riesigen Kohlelager ziehen sich an einem ehemaligen feuchtwarmen Klimagürtel entlang, der einst von Sibirien über Mitteleuropa bis nach Nordamerika reichte. Unter den für das Wachstum besonders günstigen klimatischen Bedingungen lagerten sich große Pflanzenmassen in ausgedehnten Mooren ab, bildeten sich zu Torf um und verschwanden in der Tiefe. Dort wurden sie durch das Gewicht der überlagernden Gesteine und durch zunehmende Temperaturen schließlich in geologischen Zeiträumen in Braunkohlen- oder Steinkohlenflöze umgewandelt. Das größte Steinkohlenrevier der Bundesrepublik Deutschland beispielsweise, das Ruhrgebiet, besteht aus nicht weniger als dreihundert derartigen übereinander gelagerten, ehemaligen Torfmooren[2]. Dort, wo die Kohle relativ nahe an der Oberfläche liegt, kann sie im Tagebau, sonst muß sie im Tiefbau gewonnen werden.

Von den in einer Studie[3] der Bundesanstalt für Geowissenschaften und Rohstoffe geschätzten und bis zu einer Tiefe von höchstens 2000 Metern und einer Flözmächtigkeit von mindestens 30 Zentimetern berücksichtigten insgesamt vorhandenen Kohleressourcen mit einem Energieinhalt von rund 9800 Milliarden Tonnen Steinkohleeinheiten sind allerdings mit 3060 Milliarden Tonnen Steinkohleeinheiten weniger als ein Drittel zum Beispiel durch Bohrungen oder Grubenaufschlüsse wirklich bekannt. Davon wiederum gelten heute lediglich etwa 37 Prozent oder 1130 Milliarden Tonnen Steinkohleeinheiten als technisch gewinnbar. Und knapp die Hälfte dieser Menge, nämlich rund 550 Millionen Tonnen Steinkohleeinheiten, läßt sich mit heutiger Technik auf wirtschaftliche Weise fördern. Das sind gerade 5,6 Prozent der geschätzten Gesamtressourcen.

Doch bereits diese Menge würde ausreichen, um die gegenwärtige Weltförderung bei Steinkohle noch 190, bei Braunkohle sogar noch 270 Jahre[4] aufrechtzuerhalten, wobei sich diese Zeiträume bei wachsender Förderung natürlich entsprechend verkürzen. Auf der anderen Seite wird mit fortschreitender Gewinnungstechnik und ansteigenden Energiepreisen ein immer größerer Teil der Gesamtressourcen zu ökonomisch gewinnbaren Reserven. So ist beispielsweise fast ausschließlich durch eine entsprechende Neubewertung der Vorräte, nachdem innerhalb kürzester Frist die Rohölpreise mehrmals stark angehoben wurden, der Anteil der wirtschaftlich gewinnbaren Reserven gegenüber dem Zeitpunkt der Schätzung der Bundesanstalt für Geowissenschaften und Rohstoffe bis heute auf 660 Milliarden Tonnen Steinkohleeinheiten gestiegen[5]. Der Abbauzeitraum verlängert sich deshalb, immer noch eine gleichbleibende Förderung vorausgesetzt, bei Steinkohle noch einmal um 455 und bei Braunkohle um rund 450 Jahre, wenn man nicht nur die heute wirtschaftlich erschließbaren, sondern die insgesamt vermutlich technisch gewinnbaren Vorräte in diese Rechnung mit einbezieht. Diese Vorräte würden bei Steinkohle sogar bis in die zweite Hälfte des 5. Jahrtausends und bei Braunkohle noch länger reichen, wenn es gelänge, alle jemals für einen Abbau in Frage kommende bekannte oder vermutete Vorräte zu erschließen. Vor allem Kohlenvorräte, die sich wegen ungünstiger Voraussetzungen im Kohleflöz oder wegen zu großer Tiefenlagen mit konventionellen bergmännischen Methoden nicht abbauen lassen, sind noch in großer Menge vorhanden.

Allerdings müßte selbst dann, wenn, was nicht nur unwahrscheinlich, sondern wegen der wachsenden Energiebedürfnisse der Entwicklungsländer sogar unmöglich ist, der Energieverbrauch nicht steigen würde, die Förderung von Kohle, die heute etwa ein Viertel des Weltenergiebedarfs deckt, erheblich erhöht werden, wenn Kohle zumindest einen Teil der bisherigen Rolle des zur Neige gehenden Erdöls übernehmen soll. Schätzt man den Energieverbrauch des Jahres 1980 auf zehn Milliarden Tonnen Steinkohleeinheiten und die aus heutiger Sicht voraussichtlich technisch gewinnbaren Kohlevorräte auf rund 2000 Milliarden Tonnen Steinkohleeinheiten, würde allein diese Menge theoretisch reichen, um sämtliches Öl, Erdgas und alle Kernbrennstoffe zu ersetzen und damit den gesamten Weltenergiebedarf für 200 Jahre zu decken.

Dazu müßte freilich die Weltkohleförderung von heute rund 2,5 Milliarden Tonnen Steinkohleeinheiten[6] vervierfacht werden. Das ist zwar nicht innerhalb von wenigen Jahren, aber bis zum Ende eines Fünfzigjahreszeitraums durchaus möglich, wenn auch nur unter gewaltigen Anstrengungen zur Erschließung neuer Kohlefelder und für den Aufbau der damit verbundenen notwendigen Infrastruktur. Dennoch hat selbst diese Rechnung einen kleinen, aber nicht unerheblichen Schönheitsfehler. Wenn, wie im Modellfall unterstellt, Kohle beispielsweise wirklich alles Öl ersetzen soll, muß sie auch die Rolle des Öls im Verkehrssektor übernehmen. Dort aber reicht eine Million Tonnen Steinkohleeinheiten Kohle keineswegs aus, um eine entsprechende Ölmenge mit dem gleichen Energieinhalt zu ersetzen.

Das liegt unter anderem ganz einfach daran, daß Kraftfahrzeuge nicht mit einem kohlebefeuerten Kessel durch die Gegend fahren können. Man muß also nun entweder unter hohen Verlusten die Kohle in Strom umwandeln und damit Elektrofahrzeuge betreiben, die allerdings nie die Eigenschaften heutiger Automobile in bezug auf Reichweite und Geschwindigkeit ganz erreichen können, oder aber, was sinnvoller ist, einen Kraftstoff daraus machen, dessen Eigenschaften denen von Benzin oder Diesel ähnlich sind. Das aber wiederum ist ebenfalls nur unter Energieeinbußen möglich.

Wieviel Kohle für die Kohleveredelung?

Die Verflüssigung von Kohle schafft zwar Produkte, die eine höhere Energiedichte als das Ausgangsprodukt selbst und in Hinblick auf Transport und Speicherfähigkeit die gleichen Vorteile wie Mineralöl haben. Um jedoch aus Kohle eine Tonne Treibstoff zu gewinnen, braucht man durchschnittlich je nach Verfahren drei Tonnen Steinkohle oder gar zehn Tonnen Braunkohle. Allerdings sieht diese Rechnung ungünstiger aus, als sie tatsächlich ist, denn durch die Umrechnung der Energieinhalte in Steinkohleeinheiten wurde die unterschiedliche Energiedichte der einzelnen Energieträger bei allen Überlegungen von vornherein berücksichtigt. Dennoch bleibt die Tatsache, daß ein Teil des Energieinhalts der Kohle bei der Umwandlung selbst verlorengeht.

Der Umwandlungswirkungsgrad, das Verhältnis des Energieinhalts der Produkte zum Energieinhalt der eingesetzten Kohle, ist jedoch je nach Verfahren äußerst unterschiedlich. Bei der Hydrierung, bei der durch Anlagerung von Wasserstoff an Kohle direkt flüssige Kohlenwasserstoffe erzeugt werden, beträgt er 60 Prozent, beim Methanolprozeß, bei dem die Kohle zunächst in Synthesegas und erst dann in den Alkoholtreibstoff Methanol umgewandelt wird, 50 Prozent, beim Mobil-Verfahren, bei dem Benzin auf dem Umweg über Synthesegas und Methanol gewonnen wird, sowie bei der Fischer-Tropsch-Synthese, bei der ebenfalls, um zum Endprodukt Öl oder Benzin zu gelangen, eine Synthesegaserzeugung zwischengeschaltet werden muß, 45 Prozent beziehungsweise 40 Prozent[7].

Den unterschiedlichen Wirkungsgraden bei der Umwandlung entsprechend sind die Fertigprodukte auch unterschiedlich teuer: Sie liegen im Preis, wenn man von der wegen der schwierigen Abbauverhältnisse relativ teuren deutschen Steinkohle ausgeht, auf der Preisbasis von 1979 etwa doppelt bis viermal so hoch wie vergleichbare Produkte aus der Mineralölraffinerie[8]. Bei der billigeren Braunkohle als Ausgangsprodukt kann man davon wieder jeweils ein Drittel abziehen. Wiederum etwas höher als bei der Braunkohle liegen die Kosten bei Verwendung von Importkohle. Am günstigsten ist in jedem Fall die direkte Hydrierung von Kohle zu flüssigen Kohlenwasserstoffen – nicht nur wegen der durch die fehlenden Zwischenstufen geringeren Kosten, sondern auch wegen der mit dem höheren Umwandlungswirkungsgrad verbundenen größeren Schonung der Kohleressourcen. In der Bundesrepublik Deutschland sind bereits Pilotanlagen zur direkten Hydrierung von Steinkohle[9] in Betrieb beziehungsweise im Bau; an der Braunkohlenhydrierung[10] wird gearbeitet. Auch das derzeit selbst bei der Hydrierung noch ungünstige Preisverhältnis zu entsprechenden Erdölraffinerie-Produkten wird sich über kurz oder lang zugunsten der Kohle verschieben. Zwar werden, vor allem bei ihrem verstärkten Einsatz, auch die Weltmarktpreise für

Kohle steigen, doch wegen ihrer wesentlich umfangreicheren Vorräte bei weitem nicht so schnell wie die Rohölpreise.

Umwandlungsverluste gibt es auch bei der durch eine Vielzahl von Verfahren[11] möglichen und zum Teil bereits erprobten Erzeugung von Gas als Endprodukt aus Kohle, das entweder als Synthesegas für viele Prozesse in der chemischen Industrie, zur Direktreduktion von Eisenerz oder in einer höheren Veredelungsstufe als methanreiches Brenngas, das als Erdgasersatz direkt in die Ferngasleitungen eingespeist werden kann, eine Reihe von Aufgaben wahrnehmen kann, für die man bisher als End- oder Ausgangsprodukt Mineralöl und Erdgas brauchte. Mit Hilfe von geeigneten Vergasungsmitteln, wie Sauerstoff, Luft oder Wasser, und unter Zufuhr von Wärme werden dabei Stein- und Braunkohle in Gase umgewandelt, wobei die Wärme in der Regel durch eine Teilverbrennung beziehungsweise der bei bestimmten Verfahren für die Reaktion benötigte Wasserstoff durch Vergasung der Kohle gewonnen wird.

Der Umwandlungswirkungsgrad ist jedoch noch besser als bei der Kohleverflüssigung. Bei der Gaserzeugung gehen je nach Verfahren und Endprodukt bis zu zwei Drittel des Energieinhalts der Kohle in das Gas über[12]. Das ist im Vergleich zu einem Großkraftwerk ohne Kraft-Wärme-Kopplung ein extrem günstiger Wirkungsgrad und führt letztlich dazu, daß für manche Anwendungszwecke, bei denen alternativ Strom oder Gas eingesetzt werden kann, der Weg über die Kohleveredelung wesentlich ressourcenschonender ist[13]. Beispielsweise mit Hilfe der zumindest in größeren Anlagen[14] bereits erfolgreich erprobten Gaswärmepumpe könnte dabei die Nutzenergieausbeute der eingesetzten Kohlemengen noch erheblich gesteigert werden.

Aber auch die Umwandlungsverluste bei der Kohleverflüssigung erscheinen in einem neuen Licht, wenn man den gegenwärtig verschwenderischen Kraftstoffeinsatz nicht beibehält, sondern beispielsweise durch entsprechend verbesserte Kraftfahrzeuge halbiert. Je geringer der Bedarf an Kraftstoffen aus Kohle ist, desto weniger bemerkbar machen sich auch die Verluste, die sich überdies in der Gesamtenergiebilanz in einem insgesamt bescheideneren und zugleich rationelleren Energieversorgungs-Konzept mit in einem ganz anderen Bereich durch höhere Gesamtwirkungsgrade erzielbaren »Energiegewinnen« durch umweltfreundliche kleine wirbelschichtgefeuerte Kohlekraftwerke mit Kraft-

Wärme-Kopplung bei der Strom- und Wärmeerzeugung wieder »verrechnen« lassen. Über die Verbesserung von Kraftfahrzeugen hinaus läßt sich der Bedarf an Kraftstoffen aus Kohle noch weiter senken, beispielsweise durch die Gewinnung von Alkoholen, die sich dem Kohlekraftstoff beimischen lassen, aus Müll, landwirtschaftlichen Abfällen oder zucker- beziehungsweise stärkehaltigen Pflanzen, die auf bisher brachliegenden oder für die Nahrungsmittelerzeugung nicht mehr gebrauchten landwirtschaftlichen Flächen angebaut werden.

Wenn man allerdings vorhat, den künftigen Kohlekraftstoff und andere Veredelungsprodukte [15] der Kohle genauso zu verschwenden wie bisher das Dieselöl oder das Benzin, kann es unter Umständen auch sinnvoll sein, die Reaktionswärme, die bisher durch Teilverbrennung der Kohle gewonnen wurde, durch künftige, mit hohen Prozeßtemperaturen arbeitende Hochtemperaturen bereitzustellen. Das gleiche gilt in einem weiteren Schritt der »Kohlesubstitution« durch Kernenergie für den gegebenenfalls benötigten Wasserstoff, der, wenn es funktioniert, in Hochtemperaturreaktoren thermochemisch erzeugt oder von Leichtwasserreaktoren und Schnellen Brütern elektrolytisch gewonnen wird. Nicht, daß diese massive Einkopplung von Kernenergie in den Kohleveredelungsprozeß etwa den energetischen Gesamtwirkungsgrad erhöhen würde. Genau das Gegenteil ist der Fall [16]. Es wäre ein weiterer Schritt zur Verschwendung in einem bereits verschwenderisch angelegten Gesamtkonzept, würde jedoch helfen, den in diesem Konzept sonst beispiellosen Raubbau an der Kohle einzugrenzen. Welcher dieser beiden Wege – der sparsamere Kraftstoffeinsatz oder der Großeinsatz der Kernenergie – der billigere ist, um Kohle zu sparen, braucht nicht erst vorgerechnet zu werden.

In Ländern mit üppigem Pflanzenwachstum, einer mehr landwirtschaftlich ausgerichteten Wirtschaft und mit einem großen Flächenreichtum wird ohnehin mit großer Wahrscheinlichkeit nicht Benzinersatz aus Kohle, sondern Alkohol aus Pflanzen der Kraftstoff der Zukunft sein, so daß die in der Berechnung der theoretischen Lebensdauer der voraussichtlich technisch gewinnbaren Kohlevorräte gemachte Annahme, daß die Kohle allein die gesamte Last der Energieversorgung trägt, in der Realität ohnehin nicht unterstellt werden muß. Das gilt auch für alle anderen Bereiche, in denen Mineralöl und langfristig auch natürliches Erdgas ersetzt werden müssen, zum Beispiel bei der Raumwärme- und

Stromerzeugung, wo erneuerbare Energiequellen und, vorausgesetzt, sie wird akzeptiert, und die mit ihr verbundenen Probleme lassen sich lösen, auch die Kernenergie, etwa bei der Stromerzeugung im Grundlastbereich, wichtige Beiträge leisten können.

Das bedeutet aber, daß die zunächst auf 200 Jahre veranschlagte Lebensdauer der voraussichtlich technisch gewinnbaren Kohlevorräte trotz der zunächst »vergessenen« Umwandlungsverluste bei der Kohleveredlung, die sich zumindest zum Teil bereits allein durch einen sparsameren Umgang mit Energie indirekt wieder ausgleichen lassen, und trotz der Unterstellung eines stagnierenden Energieverbrauchs, bei rationellem Umgang mit Energie und vernünftiger Nutzung aller anderen sich anbietenden Möglichkeiten, zu denen auch die Nutzung der zwar von der Erschöpfung bedrohten, aber noch keineswegs erschöpften Kohlenwasserstoffe gehört, sich selbst bei zunächst noch, allerdings in Maßen steigendem Energiebedarf noch um viele Jahrhunderte verlängern wird, zumal auch die Grenzen des technisch möglich Erscheinenden nicht starr, sondern mit der fortschreitenden technischen Entwicklung verschiebbar sind.

Die Verteilung der Kohle

Der Hauptteil der Kohlevorräte konzentriert sich auf nur wenige Länder. Die wichtigsten Kohlezentren sind die UdSSR mit rund 50 Prozent, die USA mit rund 24 Prozent und die Volksrepublik China mit etwas mehr als 15 Prozent der Gesamtressourcen, auf die zusammen auch mehr als die Hälfte der Weltkohleförderung entfällt[17]. Weitere größere Kohleressourcen finden sich in Großbritannien, Australien, Polen, Kanada, Indien, in der Republik Südafrika und in der Bundesrepublik Deutschland.

Allerdings wird auch künftig der größte Teil der Kohle wahrscheinlich im Förderland selbst verbraucht. Heute werden lediglich rund 200 Millionen Tonnen Kohle (fast ausschließlich Steinkohle) auf dem Weltmarkt gehandelt, davon etwa die Hälfte nur auf regional begrenzten Märkten, wie beispielsweise innerhalb der Europäischen Gemeinschaft oder zwischen den USA und Kanada[18]. Hauptexporteure auf einem künftigen Weltkohlemarkt dürften vor allen Dingen die USA und Australien sein, die aufgrund ihrer großen Expansionsmöglichkeiten bei der Kohleförderung wahrscheinlich als einzige in der Lage sein werden, jährlich Mengen zu exportieren, die über 100 Millionen Tonnen liegen.

Eine 1980 abgeschlossene internationale »Weltkohlestudie«[19] rechnet damit, daß der Weltkohlehandel bis zum Jahr 2000 im Falle eines »mäßigen« Anstiegs des Kohleverbrauchs auf 560 Millionen Tonnen Steinkohleeinheiten und auf 980 Millionen Tonnen Steinkohleeinheiten im Falle eines starken Anstiegs des Kohleverbrauchs anwachsen muß. Das freilich sind Extremwerte, die sich nur bei gewaltigen Anstrengungen für die Lösung der damit verbundenen Transportprobleme verwirklichen lassen. Außerdem setzt der angenommene »starke« Anstieg des Weltkohleverbrauchs eine Steigerung der Weltkohleförderung auf rund sieben Milliarden Tonnen Steinkohleeinheiten bis zur Jahrtausendwende voraus, ebenfalls ein Wert, der sich nur unter schwierigen Bedingungen realisieren läßt und bei vernünftiger Energienutzung auch nicht erreicht zu werden braucht.

Kohle in der dritten Welt

Entwicklungsländer, deren »Nachholbedarf« bei der Energieversorgung besonders groß ist, haben nach einer Untersuchung[20] der Weltbank einen Anteil an den nachgewiesenen Kohlevorkommen von rund 15 Prozent. Vor allem in Asien, wo sich große Kohlelager befinden, könnte Kohle als landeseigene Energie zur Entwicklung beitragen. Vor allem bei der angestrebten Industrialisierung liefert sie die für viele Prozesse benötigten hohen Temperaturen. Dabei muß die »Größe« des Kohlelagers auch immer im Verhältnis zur Größe des Landes und zum jeweils benötigten Bedarf gesehen werden, so daß auch kleinere Vorkommen von großem Nutzen sein können.

Es gibt bereits eine Reihe von Ländern in der dritten Welt mit alteingesessenem Kohlebergbau wie beispielsweise Indien, auf das von den rund 150 Millionen Tonnen Steinkohleeinheiten, die 1977 in Entwicklungsländern gefördert wurden, allein 100 Millionen Tonnen Steinkohleeinheiten entfielen[21]. Zu den kleineren Produzentenländern, aber mit immer noch nennenswerten Fördermengen zwischen einer und sechs Millionen Tonnen Steinkohleeinheiten jährlich, gehören unter anderem Pakistan, Taiwan, Vietnam, Brasilien, Kolumbien und Mexiko. Auf der anderen

Seite haben von den insgesamt 50 Entwicklungsländern, die über eigene Kohlevorkommen verfügen, etwa 20 die Förderung noch nicht aufgenommen. Insgesamt stammen bisher nur rund sechs Prozent der weltweit geförderten Kohle aus den Entwicklungsländern, obwohl diese ihre Förderung seit 1973[22] doppelt so schnell wie die Industrieländer gesteigert haben.

Kohlevorräte in der Bundesrepublik Deutschland

Mit einem Anteil von 2,5 Prozent an den Gesamtressourcen gehört die Bundesrepublik Deutschland zu den zehn kohlereichsten Ländern der Welt[23]. Die technisch gewinnbaren Steinkohlevorräte werden auf 24 Milliarden Tonnen, die wirtschaftlich erschließbaren Braunkohlevorräte auf rund 35 Milliarden Tonnen geschätzt, was etwa elf bis zwölf Milliarden Tonnen Steinkohleeinheiten entspricht[24]. Jährlich wird eine Kohlemenge mit einem Energieinhalt von 120 Millionen Tonnen Steinkohleeinheiten gefördert. Davon entfallen knapp 35 Millionen Tonnen Steinkohleeinheiten auf die Braunkohle und rund 85 Millionen Tonnen Steinkohleeinheiten auf die Steinkohle. Allein 70 Jahre reichen die bereits heute für einen wirtschaftlichen Abbau in Frage kommende Steinkohlevorräte, 282 Jahre die technisch gewinnbaren und rund 3000 Jahre[25] die Gesamtressourcen. Bei der Braunkohle sind es bei den nach heutigen Maßstäben wirtschaftlich gewinnbaren Vorräten sogar über 300 Jahre. Zwischen 80 und 100 Jahre reichen allein die Braunkohlemengen, die in bestehenden oder bereits geplanten Tagebauen zur Verfügung stehen. Diese relativ gute Vorratslage würde auch eine Steigerung der Braunkohlenförderung auf jährlich 45 Millionen Tonnen Steinkohleeinheiten und – bis zum Jahre 2030 – bei der Steinkohle auf 115 Millionen Tonnen Steinkohleeinheiten erlauben, wie sie nach einer Studie der Bergbau-Forschung[26] als erreichbar gilt.

Gasfabriken im Kohleflöz

Noch nicht erfaßt in den voraussichtlich technisch gewinnbaren Kohlereserven sind jene Kohlevorräte, die wegen ihrer großen Tiefe für konventionelle bergmännische Methoden unzugänglich sind. Allein für das Gebiet der Bundesrepublik Deutschland werden die unterhalb der als maximal geltenden Abbautiefe von 1500 Metern noch liegenden geologischen Kohlevorräte auf 500 Milliarden Tonnen geschätzt. Einen Teil davon hofft man künftig mit Hilfe von unterirdischen »Gasfabriken« zu erschließen.

Bei den Verfahren der »Kohle-in-situ-Vergasung«[27], an denen auch in anderen Ländern, vor allen Dingen in der UdSSR, wo entsprechende Methoden bereits bis zur großtechnischen Reife entwickelt wurden, und in den USA, gearbeitet wird, geht man zunächst ähnlich wie bei einer Erdölbohrung vor: Als erstes wird eine Bohrung durch das darüber liegende Gebirge getrieben, bis man auf ein geeignetes Kohleflöz stößt. Dann bohrt man in entsprechender Entfernung ein zweites Loch, kleidet beide mit einem Rohr aus und verbindet sie unterirdisch miteinander. Dann wird durch das eine Rohr unter großem Druck ein Vergasungsmittel, zum Beispiel Wasserstoff, in das Kohleflöz gepreßt, die Kohle mit Hilfe einer Magnesiumbombe oder eines elektrischen Funkens gezündet. Bei dem nun einsetzenden und nach der ersten Zündung – im Optimalfall – automatisch ablaufenden Verbrennungsprozeß reagiert der Kohlenstoff mit dem Wasserstoff, und es entsteht Erdgas (Methan). Dieses wertvolle Gas strömt jetzt durch den Verbindungskanal in das »Förderrohr«.

Unter Umständen kann man mit einer einzigen Bohrung ein ganzes Schichtenpaket von Kohleflözen erschließen. Das wäre beispielsweise dann denkbar, wenn man sich zunächst durch alle vorhandenen Kohleflöze bohrt, das unterste zuerst vergast und den gebildeten Hohlraum durch den Druck des darüberliegenden Deckgebirges einstürzen läßt. Dabei lockert sich vermutlich die nächsthöhere Schicht bereits auf, und man braucht das Bohrrohr an dieser Stelle nur aufzusprengen, um erneut Wasserstoff durch die Kohle zu blasen und das wertvolle Methangas entstehen zu lassen.

Die Erzeugung von Pipelinegas mit hohem Heizwert, das einmal das immer knapper werdende natürliche Erdgas ersetzen könnte, ist freilich nur das Fernziel einer Entwicklung, das sich in der Theorie leichter beschreiben als in der Praxis durchführen läßt, an dem in der Bundesrepublik Deutschland jedoch intensiv gearbeitet wird. Eine wichtige Rolle spielt dabei ein gemeinsamer deutsch-belgischer Feldversuch[28] drei Kilometer südlich der belgischen Stadt Mons. Dort soll die Kohle in zwei Flözen, die 860 und 960 Meter tief liegen, unter hohem Druck vergast werden. Bei den ersten Versuchen will man zunächst Luft als Vergasungsmittel einsetzen. Das dabei entstehende Schwachgas soll später zur Stromerzeugung genutzt werden. Weitere Versuche mit Sauerstoffvergasung sind geplant. Erweist sich das Verfahren, das nicht nur wesentlich umweltfreundlicher, sondern auch in bezug auf Energieeinsatz und Energieausbeute um ein Mehrfaches günstiger ist als die Vergasung über Tag, auch in der Praxis als durchführbar, stünde der Bundesrepublik Deutschland bei Methan als Endprodukt eine neue »Erdgasquelle« zur Verfügung. Würde man das Verfahren weltweit anwenden und aus geeigneten Lagerstätten lediglich fünf Prozent des Energieinhalts aller Kohlevorkommen unterhalb 1400 Metern durch Vergasung gewinnen, ließen sich auf diese Weise die heute bekannten Welterdgasvorräte verdoppeln[29].

12
Erdgas ist noch nicht erschöpft

Die sicheren und wahrscheinlichen Erdgasvorräte der Welt reichen bei optimistischer Schätzung noch gut zweihundert Jahre. Während beim Erdöl seit einigen Jahren weltweit gerade so viel entdeckt wie verbraucht wird, konnten allein 1979 beim Erdgas die sicheren Weltreserven um mehr als 2000 Milliarden Kubikmeter aufgestockt werden[1]. Das entspricht bei einem Verbrauch von derzeit 1400 Milliarden Kubikmetern jährlich einer zusätzlichen Lebensdauer für die sicheren Reserven von rund anderthalb Jahren. Wenn dieser Trend bei den Explorationserfolgen anhält, dürfte sich die Lebensdauer der Erdgasreserven noch deutlich erhöhen.

Über 50 Jahre reichen bei gleichbleibender Förderung allein die nachgewiesenen Erdgas-Reserven, die in einer Studie[2] der Bundesanstalt für Geowissenschaften und Rohstoffe auf 72 000 Milliarden Kubikmeter beziffert wurden. Weitere 163 000 Milliarden Kubikmeter werden noch vermutet, so daß bei insgesamt 235 000 Milliarden Kubikmetern als gewinnbar geltendem Erdgas mit einem Energieinhalt von 313 Milliarden Tonnen Steinkohleeinheiten noch 168 Jahre jährlich 1400 Milliarden Kubikmeter gefördert werden können. Bereits erreichte und noch erwartete Explorationserfolge schieben diese Grenze noch weiter hinaus.

Auf dem 10. Welterdölkongreß in Bukarest[3] wurde geschätzt, daß von den Gesamtressourcen allein bis zum Jahr 2000 nicht weniger als 140 000 Milliarden Kubikmeter nachgewiesen und bis spätestens 2020 auch verfügbar gemacht werden können. Das bedeutet, daß sich die gegenwärtige Förderung bei Bedarf noch erhöhen läßt. Wollte man beispielsweise die Förderung um 50 Prozent[4] anheben und zunehmend Erdgas aus den OPEC-Ländern nutzen, müßte für dessen Transport allerdings wesentlich mehr

Erdgas als bisher verflüssigt werden, damit die zusätzlich geförderten Mengen auch sinnvoll auf den regional unterschiedlichen Bedarf verteilt werden können. Denn in einem künftig möglicherweise verstärkten Welterdgashandel lassen sich nicht alle Erdgasströme in Pipelines kanalisieren. Das wiederum setzt den Aufbau einer entsprechenden, nicht unbedingt billigen Infrastruktur mit den dazugehörigen Verflüssigungs- und Verdampfungsanlagen voraus.

Westeuropa, das im Bereich der Europäischen Gemeinschaft[5] heute zu etwa 18 Prozent seinen Energiebedarf mit Erdgas deckt und diesen Anteil bis 1985 auf 20 Prozent steigern will, hat einen Anteil von rund acht Prozent an den nachgewiesenen Erdgasreserven[6], der sich durch neue Funde in der Nordsee noch etwas erhöhen dürfte. Die Hauptmenge jedoch ist auf nur wenige Länder verteilt. Allein die UdSSR und die Länder des Nahen Ostens verfügen über je ein Drittel der sicheren Vorräte.

In der Bundesrepublik Deutschland, in der Erdgas 1979 einen Anteil von 16 Prozent am Primärenergieverbrauch hatte und 34 Prozent aus einheimischer Förderung stammten, betragen die sicheren und wahrscheinlichen Reserven an Erdgas 281 Milliarden Kubikmeter[7] und reichen bei einer jährlichen Förderung von 20 Milliarden Kubikmetern noch 14 Jahre. Der größte Teil dieser Vorräte liegt im Weser-Ems-Gebiet.

Hinzu kommen weitere 120 Milliarden Kubikmeter, die aus zum Teil bereits bekannten Lagerstätten durch Anwendung neuer Gewinnungsverfahren, so dem Frac-Verfahren[8], bei dem durch Einpressen einer Flüssigkeit unter hohem Druck künstliche Risse, die den Entgasungsgrad der Felder stark erhöhen, im erdgasführenden Gestein erzeugt und durch Stützmittel wie Sand oder kleine synthetische Kugeln offengehalten werden, gewonnen werden können. Auf diese Weise konnten bereits mehrere Erdgaslagerstätten im Emsland, in Süd-Oldenburg und im Bereich um Hannover für eine wirtschaftliche Produktion erschlossen werden. Weitere erhebliche Erdgasreserven, die sich mit Hilfe der neuen Technik gewinnen lassen, vermutet man vor allem in größeren Tiefen im norddeutschen Karbonbecken. Die 4000 bis 5000 Meter tief liegenden Sandsteine des rund 300 Millionen Jahre alten Oberkarbons haben eine so geringe Durchlässigkeit, daß bei herkömmlichen Ausbeutungsmethoden zu wenig Gas in das Bohrloch fließt.

Mit weiteren 240 Milliarden Kubikmetern rechnet man aus neu zu entdeckenden Lagerstätten, vor allem auch aus tieferen geologischen Stockwerken, so daß sich eine Lebensdauer der insgesamt geschätzten Erdgasreserven der Bundesrepublik Deutschland von rund 32 Jahren ergibt. Das ist – verglichen mit den Weltreserven – freilich sehr bescheiden. Doch könnten diese Vorräte durch die unterirdische Vergasung von Kohle dem Energieinhalt nach vervielfacht werden. Dabei sind die Möglichkeiten, das Erdgas auf diese Weise zu »strecken«, noch günstiger als im Weltdurchschnitt. Das liegt an den insgesamt verhältnismäßig kleinen Erdgasreserven der Bundesrepublik und ihren im Vergleich dazu großen Kohlevorräten.

Eine wesentlich bescheidenere, unter Umständen jedoch durchaus sinnvolle Erweiterung der nutzbaren Erdgasreserven läßt sich dadurch erreichen, daß man Gas, das für eine normale Gasversorgung nicht geeignet oder dessen Transport zu teuer ist, an Ort und Stelle verstromt. Das können beispielsweise Gasfunde im Meer sein, die für eine sonstige wirtschaftliche Nutzung zu klein, zu abgelegen oder von der Qualität her zu schlecht sind. Im letzteren Falle kann es allerdings bei vertretbaren Transportkosten im Einzelfall günstiger sein, das gesamte Gas zu reinigen und in entsprechend konstruierten Anlagen beim Endverbraucher, die mit höherem Wirkungsgrad als ein Kraftwerk arbeiten, zu verbrennen.

Ein schwimmendes Kraftwerk dieser Art ist in der Bundesrepublik Deutschland geplant. Im Rahmen des Projektes EPOS[9] (Electrical Power On Sea) wollen die Nordwestdeutschen Kraftwerke (NWK), Hamburg, eine schwimmende Plattform mit einem kombinierten Gas-Dampfturbinenkraftwerk mit einer installierten Leistung von 350 Megawatt, einem Drittel der Leistung eines großen Kernkraftwerkes, errichten. Erster Standort soll ein Gebiet 80 Kilometer vor der deutschen Küste sein. Dort wurde 1978 eine riesige Gasblase entdeckt, die wegen ihres hohen Stickstoffgehaltes für eine normale Ausbeutung ungeeignet schien. Heute sind im Bereich der Nordsee, allerdings vorwiegend vor der britischen Küste, eine ganze Reihe von Vorkommen bekannt, die sich entweder wegen ihrer abweichenden Gasqualität oder wegen ihrer ungünstigen Lage unter Umständen für eine Verstromung anbieten würden. Aber auch in der Deutschen Bucht vermutet man noch weitere Gasvorkommen, für die bisher keine wirtschaftliche Nutzungsmöglichkeit besteht und die deshalb für eine Stromerzeugung erschlossen werden könnten.

Vorkommen von fünf bis sieben Milliarden Kubikmetern Erdgas wären für einen wirtschaftlich sinnvollen Betrieb eines solchen mobilen Offshore-Kraftwerks ausreichend. Das würde den Kraftwerksbetrieb bis zu zwölf Jahren am selben Ort erlauben. Nach Erschöpfung der dortigen Vorräte könnte die Anlage dann auf eine andere Position gebracht werden. Sinnvoll wäre eine Umwandlung in Strom vor allem überall dort, wo Erdgas als Koppelprodukt bei der Erdölförderung anfällt und bisher einfach abgefackelt wird, es sei denn, man findet noch andere Verwertungsmöglichkeiten, zu denen neben einer Verflüssigung für den Export oder einer industriellen Verwendung auch eine Reinjektion in das Bohrloch gehören kann, um die Ölförderung zu stimulieren. Die weltweit jährlich nutzlos abgefackelten Mengen würden beispielsweise ausreichen, um eine Strommenge zu erzeugen, die dem Dreifachen des jährlichen Bedarfs in der Bundesrepublik Deutschland entspricht.

13
Erdöl: Schwindende Reserven

Ungünstiger als beim Erdgas oder gar im Vergleich zur Kohle, die bis weit in die Zukunft einen wichtigen Beitrag zur Energieversorgung leisten kann, sieht die Situation beim Erdöl aus. Zwar werden die insgesamt in der Welt vorhandenen Erdölvorkommen auf rund 725 Milliarden Tonnen geschätzt[1]. Das ist jedoch der gesamte Ölinhalt der bekannten und vermuteten Lagerstätten, von dem auch unter günstigen Voraussetzungen immer nur ein Teil gewonnen werden kann. Rechnet man mit einem durchschnittlichen Entölungsgrad von 40 Prozent, bei dem nicht nur die normalen Fördermethoden, sondern zum Teil bereits fortgeschrittene Ausbeutungsverfahren berücksichtigt sind, bleiben technisch voraussichtlich gewinnbare Reserven in Höhe von 290 Milliarden Tonnen Rohöl mit einem Energieinhalt von 418 Milliarden Tonnen Steinkohleeinheiten.

Davon sind erst 98 Milliarden Tonnen wirklich nachgewiesen, der Rest wird vermutet. Die tatsächlich nachgewiesenen Reserven reichen bei einer Förderung von zur Zeit 3,3 Milliarden Tonnen jährlich weniger als 30 Jahre und selbst die als technisch gewinnbar angesehenen Gesamtreserven gerade 88 Jahre, wobei sich diese Zeiträume bei einer Steigerung der Förderung entsprechend verkürzen. Bereits ein angesichts des großen Nachholbedarfs der Entwicklungsländer bescheidener jährlicher Förderzuwachs von nur zwei Prozent würde die Lebensdauer der Gesamtreserven etwa halbieren, wenn es nicht gelingt, über die bekannten und vermuteten Vorräte hinaus noch weitere Reserven zu entdecken. Der Raubbau der Industrieländer an den Erdölvorräten hat deshalb viele Hoffnungen zerstört, die die Entwicklungsländer für ihre eigene Entwicklung mit dem Öl verknüpft hatten.

Dabei ist das Erdöl ohnehin sehr ungleich verteilt: Etwa 60 Prozent der nachgewiesenen Reserven sind auf nur fünf Länder und

80 Prozent auf zehn Länder konzentriert[2]. Auf die ölimportierenden Entwicklungsländer entfallen lediglich zwei Prozent der bekannten weltweiten Ölreserven[3]. Allerdings wurde in den Entwicklungsländern bisher weit weniger intensiv nach Öl gesucht als in den Industrieländern, wo die Bohrdichte in möglichen Ölgebieten rund vierzigmal höher liegt. Es ist deshalb nicht unrealistisch, wenn man den tatsächlichen Anteil der ölimportierenden Entwicklungsländer an den letztlich abbaufähigen Weltvorkommen auf über 15 Prozent schätzt[4]. In einer Untersuchung, die im Auftrage der Weltbank durchgeführt wurde, wurden 70 Entwicklungsländer nachgewiesen, die über abbauwürdige Öl- und Erdgasvorkommen verfügen. Lediglich 22 davon haben bereits die Förderung aufgenommen oder sind dabei, dies zu tun. In nur sieben von den übrigen 38 Ländern, deren Vorräte möglicherweise ausreichen, um den Inlandsbedarf zu decken, wird in angemessenem Umfang auf Erdöl exploriert. Weitere sieben Länder suchen bisher nur in mäßigem Umfang nach Öl[5].

Nicht besonders gut sieht es mit den Erdölreserven in der Bundesrepublik Deutschland aus. Nach einer Schätzung[6] des Niedersächsischen Landesamtes für Bodenforschung betragen die noch gewinnbaren »sicheren und wahrscheinlichen« Erdölreserven 67,5 Millionen Tonnen. Das entspricht nicht einmal einem Drittel der 1978 importierten Mineralölmenge und würde genau 13 Jahre reichen, um jährlich fünf Millionen Tonnen zu fördern, bei der derzeitigen Förderhöhe von 7,5 Millionen Tonnen sogar weniger als zehn Jahre. Die bescheidenen Vorräte konzentrieren sich fast ausschließlich auf Nordwestdeutschland. Noch am erdölreichsten sind die Gebiete westlich der Ems (52,2 Prozent der Reserven), Weser-Ems (21,2 Prozent) und Elbe-Weser (15 Prozent). Zugenommen haben durch Neufunde die Vorräte im Elbe-Weser-Raum, aber auch im Alpenvorland, das zu den – für die Zukunft – besonders chancenreichen Gebieten für die deutsche Erdölerschließung gehört. Zur Erschließung neuer Vorräte stößt man in immer tiefere geologische Stockwerke vor. Es wurden bereits Bohrtiefen von über 6000 Metern erreicht.

Mit neuartigen Gewinnungstechnologien könnte man die beschränkten Erdölreserven der Bundesrepublik Deutschland immerhin verdoppeln[7]. Mit ihrer Hilfe gelang es bereits, den durch die natürliche Erschöpfung der Lagerstätten bedingten Rückgang der Produktion etwas zu verlangsamen. Normalerweise, und das gilt nicht nur für die Bundesrepublik Deutschland, sondern weltweit, ist die Ausbeute der Erdöllagerstätten – anders als beim Erdgas, bei dem der Ausbeutungsgrad wegen der größeren Beweglichkeit und des starken Ausdehnungsvermögens der Gase bei 70 bis 90 Prozent liegt – sehr gering und beträgt nur etwa 20 bis 30 Prozent des nachgewiesenen Inhaltes. Durch die Anwendung sekundärer oder tertiärer Förderverfahren[8], zum Beispiel Einpressen von Wasser oder Erdölgasen in den Speicher, Anwendung von Wärme oder Reagenzien in der Lagerstätte, kann die Ausbeute jedoch auf 40 bis 50 Prozent, in besonders günstigen Fällen sogar auf 60 Prozent gesteigert werden[9].

Im Emsland beispielsweise, wo die Ausbeuteerwartung der Erdölfelder nur bei 25 Prozent liegt, hat man bereits Mitte der siebziger Jahre mit einem Versuch begonnen, die Lagerstätte unterirdisch durch Injektionen von Dampf aufzuheizen und auf diese Weise das besonders zähflüssige Öl fließfähiger zu machen[10]. Ein anderes mit Wärme arbeitendes Verfahren ist die unterirdische Verbrennung[11]. Will man auf diese Weise die Lagerstätte aufheizen, um eine bessere Entölung zu erreichen, muß man 15 Prozent des in ihr enthaltenen Öls unterirdisch verbrennen. Bedeutung könnte dieses Verfahren künftig vor allem für die Gewinnung von »Totöl« erlangen. Dieses Öl, dessen leichte Bestandteile durch eine nicht ausreichend dichte Abdeckung der Lagerstätte im Laufe der Zeit nach oben entwichen, wurde allmählich so zäh, daß es seine Fließfähigkeit verlor und an klumpigen Asphalt erinnert. In der Bundesrepublik Deutschland und im übrigen Westeuropa gibt es allein elf solcher Totölvorkommen. Die in diesen Lagerstätten vorhandenen Vorräte können beträchtlich sein. Eine Totöl-Lagerstätte bei Nordhorn im Emsland beispielsweise enthält in nur 70 bis 250 Meter Tiefe geschätzte Ölreserven von über 30 Millionen Tonnen.

Eine andere Möglichkeit, die Ausbeute zu erhöhen, besteht darin, mit Hilfe von Tensiden, Rohstoffen aus der Waschmittelindustrie, das Gestein in der Tiefe, an dem das Öl – bedingt durch starke elektrische Nahkräfte – gelegentlich geradezu »klebt«, chemisch »umzubenetzen«. Auf diese Weise kann das zurückgehaltene Öl wenigstens teilweise »mobil« gemacht werden. Entsprechende mit Chemikalien arbeitende Verfahren sind jedoch noch verbesserungsfähig, wobei man gleichzeitig nach billigeren Chemikalien sucht. Ein anderer Weg ist, die entölenden Substanzen von Mikroorganismen produzieren zu lassen[12]. Bestimmte Mikroorganismen, die Rohöl als Nährlösung akzeptieren, sondern tensidähnliche Wirkstoffe ab, die man in das erdölführende Gestein injiziert. Ein entsprechendes Verfahren[13] wird zur Zeit zur Praxisreife entwickelt.

Diese neuen Verfahren sind zwar notwendig, weil jede Tonne Öl, die in der Lagerstätte zurückbleibt, Verschwendung ist, wenn sie mit einem verbesserten Verfahren hätte gefördert werden können. Sie machen jedoch das Öl nicht billiger, sondern teurer. Das gleiche gilt, wenn immer mehr technisch gewinnbare Reserven unter immer schwierigeren Bedingungen erschlossen werden. 22 Prozent der nachgewiesenen und 40 Prozent der vermuteten Reserven liegen offshore, das heißt jenseits der Küstenlinie in mehr oder weniger tiefem Wasser. Ähnliche Zahlen gelten für Erdgas.

Vor allem Vorräte in der Arktis und in tieferem Wasser, zum Beispiel in Nordamerika, Grönland, Nordsee und Nordmeer, Nordostatlantik, auf dem Argentinischen Schelf, dem australischen Nordwest-Schelf, in der Antarktis, auf dem äußeren Kontinentalschelf oder gar Kontinentalabhang, wo ein großer Teil der vermuteten Reserven liegt, werden zum Teil nur unter ganz erheblichen Kapitalkosten zu erschließen und damit entsprechend teuer sein. Der Anteil der Kapitalkosten an den Förderkosten dürfte gegenüber den normalen Betriebs- und Investitionskosten ganz erheblich ansteigen. Zu dem enormen finanziellen Aufwand für Exploration und Ausbeutung dieser neuen Lagerstätten kommen technische Probleme, wie sie mit Bohren und Fördern in größeren Wassertiefen und bei Eisgang verbunden sind[14], und Umweltprobleme durch eine mögliche Ölverschmutzung, vor allem bei Unfällen.

Da ist es unter Umständen sinnvoller und zugleich billiger, die zusätzliche Energie, die auf diesem Wege nur über einen extremen technischen Aufwand zu gewinnen ist, durch einen rationelleren Umgang mit Energie oder entsprechend wirkungsvolle Energienutzungstechnologien einzusparen oder durch Energiequellen bereitzustellen, die wesentlich weniger aufwendig zu nutzen und wahrscheinlich ergiebiger sind.

14
Teures Öl aus Sand und Schiefer

Zu den Kohlenwasserstoffen, die nicht billiger, sondern teurer als das herkömmliche Öl und Erdgas sind, gehört Öl aus Sand und Schiefer. Theoretisch könnte es die Lebensdauer der Ölreserven beliebig verlängern. Während Öl- oder Teersandvorkommen »herausgehobene« Erdöllagerstätten oder Ansammlungen von Erdöl sind, die nach langen Wanderungen in die Nähe der Oberfläche gelangten und mit zähflüssigem Schweröl »imprägnierte« Sande enthalten, findet sich in Ölschiefern kein Erdöl im eigentlichen Sinne, sondern eine nur ölähnliche, Kerogen genannte, kohlenwasserstoffreiche Substanz, die sich jedoch durch Erhitzung in Öl umwandeln läßt.

Ölschiefer[1] entstand durch Vermoderung von Pflanzen und tierischen Kleinstlebewesen in schlecht durchlüfteten und deshalb sauerstoffarmen, verhältnismäßig flachen Stillwasserbecken der Vorzeit aus Ablagerungen von Faulschlamm. Ölschiefer ist also gewissermaßen ein Vorprodukt des Erdöls, das durch Absenkung dieser Sedimente in größere Tiefen, in denen höhere Temperaturen herrschen, aus dem Kerogen regelrecht »herausgekocht« wird. Deshalb findet man Ölschiefervorkommen meist relativ nahe an der Erdoberfläche, so daß sie häufig im Tagebau erschlossen werden können.

Die chemische Energie, die in diesen potentiellen Muttergesteinen des Erdöls gespeichert ist, ist gewaltig. Man schätzt den Gesamtinhalt aller Ölschiefer auf nicht weniger als 50 000 bis 300 000 Milliarden Tonnen Öl[2]. Allerdings ist der Öl- beziehungsweise Kerogengehalt extrem unterschiedlich. Mal sind es nur wenige Liter, mal sogar einige hundert Liter pro Tonne. Berücksichtigt man nur Ölschiefer mit einem Ölinhalt von mehr als 40 Litern je Tonne, die allein voraussichtlich für einen Abbau in Frage kommen, bleiben Gesamtvorräte mit einem Ölinhalt von 490 Milliarden Tonnen übrig, von denen, Abbauverluste in Höhe von 50 Prozent berücksichtigt, 245 Milliarden Tonnen als vermutlich technisch und lediglich 33,5 Milliarden Tonnen als nach dem heutigen Stand wirtschaftlich gewinnbar gelten.

Der Energieinhalt dieser Ölmenge entspricht mit 47 Milliarden Tonnen Steinkohleeinheiten genau einem Drittel der entsprechenden Reserven beim Erdöl. Selbst die technisch gewinnbaren Reserven sind kleiner als die vergleichbaren Vorräte beim Erdöl. Das rückt die vermeintlich unerschöpflichen Vorräte in ein etwas realistischeres Licht. Dennoch ist mit dem Schieferöl ein Potential vorhanden, dessen Nutzung mit steigendem Rohölpreis immer interessanter wird, zum Beispiel als Grundstoff für die Petrochemie.

Allerdings sind die Ölschiefervorräte, wie bereits das Erdöl und das Erdgas, sehr ungleich verteilt. Der größte Teil der Gesamtvorräte konzentriert sich auf Nord- und Südamerika, auf die USA, Brasilien und Kanada. Dennoch verfügen auch einige Entwicklungsländer, zum Beispiel Zaïre, über ausbeutungswürdige Ölschieferbestände. Auch in Jordanien wurde kürzlich ein Ölschiefer-Vorkommen nachgewiesen, dessen Ölinhalt den Bedarf des Landes auf Jahrzehnte hinaus decken könnte[3].

In der Bundesrepublik Deutschland gibt es ebenfalls einige kleinere Ölschiefervorkommen. Sie haben einen ausschwelbaren Ölanteil von mindestens 500 Millionen, möglicherweise sogar von mehreren Milliarden Tonnen[4]. Allerdings ist auch unter günstigsten Bedingungen nur ein Teil dieser Vorräte wirtschaftlich nutzbar. Aus den Ölvorkommen im Raum Schandelah bei Braunschweig ließen sich voraussichtlich rund 100 Millionen Tonnen, aus weiteren Lagerstätten in Niedersachsen rund 25 Millionen Tonnen und aus Vorkommen in Baden-Württemberg rund zehn Millionen Tonnen Öl gewinnen. Bei Schandelah, wo einschließlich Gesteinsanteil insgesamt rund zwei Milliarden Tonnen Ölschiefer lagern, sind die Voraussetzungen für einen Abbau relativ günstig. Das Vorkommen liegt in einer Mulde verhältnismäßig dicht unter der Oberfläche und könnte voll im Tagebau erschlossen werden. Ein entsprechendes Forschungs- und Entwicklungsvorhaben, das die Erschließung der Lagerstätte zum Ziel hat, läuft bereits seit mehreren Jahren[5].

Mit 100 Millionen Tonnen gewinnbarem Öl oder anderen Mineralölprodukten sind die Schieferölvorräte bei Schandelah zwar größer als die Summe aller derzeit gewinnbaren Erdölvorräte der

Bundesrepublik Deutschland. Bezogen auf einen vorgesehenen Abbauzeitraum von 30 Jahren ließen sich damit jährlich zwei Prozent des derzeitigen Ölbedarfs decken. Wenn man aber bedenkt, daß 30 Jahre lang in Verbindung mit einem schwerwiegenden Eingriff in den Naturhaushalt, der Zerstörung von Naherholungsgebieten und einer zu befürchtenden Beeinträchtigung der Luftqualität in einem in dieser Hinsicht ohnehin bereits vorbelasteten Ballungsgebiet nur insgesamt so viel Mineralöl gewonnen wird, wie die Bundesrepublik derzeit in sieben Monaten verbraucht, ist allerdings nicht mehr ganz sicher, ob der damit verbundene Aufwand in einem wirklich vernünftigen Verhältnis zum erwarteten Ertrag steht[6].

Das Schieferöl beziehungsweise dessen Veredelungsprodukte sind jedoch nicht die einzigen wirtschaftlich interessanten Erzeugnisse, die man aus dem Schiefergestein gewinnen könnte. Geochemische Analysen zeigen, daß im Braunschweiger Ölschiefer noch eine ganze Anzahl von Spurenelementen in interessanten Konzentrationen vorkommt. Dazu zählen beispielsweise Rohstoffe wie Molybdän, Kupfer, Kobalt, Nickel, Uran, Thorium, Vanadium und Seltene Erden. Deshalb wird zur Zeit unter anderem auch die Möglichkeit eines Einsatzes mikrobiologischer Laugungsverfahren zur Gewinnung der in den Rückständen der Ölschieferschwelung verbliebenen Metalle untersucht. Für diesen Zweck will man Bakterien der Gattung Thiobacillus einsetzen. Sie sind nämlich in der Lage, Schwefelverbindungen abzubauen und dabei feinstverteilte Schwefelsäure auszuscheiden, die wiederum schwer lösliche Metallverbindungen in lösliche Metall-Sulfate verwandelt.

Geeignete gewissermaßen als »Minibergleute« eingesetzte Bakterien könnten unter Umständen auch ein ganz anderes Problem des Ölschieferabbaues und der Schieferölgewinnung, die kommerziell erst in recht bescheidenem Umfang betrieben wird, lösen helfen: Bisher ist nämlich ein sehr großer Energieaufwand notwendig, um die zähflüssigen Öle durch mechanisches Aufbrechen des Gesteins aus dem Schiefer herauszulösen sowie durch hohe Temperaturen fließfähiger zu machen, wobei allerdings ein Teil dieser Energie aus Rückständen aus der Ölschieferaufbereitung gewonnen werden kann. Bestimmte Bakterien aus der Gruppe der Thiobakterien machen mit Hilfe der von ihnen produzierten Schwefelsäure, die bestimmte Bestandteile des Ölschiefers auflöst, das Gestein poröser, so daß die darin enthaltenen Öle zusammenfließen können[7]. Wenn es dann noch gelingt, Bakterien zu finden, die das freigesetzte Öl wesentlich flüssiger machen, indem sie die kompliziert vernetzten organischen Verbindungen in den Ölgemischen zumindest teilweise spalten, könnte bei gleichzeitiger bakterieller Gewinnung des Metallinhalts der Rückstände die noch mit zahlreichen Problemen verbundene großtechnische Erschließung von Ölschiefervorkommen durch die zusätzlich gewonnenen Produkte nicht nur wirtschaftlicher, sondern auch im Verhältnis von Energieaufwand zu Energieertrag wesentlich günstiger sein.

Beschränkte Potentiale

Der Energieinhalt der zur Zeit wirtschaftlich gewinnbaren Ölsandreserven ist mit 57 Milliarden Tonnen Steinkohleeinheiten nur wenig größer als jener der entsprechenden Ölschiefervorräte, so daß beide zusammen mit einem Energieinhalt von 104 Milliarden Tonnen Steinkohleeinheiten noch immer 37 Milliarden Tonnen Steinkohleeinheiten weniger enthalten als die derzeit ökonomisch gewinnbaren Ölreserven[8]. Die entsprechende Ölmenge von 73 Milliarden Tonnen wäre rein rechnerisch bereits nach 22 Jahren verschwunden, wenn man sie, was vom technischen Aufwand her allerdings gar nicht möglich ist, mit der gleichen Geschwindigkeit fördern würde wie derzeit das Erdöl.

Das vermutlich technisch nutzbare Potential von Öl aus Sand und Schiefer ist zwar mehr als 1,7mal so groß wie das der entsprechenden Erdölreserven. Jedoch dürfte die Wirtschaftlichkeitsschwelle für den größeren Teil dieser Vorräte wegen des mit dem großtechnischen Abbau verbundenen und bei sinkendem Ölinhalt stark ansteigenden Aufwandes erheblich später als bei den entsprechenden Reserven des Erdöls zu erreichen sein, obwohl auch dieses unter immer schwierigeren Bedingungen gewonnen werden muß.

Im Vergleich mit der Kohle schneiden Ölschiefer und Ölsand, selbst wenn man beide zusammenrechnet, noch wesentlich schlechter ab. Die Gesamtressourcen sind bei ihr mehr als achtmal, die technisch gewinnbaren Vorräte fast zweieinhalbmal und die zur Zeit wirtschaftlich gewinnbaren Reserven fünf- bis sechsmal größer als die entsprechenden in die Vorratsberechnung mit einbezogenen Energiepotentiale aus Ölschiefer und Ölsand. Das Gesamtpotential an zusätzlichem Öl aus Ölsanden und Ölschiefern, das bis zum Jahre 2020 wirklich verfügbar gemacht werden kann, wird auf nicht mehr als 100 Milliarden Tonnen Steinkohleeinheiten geschätzt[9].

Dabei sind die Ölsandvorkommen, deren Gewinnung bisher nur im Tagebau wirtschaftlich ist, noch schlechter verteilt als die Ölschiefervorräte. Fast die gesamten Vorräte liegen in Nord- und Südamerika. Allein Kanada, das bereits in kommerziellem Maßstab Öl aus Sanden gewinnt, verfügt über fast 40 Prozent der geschätzten Gesamtvorräte. Dort wird aber auch deutlich, welch gewaltiger Eingriff in Naturhaushalt und Landschaft mit einem großtechnischen Ölsandabbau verbunden ist. Das Athabasca-Feld beispielsweise, eine der vier größeren Ölsand-Lagerstätten der Provinz Alberta, durch das sich bereits riesige Schaufelbagger zur Ölsandgewinnung fressen, erstreckt sich über eine Fläche, die der Größe Nordrhein-Westfalens entspricht.

Tiefer liegende Ölsandlagerstätten könnten einmal durch »Dampfinjektionen« erschlossen werden, die die ölhaltige Substanz flüssiger und damit förderbar machen, wobei der Dampf durch die Verbrennung von Rückständen aus der Ölsandaufbereitung gewonnen werden könnte. Es gibt auch bereits Vorschläge, den Ölsand mit Hilfe von Mikrowellen regelrecht auszukochen[10].

Auch für die dem Gesamtölinhalt nach größte einzelne Öllagerstätte der Erde, die Orinoco-Ölsandvorkommen[11] in Venezuela, wird nach solchen Fördermethoden gesucht, da die Vorkommen 100 Meter unter der Oberfläche und tiefer liegen. Weitere Vorkommen finden sich in den USA sowie in den Entwicklungsländern Ecuador und Peru. So beeindruckend jedoch die Schätzungen des Gesamtölinhalts einzelner Lagerstätten auch sein mögen: Die bisherige Rolle des Erdöls wird Öl aus Sand und Schiefer nie spielen können. Nicht nur, weil es zu teuer ist, sondern auch, weil die Mengen, die tatsächlich verfügbar gemacht werden können, weltweit gesehen viel zu gering sind.

TEIL 2

ATOMARE AUSWEGE AUS DEM ENERGIEDILEMMA

15
Wege zur Verschwendung

Der im Hinblick auf den Primärenergieeinsatz verschwenderischste Weg zur Lösung der Energieprobleme wäre ein starker Ausbau der Kernenergie. Kernenergienutzung bedeutet zur Zeit und bis weit ins nächste Jahrhundert hinein Nutzung der Kernspaltung: durch herkömmliche Reaktoren, vor allem Leichtwasserreaktoren zur Erzeugung von Strom, später auch zunehmend durch Schnelle Brüter für denselben Zweck, unter Umständen aber auch zur Wasserstofferzeugung, gegebenenfalls nach der Jahrtausendwende auch, wenn die Entwicklungen, insbesondere in der Bundesrepublik Deutschland, weiterverfolgt werden, Einsatz von Hochtemperaturreaktoren, einem besonders vielseitig verwendbaren Reaktortyp, der wegen seiner hohen Prozeßtemperaturen alternativ zur Stromerzeugung auch in den Wärmemarkt eindringen könnte, zum Beispiel bei der Lieferung von Prozeßwärme für die Kohleveredelung, um durch den Verzicht auf eine Teilverbrennung der Kohle die Kohleressourcen zu strecken.

Was immer man mit der für eine absehbare Zukunft auf die Anwendung der Kernspaltung beschränkten Nutzung der Kernenergie im Rahmen der Energieerzeugung aber auch vorhat, so vielseitig selbst die Anwendungsmöglichkeiten [1] eines möglichen Hochtemperaturreaktors auch sein mögen, die Kernenergie kann, wenn man an die Bedürfnisse des Endverbrauchers denkt, im Prinzip nichts, was man auf nichtnukleare Weise, zum Beispiel mit der Kohle, nicht auch tun könnte. Mit der Kernenergie, bei der im Energieerzeugungsprozeß die Wärme der Flamme lediglich durch die Hitze der Brennelemente ersetzt wird, ist alles nur ein bißchen größer, ein bißchen komplizierter, technisch aufwendiger, problemreicher, im Wirkungsgrad häufig schlechter, und in jedem Falle verschwenderischer, wenn man als Maßstab die Höhe des Primärenergieeinsatzes nimmt.

Allein der massive Einsatz der Kernenergie zu Stromerzeugung in großen Kraftwerksblöcken, wie er in vielen Prognosen vorausgesetzt wird, führt zur gewaltigen Verschwendung von Energie, ablesbar nicht nur aus der Höhe des Primärenergieverbrauchs selbst, sondern auch aus dem immer größer werdenden Abstand zwischen Primärenergieeinsatz und Endenergieverbrauch[2].

Warum das so ist und gar nicht anders sein kann, ist in Anbetracht der hohen Umwandlungsverluste bei der Stromerzeugung in Großkraftwerken unschwer zu erraten: Jeder Einsatz von mit solchen Verlusten erzeugtem Strom für Zwecke, die sich bei gleichem oder sogar wesentlich geringerem Kapitalaufwand mit erheblich niedrigerem Verbrauch an Primärenergie erreichen lassen, trägt deshalb zur Ausweitung der Verschwendung bei und belastet mit dem Mehranfall an Abwärme zugleich die Umwelt.

Die angestrebte starke Ausweitung des Stromangebots mit Hilfe der Kernenergie aber bringt es zwangsläufig mit sich, daß zunehmend Anwendungen gefunden oder verstärkt werden müssen, in denen ein Stromeinsatz energetisch nicht sinnvoll ist. Selbst die allerschlechteste Ölheizung beispielsweise arbeitet bei der Deckung des Raumwärmebedarfs noch energetisch sinnvoller, als es bei der elektrischen Direktheizung mit Strom aus einem Großkraftwerk ohne Kraft-Wärme-Kopplung je möglich ist.

Allenfalls im Rahmen eines Bedarfs, der durch einen sinnvollen Einsatz von Strom bestimmt ist, können große, zur Amortisierung der hohen Kapitalkosten möglichst gleichmäßig auszulastende Kernkraftwerke trotz ihres schlechten Wirkungsgrades wegen der hohen Wertigkeit der »Edelenergie« Elektrizität einen vertretbaren Beitrag zur Erzeugung von Grundlaststrom liefern, sofern nicht andere Gründe, zum Beispiel Sicherheitsprobleme, dagegen sprechen.

Es ist allerdings zu befürchten, daß es gerade auf seiten der Kernkraftwerksbauer und Kernkraftwerksbetreiber ernsthafte betriebswirtschaftliche Gründe gibt, die eben genau gegen diesen begrenzten und sinnvollen Einsatz von Kernkraftwerken sprechen. Das hängt zunächst einmal ein bißchen davon ab, inwieweit man eigene Kernkraftwerke bauen und verwenden möchte und inwieweit man sich bei der Ver- und Entsorgung dieser Kraftwerke weitgehend auf eigene oder fremde Ver- und Entsorgungsmöglichkeiten verlassen will. Je mehr Autarkie in diesen Bereichen angestrebt wird, desto größer wird möglicherweise die Notwendigkeit, ein bestimmtes Mindestmaß an Kernkraftwerkskapazität zu installieren, das, abhängig von der Größe des Landes, unter Umständen schon wieder zu groß sein kann.

Das liegt ganz einfach daran, daß beispielsweise für Anlagen zur Produktion von angereichertem Uran (ohne das die herkömmlichen Leichtwasserreaktoren nicht betrieben werden können) und vor allem für Anlagen zur Wiederaufarbeitung abgebrannter Brennelemente zur Streckung der Uranvorräte in ganz besonderem Maße zutrifft, was für alle kapitalintensiven technischen Prozesse und Anlagen mit extrem hohem Investitionsaufwand gilt: Die Wirtschaftlichkeit beginnt je nach Verfahren[3] erst ab einer bestimmten Produktionskapazität, Anlagengröße und Auslastung. Nichts anderes gilt übrigens für die Kernkraftwerke selbst, die erst ab einer bestimmten Mindestgröße wirtschaftlich arbeiten, die sich in den letzten Jahren unter anderem wegen der stark gestiegenen Kapitalkosten, die bei Kernkraftwerken einen Anteil von rund 60 Prozent[4] an den Stromerzeugungskosten haben, immer weiter nach oben verschoben hat. In der Bundesrepublik Deutschland beispielsweise gilt Block A in Biblis mit seinen 1200 Megawatt mittlerweile schon als »Norm«[5]. Hinzu kommt, daß die Stückpreise nach einem einfachen ökonomischen Prinzip von den Stückzahlen bestimmt werden, was ebenfalls nahelegt, eine entsprechend große Anzahl von Kernkraftwerken zu bauen und zu betreiben.

Doch aus welchen Gründen man auch immer eine starke Ausweitung der Stromerzeugung durch Kernenergie anstrebt, die die Grenze der »nützlichen« Anwendungen übersteigt: Die damit verbundene Verschwendung bleibt dieselbe. Zu dieser Verschwendung durch unnötigen Stromverbrauch und schlechte Umwandlungs-, Kraftwerks- und Gesamtwirkungsgrade kommt eine weitere Verschwendung, wenn sich der Ausbau der Kernenergie weiterhin auf den Einsatz der herkömmlichen Reaktoren stützt: die Verschwendung des keineswegs unerschöpflichen Energierohstoffs Uran.

Nicht etwa, daß Uran von Natur aus besonders knapp wäre, selbst wenn man die rund 40 bis 50 Millionen Tonnen[6], die in extrem geringen und deshalb nur sehr schwierig zu erschließenden

Konzentrationen in »Armerzen«, wie Phosphaten, Schiefern und Graniten, weitgehend und die noch schwieriger zu gewinnenden zusätzlichen rund vier bis viereinhalb Milliarden Tonnen[7] Uran, die fein verteilt im Meerwasser schwimmen (durchschnittlich drei Gramm je 1000 Tonnen Seewasser), zunächst völlig unberücksichtigt läßt.

Die Uranvorräte der Welt außerhalb zentral gelenkter Volkswirtschaften, also ohne die Vorräte in der UdSSR, in Osteuropa und in der Volksrepublik China, wurden 1980 auf rund fünf Millionen Tonnen geschätzt[8]. Davon wird etwa die Hälfte als ausreichend gesichert angesehen, die andere aufgrund von Experteneinschätzungen als vorhanden angenommen[9]. Weitere 6,6 bis 14,8 Millionen Tonnen[10], die irgendwann in vertretbarer Weise zugänglich sein werden, werden vermutet. Diese Mengen werden nur deshalb als knapp angesehen, weil erstens ein weltweit starker Ausbau der Kernenergie vorausgesetzt und zweitens von den herkömmlichen Reaktoren nur ein winziger Bruchteil des Urans tatsächlich genutzt wird. Bei den weltweit am meisten verwendeten Reaktoren, den Leichtwasserreaktoren, ist es beispielsweise nur etwa ein Prozent.

Den größten Teil ihrer Energie beziehen diese Reaktoren aus der Spaltung des Uranisotops U-235, das im natürlichen Uran lediglich in einer Konzentration von 0,7 Prozent vorhanden ist. Der Rest der Energie stammt aus der Spaltung von Plutonium-239, das in geringen Mengen bereits im normalen Reaktorbetrieb durch eine allerdings sehr begrenzte Umwandlung (Konversion) des im Uran zwar reichlich vorhandenen, aber leider nicht spaltbaren Uranisotops U-238 entsteht.

Wegen dieser extrem schlechten Ausnutzung des Urans verbraucht ein Leichtwasserreaktor mit einer installierten elektrischen Leistung von 1000 Megawatt während seiner gesamten Betriebszeit von etwa 25 Jahren rund 5000 Tonnen natürliches Uran (das entspricht etwa 750 Tonnen angereichertem Brennstoff). Diese Menge ist größer als die hinreichend gesicherten Reserven der Bundesrepublik Deutschland mit 4500 Tonnen[11], die, rechnet man die für die Bundesrepublik geschätzten zusätzlichen Reserven von 7500 Tonnen[12] hinzu, gerade für etwas mehr als zwei Reaktoren in der Größenordnung von Block A in Biblis reichen, vorausgesetzt, diese Mengen werden vollständig abgebaut. Bereits rund 500 weltweit eingesetzte Leichtwasserreaktoren dieser Leistungsgröße würden ausreichen, um während ihrer voraussichtlichen Lebensdauer die gesamten (außerhalb zentral gelenkter Volkswirtschaften) heute als ausreichend gesichert angesehenen Uranvorräte der Welt aufzubrauchen.

Um diese gewaltige Verschwendung und schnelle Erschöpfung der Uranvorräte zu verhindern, muß, so paradox es auch klingen mag, noch mehr Energie, zum Beispiel Strom, verschwendet werden. Der erste, kleinere Schritt zur Begrenzung der Uranverschwendung besteht in der Wiederaufarbeitung der im Reaktor nicht mehr verwendbaren Brennelemente zur Rückgewinnung des restlichen noch unverbrauchten spaltbaren Materials, der zweite, größere Schritt in Entwicklung, Bau und Betrieb von Schnellen Brütern, die zwar bereits in Form von mehreren Prototypen[13] existieren, aber, weltweit gesehen, von einer Serienproduktion noch sehr entfernt sind.

Dieser Reaktor heißt deshalb Schneller Brutreaktor, weil er aus nichtspaltbarem Uran, dem Uranisotop U-238, aus dem das natürliche Uran zu 99,3 Prozent besteht, durch Beschuß mit schnellen Neutronen, elektrisch neutralen Kernbausteinen, das in der Natur nicht vorhandene Plutonium »erbrütet«. Dabei entsteht als angestrebter »Bruteffekt« mehr Spaltstoff, als der Reaktor, der mit einem »Brennstoffgemisch« aus U-238 und Plutonium (zunächst aus Leichtwasserreaktoren) beschickt wird, selbst verbraucht. Da so das im Uran mehr als reichlich vorhandene Uranisotop U-238 bei relativ hohen Umwandlungsraten in Spaltstoff auch indirekt als Brennstoff eingesetzt wird, vervielfacht sich je nach Höhe des »Brutgewinns« die Energie, die aus der jeweils gleichen Menge Natururan gewonnen werden kann. Dabei wird die Uraneinsparung, bezogen auf die Höhe der Gesamtressourcen, natürlich um so wirksamer, je mehr Schnelle Brüter betrieben werden. Sie wirkt sich umgekehrt aber kaum aus, wenn es nur wenige sind.

Als »Brutstoff« kann übrigens anstelle des Uranisotops U-238 auch das ebenfalls in beträchtlichen Mengen vorkommende Thorium eingesetzt werden, dessen Isotop Thorium-232 sich beim Brutprozeß in das spaltbare Uranisotop U-233 verwandelt. Um diesen Prozeß in Gang zu setzen, benötigt man jedoch zunächst ebenfalls entweder das natürliche spaltbare Uranisotop U-235 oder das künstlich erzeugte Plutonium Pu-239, was die Existenz von zwei kompletten Brennstoffzyklen nebeneinander notwendig macht und wahrscheinlich doch ein wenig zu aufwendig wäre.

Ein möglicher Zwischenschritt zur Uraneinsparung wäre die Einführung von Fortgeschrittenen Konversionsreaktoren[14]. Das sind Reaktoren, die sich durch eine besonders hohe Konversionsrate auszeichnen, also die Fähigkeit, aus dem nichtspaltbaren U-238 beispielsweise den Kernbrennstoff Plutonium zu erzeugen, ohne daß dazu die Technologie der Schnellen Brüter angewendet werden muß.

Dieser Weg zur Uraneinsparung wird auch in der Bundesrepublik Deutschland diskutiert. Das Kernforschungszentrum Karlsruhe (KfK) beispielsweise untersucht gemeinsam mit der Kraftwerk Union, Erlangen, die technischen Voraussetzungen für die Realisierung eines solchen Fortgeschrittenen Druckwasserreaktors[15]. Anders auch als entsprechende amerikanische Entwicklungen[16], die auf einen Thorium-Uran-Brennstoffkreislauf zurückgreifen, nutzt dieser Reaktor den Uran-Plutonium-Brennstoffkreislauf, mit dem die herkömmlichen Leichtwasserreaktoren bereits arbeiten.

Erreicht wird die höhere Konversionsrate durch Verwendung einer Kernbrennstoffanreicherung von sieben bis siebeneinhalb Prozent Plutonium oder – anstelle der bisher üblichen drei Prozent – von acht Prozent U-235 und durch eine wesentlich dichtere Brennstoffabpackung. Bereits die höhere Konversionsrate führt durch die Spaltung zusätzlicher Plutonium-Mengen zu einer Verringerung des spezifischen Uranbedarfs. Auch die abgebrannten Brennelemente enthalten mehr Plutonium als die der herkömmlichen Leichtwasserreaktoren.

Um deshalb den Effekt der verstärkten Plutoniumerzeugung im Sinne einer größeren Streckung der Uranreserven wirklich nutzen zu können, müssen die entladenen Brennelemente wieder aufgearbeitet und muß das so zurückgewonnene, noch spaltbare Material erneut in Reaktoren eingesetzt werden. Auf diese Weise ließe sich das Natururan bis zu fünfmal besser ausnutzen, während der erreichbare Einsparungseffekt[17] im Vergleich dazu ohne Wiederaufarbeitung sehr gering ist.

Ähnliches gilt für den Hochtemperaturreaktor[18], der auch ein hochwirksamer Konverter ist, ein Reaktorkonzept, das, hier vor allem von der Kernforschungsanlage Jülich, besonders in der Bundesrepublik Deutschland recht intensiv[19] verfolgt wird. Auch er kann Thorium in spaltbares Uran umwandeln. Aber auch hier besteht das Problem im Hinblick auf die Brennstoffzykluskosten in der Notwendigkeit, mit zwei verschiedenen Brennstoffkreisläufen arbeiten zu müssen, da die Wärme im Reaktor auch bei Thoriumeinsatz zunächst durch Spaltung von U-235 erzeugt wird und darüber hinaus sicherlich auch weiterhin mehrere Reaktorlinien nebeneinander bestehen werden. Um auf denselben Brennstoffkreislauf zurückgreifen zu können wie bei Leichtwasserreaktoren, beschäftigt man sich deshalb zusätzlich auch eingehend mit der Verwendung von U-235 und von Plutonium ohne Thoriumeinsatz in einem entsprechend modifizierten Hochtemperaturreaktor.

Der herkömmliche Leichtwasserreaktor ohne Wiederaufarbeitung der abgebrannten Brennelemente bietet vermutlich noch am ehesten die Möglichkeit, die Zahl der Kernreaktoren, vor allem in kleineren Ländern, beim Ausbau der Kernenergie in Grenzen zu halten und damit die mit einer nuklearen Stromerzeugung verbundene Verschwendung zu beschränken. Trotz der von der Uranausnutzung her gesehen ungeheuren Vergeudung, die mit diesen Reaktoren betrieben wird, kann man bei ihnen unter Umständen noch auf eine den Betrieb einer größeren Zahl von Reaktoren wahrscheinlich notwendig machende Wiederaufarbeitung verzichten. Der Grund liegt in ihrer sehr beschränkten Fähigkeit, Plutonium zu erzeugen. Deshalb sind die bei einem Wegwerfzyklus ungenutzt gebliebenen und sonst wiedergewinnbaren Plutoniummengen wesentlich kleiner als bei den fortgeschritteneren Reaktorkonzepten bis hin zum Schnellen Brüter.

Daß die Wiederaufarbeitung politisch umstritten ist, hat natürlich in erster Linie ganz andere Gründe, als die hier angedeuteten möglichen betriebswirtschaftlichen und sich durch nicht auszuschließende technische Entwicklungen unter Umständen wieder etwas verändernde Probleme der Kernenergie. Sie betreffen eher den sicherheitstechnischen und sicherheitspolitischen Bereich, zum Beispiel die Furcht vor dem Diebstahl oder der mißbräuchlichen Anwendung von bei der Wiederaufarbeitung auf mehreren Prozeßstufen separat vorkommendem Plutonium zum Bau von Kernwaffen. Doch auch zunächst rein wirtschaftliche oder betriebswirtschaftliche Probleme können zu politischen Problemen werden, wenn sie zu einem aus anderen Gründen vielleicht unerwünscht starken Ausbau der Kernenergie führen.

Zwar waren es beispielsweise in der Bundesrepublik Deutschland sicher nicht ausschließlich betriebswirtschaftliche, sondern auch sicherheitstechnische und ökologische Gründe sowie der damit verbundene Wunsch nach einer Kombination von Wiederaufarbeitungsanlage und einem großen zentralen Endlager für radioaktive Abfälle, die zur ins Auge gefaßten Größe der Wiederaufarbeitungsanlage innerhalb des bei Gorleben geplanten »integrierten« Entsorgungszentrums geführt haben, einem Konzept übrigens, das auch nach dem Gorleben-Hearing[20] im Frühjahr 1979 keineswegs aufgegeben, sondern möglicherweise nur schrittweise verwirklicht werden soll[21].

Mit einem Tagesdurchsatz von vier Tonnen angereicherten Brennstoffs pro Tag und einem Jahresdurchsatz von 1400 Tonnen[22] war diese Anlage für die Entsorgung von einer Kernkraftwerkskapazität von etwa 45 Gigawatt elektrisch ausgelegt. Das entspricht 45 Kernkraftwerken mit einer elektrischen Leistung von je 1000 Megawatt und fast dem Fünffachen der heute in der Bundesrepublik Deutschland installierten elektrischen Kernkraftwerkskapazität oder dem etwas weniger als Zweieinhalbfachen, wenn man die im Bau befindlichen Kraftwerke[23] bereits mit berücksichtigt. Allein eine solche »vorausschauende« Kapazitätsberücksichtigung könnte schon wegen der damit verbundenen enormen Investitions- und Betriebskosten, die auf die Stromkosten umgelegt werden müssen, durchaus einen gewissen wirtschaftlichen Zwang oder zumindest Anreiz zu einem entsprechenden, für eine Auslastung[24] ausreichenden Ausbau der Kernkraftwerkskapazität mit sich bringen.

Was bei herkömmlichen Leichtwasserreaktoren unter Umständen noch möglich, jedoch ökologisch keineswegs sinnvoll ist, nämlich der Verzicht auf die Wiederaufarbeitung abgebrannter Brennelemente und dafür ihre direkte Endlagerung, wird bei den Fortgeschrittenen Konversionsreaktoren zunehmend schwieriger. Es kann angesichts der hohen Kapitalkosten der Kernenergie auch wenig Sinn darin bestehen, das durch erhöhten technischen Aufwand und zusätzliche Entwicklungskosten gewonnene zusätzliche Plutonium vorwiegend oder zum größten Teil für den Abfall zu produzieren.

Spätestens bei den Schnellen Brütern, wie sie heute konzipiert werden, kommt man an einer Wiederaufarbeitung im großen Stil nicht vorbei, die freilich noch ganz andere Dimensionen, und zwar sowohl im Hinblick auf die Größe der Anlagen als auch auf das erforderliche technologische Know-how und die Höhe der notwendigen Investitionen haben wird als bei Anlagen zur Entsorgung von Leichtwasserreaktoren. Der Ausstoß an abgebrannten Brennelementen ist wesentlich höher als bei einem Leichtwasserreaktor gleicher Leistung. Das liegt daran, daß es wegen der hohen Abbrandraten notwendig ist, den Brennstoff oft aus dem Reaktor zu entnehmen. Eine industrielle Wiederaufarbeitungsanlage, die aus dem abgebrannten Brüterbrennstoff das noch spaltbare Material zurückgewinnt, das dann zu neuem Brennstoff verarbeitet werden muß, dürfte sich frühestens bei einem Durchsatz von 3000 Tonnen im Jahr rentieren, was dem Ausstoß von zehn großen Brüterkraftwerken entspricht[25].

Das ist noch recht bescheiden geschätzt, obwohl es für viele Staaten bereits zuviel ist. Diese müßten sich dann nach einer Wiederaufarbeitung in einem anderen Land mit entsprechend großer Brüterkapazität umsehen, was zu einem schwunghaften internationalen Plutoniumhandel[26] führen würde. Um wirklich ausgelastete Brennstoffkreislauf-Anlagen in einer autarken »Brüter-Versorgungswirtschaft« zu erreichen, müssen nach einer Schätzung[27] der amerikanischen Ford Foundation wahrscheinlich 50 bis 100 Schnelle Brüter betrieben werden.

Das ist eine Größenordnung, in der man jedoch durchaus auch in der Bundesrepublik Deutschland denkt, in der mancher für das Jahr 2030 eine Kapazität an Schnellen Brutreaktoren mit einer installierten elektrischen Leistung von 84 Gigawatt[28] für möglich hält.

Da dies in derselben Prognose[29] aber lediglich etwa die Hälfte der dann insgesamt installierten elektrischen Kernkraftwerkskapazität[30] ist und Strom nicht ausschließlich mit Hilfe der Kernenergie erzeugt wird, verwundert es nicht, wenn sich in einem solchen Energiemodell der Endenergiebedarf an Strom im Vergleich zu heute bis dahin trotz gleichzeitig abnehmender Gesamtbevölkerung mehr als verdreifacht. Für dieses hohe Stromangebot reichen natürlich die bisherigen Stromanwendungen beziehungsweise deren Anteile nicht aus. So muß beispielsweise der Stromanteil an der Erzeugung von Raumwärme gegenüber heute fast versechsfacht und an der Bereitstellung von industrieller Prozeßwärme erheblich mehr als verdoppelt werden.

Es gibt freilich auch eine Variante[31] desselben Energiemodells, in der sich bei gleichem Einsatz von fossilen Energieträgern, dafür aber drastisch verstärktem Einsatz von Kernenergie, der Endenergiebedarf an Strom gegenüber heute sogar mehr als verfünffacht. Dann müßte beispielsweise bereits rund ein Viertel des gesamten industriellen Prozeßwärmebedarfs mit Elektrizität gedeckt werden. Der Stromanteil an der Deckung des Raumwärmebedarfs würde sich, nicht zuletzt auch (neben elektrischen Wärmepumpen) mit Hilfe von Elektrospeicherheizungen, verzwölffachen. Durch die hohen Umwandlungsverluste bei der nuklearen Stromerzeugung und Gesamtwirkungsgradeinbußen durch die massive Einkopplung von Kernenergie über die nukleare Wasserstofferzeugung in Prozesse der Kohleveredelung würde sich gleichzeitig die Kluft zwischen Primärenergiebedarf und Endenergiebedarf drastisch erweitern.

Was immer die Kernenergie auch sein mag, eines ist sie sicherlich nicht: ein bescheidener Weg für die rationelle und energetisch optimale Deckung eines durch Sparsamkeit und rationelle Energieverwendung bescheiden gehaltenen Energiebedarfs. Das berechtigt zu der Frage: Kernenergie – warum eigentlich, unter welchen Bedingungen, mit welchen Vorteilen und vor allem für wen?

16
Kernenergie: Warum eigentlich?

Der ursprünglichen Verheißung der Kernenergie, daß die Kernspaltung eines Tages eine »billige, saubere und sichere Energiequelle für arm und reich« [1] sei und »Atomstrom in Hülle und Fülle zu einem Bruchteil der Kosten anderer Energiequellen« [2] liefern werde, so daß sich der Einbau eines Zählers nicht mehr lohne [3], ist zwar längst der wesentlich bescheideneren, doch um so hartnäckiger gehegten Hoffnung auf seiten der Kernkraftwerksbauer und Kernkraftwerksbetreiber gewichen, »daß sich im Laufe des Lebens heutiger Kernkraftwerke ein wirtschaftlicher Nutzen ansammeln werde« [4].

Mit diesem angesichts der bei der bisherigen Entwicklung der Kernenergie in der Industrie bereits angefallenen teilweise gigantischen Verluste [5] verständlichen Wunsche verknüpft sich für die Zukunft die zwar unausgesprochene, deshalb jedoch keineswegs weniger intensive Erwartung, daß in den Industrieländern durch eine entsprechende Ausweitung der bereits ausreichend vorhandenen Verschwendung Energie- und Strombedarf so stark ansteigen werden, daß dieser expansive Bedarf wegen des nicht unerschöpflichen technischen Potentials anderer konkurrierender Energiequellen schließlich nicht mehr anders als durch den massiven Einsatz von Kernenergie zu decken ist. Denn bei vernünftigem Energieeinsatz und einer für eine rationelle Deckung des dadurch in Schranken gehaltenen Bedarfs ausreichenden Existenz alternativer Energieträger, zum Beispiel von Kohle, dürfte es die Kernenergie schwer haben, ihre so oft beschworene Überlegenheit zu beweisen.

Wie wirtschaftlich ist Kernenergie?

Was beispielsweise im Hinblick auf die Stromkosten Wirtschaftlichkeitsvergleiche zwischen Kohle und Kernenergie betrifft, so kann man darüber, so das Fazit des Atomberichts [6] der Ford

Foundation, »in aller Ehrlichkeit« verschiedener Meinung sein. Die Studie sieht zwar, bei erheblichen regionalen (standortbedingten) Unterschieden, unter dem Strich im Mittel noch immer einen leichten Vorteil für die Kernenergie, räumt aber gleichzeitig ein, daß wegen der erheblichen Unsicherheiten und Unbekannten sowohl in den wirtschaftlichen als auch in den sozialen Kosten der durchschnittliche relative Vorteil in Zukunft ebensogut auf der einen wie auch auf der anderen Seite liegen kann[7].

Ein ähnlicher Schluß läßt sich aus einer auf die Verhältnisse in der Bundesrepublik Deutschland bezogenen Untersuchung[8] des Battelle-Instituts, Frankfurt, ziehen, in der versucht wurde, die direkten und indirekten Kosten der Stromerzeugung in Steinkohle- und Kernkraftwerken bis zum Jahre 1990 zu ermitteln. Auch die Battelle-Forscher machten zwar (unter genau definierten Voraussetzungen) noch einen leichten Kostenvorteil der Kernenergie im Grund- und Mittellastbereich aus.

So ermittelten sie für das Jahr 1977 unter Zugrundelegung der im Hinblick auf Kraftwerkstyp und sämtliche andere für eine Kostenberechnung relevanten Rahmenbedingungen als am wahrscheinlichsten angesehenen Kostenparameter-Konstellationen einen Kostenvorteil für die Kernenergie im Bereich der Grundlast (7000 Betriebsstunden pro Jahr) von 1,86 Pfennig und im Mittellastbereich (5000 Betriebsstunden) von 1,4 Pfennig pro Kilowattstunde.

Für das Jahr 1990 beträgt dieser Kostenvorteil bei insgesamt stark gestiegenen Stromerzeugungskosten im Grundlastbereich 3,27 Pfennig und in der Mittellast 1,96 Pfennig je Kilowattstunde. Dabei ist der Kostenvorteil für die Kernenergie im Verhältnis zum Anstieg der gesamten Stromerzeugungskosten prozentual bereits erheblich kleiner geworden, was daran liegt, daß nicht nur in den für am wahrscheinlichsten gehaltenen Fällen, sondern auch im Schnitt aller untersuchten Kostenparameter-Konstellationen von der billigsten bis zur teuersten Variante bei der Kohle- und Kernstromerzeugung die Kosten für den Kernstrom schneller ansteigen[9] als für den Kohlestrom.

Im Spitzenlastbereich (3000 Betriebsstunden im Jahr) sind die Vorteile von vornherein umgekehrt verteilt: Hier erzeugen unter den jeweils für am wahrscheinlichsten gehaltenen Bedingungen Kohlekraftwerke im Ausgangsjahr der Untersuchung bereits 0,11 und im Jahr 1990 sogar 2,02 Pfennig pro Kilowattstunde billiger als Kernkraftwerke. Dabei reduziert sich auch im Grundlastbereich der vermeintlich deutliche Vorteil der Kernenergie bei realistischer Betrachtung noch einmal ganz beträchtlich. Voraussetzung für den Kostenvorteil von 3,27 Pfennig im Jahre 1990 ist nämlich ein Betrieb von 7000 Stunden im Jahr. Das ist jedoch eine Verfügbarkeit, wie sie zwar von einem Kohlekraftwerk, nicht aber von Kernkraftwerken erreicht werden kann.

Rechnet man bei Kernkraftwerken mit einer durchschnittlichen Verfügbarkeit von 6000 bis 6500 Stunden im Jahr, wobei der obere Wert bereits das Maximum dessen ist, für das herkömmliche Kernkraftwerke überhaupt ausgelegt sind, und der untere Wert als Optimum dessen gilt, was als Querschnittswert über die gesamte Lebensdauer des Kraftwerks voraussichtlich wirklich erreichbar ist[10], beträgt der Kostenvorteil nur noch 1,7 Pfennig. Das freilich ist in Anbetracht der hohen Gesamtkosten der Stromerzeugung als Differenz so gering, daß man den Streit um die Kernenergie so ohne wirtschaftliche Not dort entscheiden könnte, wo die schwierigeren Probleme liegen, nämlich im gesellschaftspolitischen Bereich, zumal der Bau großer Kraftwerke, gleichgültig, ob es sich um Kern- oder Kohlekraftwerke handelt, nicht die einzige und schon gar nicht die billigste Möglichkeit ist, zusätzlichen Strom oder zusätzliche Energie zu erzeugen, und wiederum die Bereitstellung zusätzlicher Energie nicht die einzige Möglichkeit ist, ein Energieproblem zu lösen.

Hinzu kommt, daß der – selbst im Grundlastbereich bereits kräftig reduzierte – Kostenvorteil der Kernenergie allein durch teilweise schon eingetretene oder absehbare Entwicklungen im Bereich der Kernenergie noch weiter schrumpfen beziehungsweise sogar ins Gegenteil verkehrt werden kann. Dazu gehören beispielsweise die zusätzlichen Kosten einer aus standortbedingten oder ökologischen Gründen notwendigen Trockenkühlung, die bereits allein für sich den Kernenergiestrom 1990 um 2,01 Pfennig verteuern würde, während es beim Kohlekraftwerk nur 0,5 Pfennig je Kilowattstunde sind[11]. Die Kosten erhöhen sich auch durch eine Anhebung des Sicherheitsstandards zur Reduzierung des Gefährdungspotentials – etwa durch eine wesentlich teurere unterirdische Bauweise – oder durch eine Erhöhung der im Referenzfall als niedrig angenommenen Entsorgungskosten oder einen starken Anstieg der allgemeinen Baupreise. Die Preisexplosion bei den Baupreisen beispielsweise trifft den aus Kohle erzeugten

Strom sehr viel weniger, da dessen Kosten wegen der niedrigeren Investitionen und wesentlich kürzeren Bauzeiten anders als bei dem in erster Linie auf Kapitalkosten reagierenden Kernenergiestrom überwiegend (zu rund 60 Prozent[12]) vom Brennstoffpreis bestimmt werden.

Erzeugt man den Kohlestrom gar mit Hilfe neuer Technologien, wie beispielsweise der Wirbelschichtfeuerung, die nicht nur den zusätzlichen Einsatz billiger und deshalb auch kostensenkender Ballastkohle bei gleichzeitiger Streckung der wertvolleren Kohlereserven, sondern auch den investitionssenkenden Bau kleiner, kompakter und dennoch leistungsfähiger Anlagen sowie durch ihre umweltfreundliche Verbrennung den Verzicht auf eine aufwendige Rauchgasentschwefelung erlaubt, so kehren sich die Verhältnisse vollends zugunsten der Kohle um: So erzeugter Strom wäre (bezogen auf die Entstehungskosten) 1990 im Grundlastbereich 2,11 Pfennig, im Mittellastbereich 3,25 Pfennig und im Spitzenlastbereich 8,06 Pfennig pro Kilowattstunde billiger[13] als im für wahrscheinlich gehaltenen Fall bei der Kernenergie.

Dazu muß einschränkend gesagt werden, daß die dabei zugrundegelegten fortgeschrittenen Konzepte zur Steinkohleverstromung, zu der neben der Wirbelschichtfeuerung unter Druck auch das Verfahren der Kohledruckvergasung[14] gehört, bei dem sich beispielsweise die aufwendige Rauchgasentschwefelung dadurch vermeiden läßt, daß das für die Vebrennung zur Stromerzeugungerzeugte Schwachgas einfach ausgewaschen wird heute erst weitgehend in Prototypen und teilweise nur kleinen Einheiten verwirklicht. Gleichwohl werden die mit einem technischen Großeinsatz noch verbundenen Probleme bei entsprechendem Forschungs- und Entwicklungsaufwand zu lösen sein.

Natürlich gibt es auch im Bereich der Stromerzeugung durch Leichtwasserreaktoren noch ein gewisses Entwicklungspotential[15]. Dennoch scheint dieses Potential bei der Kohle größer zu sein als bei der Kernenergie[16]. Fortgeschrittenere Reaktorkonzepte, wie etwa der Schnelle Brüter, führen dagegen wegen der gegenüber einem vergleichbaren Leichtwasserreaktor selbst bei Serienproduktion noch um 20 bis 30 Prozent[17] höheren Baukosten vorläufig und möglicherweise bis weit ins nächste Jahrhundert hinein eher zu einer Verteuerung als zu einer Verbilligung des Kernenergiestroms.

Bei heutigen Baupreisen dürfte ein Schneller Brüter gegenüber einem Leichtwasserkernkraftwerk erst dann konkurrenzfähig sein, wenn die Preise für das angereicherte Uran auf das Doppelte angestiegen sind[18]. Daß ein Land wie Frankreich, das anders als die Bundesrepublik Deutschland über keine großen Kohlereserven verfügt, bereits heute so stark auf Schnelle Brüter setzt, hängt deshalb weniger mit Wirtschaftlichkeitserwägungen als mit dem starken Drang nach mehr Unabhängigkeit von fremden Energievorräten zusammen.

Nicht viel besser sieht es bei anderen Anwendungen der Kernenergie als zur Stromerzeugung aus, obwohl es darüber wegen des fernen Zeithorizonts noch keine detaillierten und gesicherten Wirtschaftlichkeitsberechnungen gibt. Dennoch sei das Beispiel einer Anwendung herausgegriffen, für die es in der Bundesrepublik Deutschland bereits konkrete Entwicklungsarbeiten[19] gibt: die Vergasung von Kohle mit Hilfe eines hohe Prozeßwärme liefernden Hochtemperaturreaktors. Um beispielsweise im Jahr 2025 100 Millionen Tonnen Steinkohle in synthetisches Erdgas umzuwandeln, brauchte man, wollte man die Vergasung – kohlesparend – mit Energie aus Hochtemperaturreaktoren durchführen, etwa 30 Anlagen mit einer Wärmeleistung von je 3 Gigawatt[20] (etwa dem Doppelten der entsprechenden elektrischen Leistung).

Ein Hochtemperaturreaktor würde bei stark untertriebener Schätzung nach heutigen Baupreisen mindestens das gleiche wie ein vergleichbarer Leichtwasserreaktor, also etwa 2,5 Milliarden DM kosten. Das entspräche bei 30 Reaktoren einem Investitionsvolumen von 75 Milliarden DM, ohne daß dabei etwa bereits die entsprechenden notwendigen Wiederaufarbeitungs- und Entsorgungskapazitäten berücksichtigt wären. Für diese 75 Milliarden DM können nach Abzug der bei jeder Kohleumwandlung anfallenden Substanzverluste durch Verzicht auf Teilverbrennung jährlich etwa 30 Millionen Tonnen Steinkohle eingespart werden. Das heißt, um während der Lebensdauer dieser Kraftwerke jährlich eine einzige Tonne Kohle zu sparen, müssen zunächst 2500 DM an reinen Baukosten für Hochtemperaturreaktoren investiert werden. Für die gleiche Summe kann man auch 25 Jahre lang jährlich eine Tonne Importkohle zum Preis von 100 DM kaufen und gleichzeitig die Betriebskosten für die Reaktoren einsparen.

Darüber, ob Kernenergie eine »saubere und sichere« Energiequelle ist, kann man ebenfalls sehr geteilter Meinung sein. Wollte man alle Energie, die sich mit Hilfe der Kernenergie technisch maximal erzeugen läßt, mit Hilfe von fossilen Energierohstoffen oder alternativ auch durch Sonnenenergie gewinnen, käme man, abgesehen von der Einsicht, daß dies beispielsweise mit Kohle, wenn überhaupt, nur schwerlich und (vom nutzbaren Potential her) mit Sonnenenergie schon gar nicht möglich ist, und der zusätzlichen – eher positiven – Erkenntnis, daß ganz offensichtlich jede andere Art der Energiegewinnung drastisch mehr Arbeitsplätze schafft als jede Form der Energieerzeugung durch Kernenergie, zu in der Tat bedenklichen, nachdenkenswerten Ergebnissen.

Nun ist es freilich so, man werfe ruhig noch mal einen Blick auf die untersuchten Energieprognosen, daß es keineswegs die Verfechter einer rationelleren Energienutzung, die beispielsweise die meiste Kohle oder die meisten Kohlenwasserstoffe verbrauchen, sondern daß es umgekehrt diejenigen sind, die einen starken Ausbau der Kernenergie propagieren, die gleichzeitig die meiste Kohle und auch noch den allerletzten Tropfen Öl verbrennen wollen, während jene, die für eine stärkere Nutzung der Sonnenenergie plädieren, im Energieverbrauch am allerbescheidensten sind.

Die ganze Schwere des Vorwurfs, durch die Heraufsetzung der Kohlendioxidproduktion und die drastische Steigerung der Wärme- und damit gleichzeitig Abwärmeerzeugung die Gefahr einer globalen Klimakatastrophe[21] heraufzubeschwören, trifft deshalb nicht jene, die für mehr Bescheidenheit im Umgang mit Energie eintreten, sondern diejenigen, die einen maximalen Ausbau aller verfügbaren Energiequellen anstreben.

Und was etwa die Ansicht des einzelnen Arbeiters betrifft, im Zusammenhang mit seiner Tätigkeit zu sterben[22], so mag diese, gemessen an der Zahl der erzeugten Energieeinheiten, beispielsweise in einer Kohlegrube oder in einem Kohlekraftwerk größer sein als in einem Uranbergwerk, einem Kernkraftwerk oder einer Wiederaufarbeitungsanlage. Gemessen an der Zahl der Arbeitsstunden, die der einzelne Arbeiter an seiner Arbeitsstelle verbringt, dürfte es, Spätschäden durch Staublunge und schleichenden Krebs inbegriffen, aber eher umgekehrt sein[23].

Da aber die Energiegewinnung weder das einzige noch das höchste Ziel der Gesellschaft[24] ist, muß auch die Frage offen bleiben, ob die Zahl der Todesfälle pro Energieeinheit (wie in manchen Vergleichen tatsächlich praktiziert) oder die Sicherheit des individuellen Arbeitsplatzes in Verbindung mit einer gleichzeitig möglichst hohen Zahl von Arbeitsplätzen das sinnvollere Maß für die Beurteilung der Nutzung einer Energiequelle ist.

Würde man gar als Maßstab für den Ausschluß dieser oder jenen Energiequelle die schlimmsten Auswirkungen des größtmöglichen denkbaren Unfalls wählen, hätte die Kernspaltung nicht die geringste Chance, als mögliche Energiequelle auch nur in Betracht gezogen zu werden. Und würde dieser größtmögliche denkbare Unfall mit den denkbar schlimmsten Folgen tatsächlich eintreten, und zwar nicht in einem weit entfernten Land, wo selbst 20 000 Erdbebentote den Zeitungsleser in den Industrieländern häufig nicht mehr sonderlich rühren, sondern beispielsweise in der hochindustrialisierten Bundesrepublik Deutschland in einem dicht besiedelten Ballungsraum, zum Beispiel im Ruhrgebiet, hätte dies katastrophale Folgen für eine einmal eingeschlagene und nicht von heute auf morgen, wenn überhaupt zu ändernde Energiestrategie. Deshalb sollte man sich die Frage, ob man die Folgen eines solchen Unfalls als möglichem Preis für die mit der Kernenergiestrategie vielleicht verbundene Chance für die Industrieländer trotz knapper werdender fossiler Energiereserven Energie weiterhin so verschwenden zu können wie bisher, vor einem solchen Unfall stellen und nicht hinterher, so klein die mathematische Wahrscheinlichkeit für einen derartigen Unfall mit Folgen in diesem Ausmaß auch sein mag.

Wie groß diese Wahrscheinlichkeit ist und mit welchen Folgen man dabei im schlimmsten Fall rechnen muß, zeigt eine in der und für die Bundesrepublik Deutschland erstellte Risikostudie[25] nach dem Vorbild des amerikanischen »Rasmussen-Reports«, der versucht hat, die Risiken der Leichtwasserreaktoren für die Bevölkerung bei schweren Schadensereignissen zu ermitteln und diese Risiken mit anderen zivilisatorischen Risiken zu vergleichen. Bei dieser Folgenabschätzung wurden weder Sabotage, Terrorakte, Kriegseinwirkungen und ähnliche Ereignisse noch »ungeplante« menschliche Eingriffe berücksichtigt, zu denen weitgehend alles zählt, was im Betriebshandbuch für das entsprechende Kernkraftwerk nicht vorgesehen ist (also gerade jene Einflüsse, die nach allgemeiner menschlicher Erfahrung mit am häufigsten zum Entstehen eines Unfalls beitragen).

Einmal in zwei Milliarden Betriebsjahren, so das Fazit der im Auftrag des Bundesministeriums für Forschung und Technologie durchgeführten deutschen Studie, könnte ein Störfall eintreten, bei dem 14 000 Menschen sofort, insgesamt in den 30 folgenden Jahren aber 104 000 Menschen sterben könnten. »Einmal in zwei Milliarden Jahren« kann jedoch im einen Extremfall schon morgen und im anderen Extremfall nicht einmal nach zwei Milliarden Jahren sein. Es ist genauso wenig vorhersehbar wie das Lotto-Glück des Herrn Müller von nebenan[26]. Doch wie beim Lotto mit der Zahl der Spieler die statistische Chance zunimmt, daß auf sie ein größerer Treffer entfällt, wächst mit der Zahl der Kernkraftwerke nach den Gesetzen der Wahrscheinlichkeitsrechnung auch die Gefahr, daß ein solcher Unfall tatsächlich eintritt.

Eine Studie[27] der amerikanischen Union of Concerned Scientists, die gewissermaßen als Kritik an den Ergebnissen der Rasmussen-Studie veröffentlicht wurde, kam beispielsweise zu dem Ergebnis, daß die Vereinigten Staaten bei der Realisierung eines großen Kernenergieprogramms fast 15 000 Todesfälle aufgrund von Reaktorunfällen zu erwarten hätten und daß eine 1:100-Wahrscheinlichkeit für einen schweren Unfall bestände, der beinahe 100 000 Menschen töten würde[28]. Selbst wenn »mit viel Glück« trotz starken Ausbaues der Kernenergie überhaupt kein derartiger schwerer Unfall (der Vorfall[29] am 28. März 1979 in der Kernkraftwerksanlage Three Mile Island bei Harrisburg im amerikanischen Bundesstaat Pennsylvania, bei dem ein Reaktor außer Kontrolle geriet, und die Ereignisse der darauf folgenden Tage lassen freilich anderes vermuten) passieren würde, sollten über einen mit solchen Risiken verbundenen Ausbau nicht die Rentabilitätsberechnungen und -erwartungen von Kernkraftwerksbauern und Kernkraftwerksbetreibern, sondern die von diesen Risiken betroffenen Bürger selbst entscheiden.

Eine Energiequelle für arm und reich?

Bleibt nach Vernachlässigung zahlreicher weiterer Sicherheitsrisiken[30] noch die letzte zu klärende Frage, ob die Kernenergie wirklich eine »Energiequelle für arm und reich« ist, die sie ursprünglich einmal werden wollte. Bedauerlicherweise muß auch diese Frage verneint werden. Denn ausgerechnet die Länder, die heute am wenigsten Energie verbrauchen und deshalb den größten Nachholbedarf haben, nämlich die Länder in der dritten Welt, können sie in ihrer Mehrzahl am wenigsten brauchen.

So stellt die Kernenergie mit ihren großen, komplexen, kapitalintensiven Anlagen die Wirtschaft der Entwicklungsländer vor besonders große Probleme[31]. Bei kleineren Anlagen wiederum, die für kleine Stromnetze und eine begrenzte Nachfrage geeignet sind, machen die höheren Kapitalkosten die eventuellen wirtschaftlichen Vorteile wieder zunichte[32]. Eine Analyse[33] der Weltbank aus dem Jahre 1979 kommt deshalb zu dem Schluß, daß durch die Notwendigkeit großer Anlagen für eine wirtschaftliche Produktion und die gleichzeitig hohen Anforderungen an den technischen und verwaltungsmäßigen Aufwand der Einsatz von Kernkraftwerken vor allem auf Staaten mit »mittlerem Einkommen« und auf große Länder begrenzt sein wird.

Da etwa 95 Prozent der weltweit installierten Kernkraftwerke in den Industriestaaten zu finden sind, in denen immer größere Einheiten eingesetzt werden, liegt dort auch weitgehend der Maßstab für die wirtschaftliche Mindestgröße, die überdies von den immer schärfer werdenden Sicherheitsbestimmungen nicht unbeeinflußt bleibt, die auch vor kleinen Kernkraftwerken nicht haltmachen. Das ist ein weiterer Grund, warum bereits konzipierte Kleinkernkraftwerke[34], die sich von ihrer Leistungsauslegung her für Länder mit verhältnismäßig kleinen Stromversorgungsnetzen eignen könnten, auch ähnlich viel kosten wie erheblich größere Anlagen[35] und deshalb für einen ökonomischen Betrieb viel zu teuer sind.

Hinzu kommt, daß aus technischen Gründen immer nur ein ganz bestimmter Prozentsatz der gesamten Stromerzeugung eines Landes durch ein einzelnes Kraftwerk gedeckt werden sollte, gleichgültig, was es für ein Kraftwerk ist[36]. Der Grund: Bei einem Ausfall dieses Kraftwerkes würde bei einem zu hohen Anteil an der Stromerzeugung das ganze Netz überlastet oder gar zusammenbrechen. Aus diesem Grunde hat die Internationale Atomenergiebehörde IAEO, die, allerdings vor Jahren, die damals noch niedriger liegende Rentabilitätsgrenze mit 600 Megawatt elektrisch angesetzt hatte, vorgeschlagen, höchstens acht bis zehn Prozent der Leistung eines nationalen Stromnetzes durch ein einzelnes Kraftwerk abzudecken, ein Gesichtspunkt, dessen Beachtung angesichts der im Vergleich zu anderen Kraftwerken besonders hohen Ausfallquoten[37] von Kernkraftwerken besonders wichtig ist.

Nach den Grundsätzen der IAEO wäre deshalb eine Gesamtkapazität der Stromerzeugung von mindestens 6 Gigawatt notwendig, um den Einsatz auch nur eines einzigen Kernkraftwerkes technisch zu rechtfertigen. Selbst wenn man annehmen würde, daß sich die Stromerzeugung in der dritten Welt entsprechend einer Zuwachsrate von zehn Prozent[38] in den nächsten Jahren alle sieben Jahre verdoppelt, eine Annahme, die beispielsweise erheblich über den Schätzungen der Weltbank liegt, die eine Zuwachsrate von höchstens sieben Prozent annimmt, kämen nach einer 1980 abgeschlossenen umfangreichen deutschen Studie[39] über die Energieversorgung der dritten Welt bis zum Jahre 2000 allenfalls 43 von 156 der in die Schätzung einbezogenen »souveränen und nicht-souveränen« Entwicklungsländer, also weniger als 30 Prozent, für eine eventuelle Stromerzeugung mit Hilfe von Kernenergie in Frage.

Die IAEO rechnet für die Jahrtausendwende sogar nur mit 30 Ländern in der dritten Welt, deren Strombedarf groß genug ist, um die Einführung der Kernenergie zu rechtfertigen. Die Ford-Foundation[40] schätzte, daß die Kernenergie bis zu diesem Zeitpunkt allenfalls in rund 20 Entwicklungsländern wirtschaftlich konkurrenzfähig sein könnte.

Von fremden Energievorräten könnten sich die meisten Entwicklungsländer mit Hilfe der Kernenergie schon gar nicht unabhängig machen, selbst wenn sie über eigene Uranvorkommen verfügten. Das liegt daran, daß der technische Prozeß der Urananreicherung so aufwendig ist, daß er für ein einzelnes Entwicklungsland in aller Regel wirtschaftlich nicht vertretbar ist[41]. Das gilt erst recht beim Betrieb von Schnellen Brütern, bei denen sich ausgelastete Anlagen für den Brüter-Brennstoffkreislauf in nur wenigen »fortgeschrittenen Ländern« befinden würden, was eine Energieabhängigkeit aller anderen Länder mit sich brächte, die mit derjenigen von Kohle, Öl oder schwach angereichertem Uran durchaus vergleichbar ist[42].

17
Kernfusion: Eine Hoffnung für wen?

Alle mit der Kernenergie verknüpften, aber bei der Kernspaltung unerfüllt gebliebenen und unerfüllbaren Träume richten sich deshalb auf die Kernfusion. Das ist genau der Prozeß, der sich im Inneren unserer Sonne und der anderen Sterne unter Freisetzung ungeheurer Energiemengen abspielt und beispielsweise auch zum ununterbrochenen Zustrom von Sonnenenergie zur Erde führt. Dieser Prozeß, bei dem sich Atome etwas leichterer Elemente durch Verschmelzung ihrer Kerne in größere Atome etwas schwererer Elemente verwandeln, soll gleichsam gebändigt auf der Erde nachvollzogen und für die Energiegewinnung genutzt werden.

Das ist freilich nur unter kaum noch vorstellbaren Temperaturen möglich, unter enorm hohen Drücken und überdies nur bei einem Zustand der Materie, den man auf der Erde sonst nur in Blitzkanälen, Gasentladungen und Flammen antrifft. Dieser »vierte Zustand« der Materie ist ihre gasförmige Plasmaform, in der die Atome durch äußere Energien so stark angeregt werden, daß sie ihre Elektronenhüllen weitgehend oder ganz verlieren, so daß ihre Atomkerne gleichsam »nackt und schutzlos« sind, weshalb sie unter bestimmten Bedingungen nach gegenseitigem Zusammenprall auch fusionieren und dabei Energie abgeben [1].

Um aber überhaupt ein brauchbares Plasma zu erhalten, also ein Gas, dessen Atome durch Abspaltung der Elektronenhüllen völlig ionisiert sind, muß der »Brennstoff« zunächst einmal auf Hunderttausende von Grad erhitzt werden. Erst durch weitere Erhitzung auf zehn Millionen Grad und mehr kommt es zur Verschmelzung einzelner Atomkerne unter Freisetzung von sehr energiereichen Neutronen [2]. Eine positive Fusionsenergie-Bilanz, das heißt die Erzeugung von größeren Energiemengen, als sie zur Zündung und Aufrechterhaltung der Fusionsreaktion in den Prozeß selbst hineingesteckt werden muß, ist nach einem Kriterium, das der Physiker J. B. Lawson 1957 formuliert hat, jedoch beispielsweise erst bei Plasmatemperaturen im Bereich von 100 Millionen Grad und einer Plasmateilchendichte von 10^{14} Ionen je Kubikzentimeter zu erreichen, wenn diese Teilchendichte zugleich mindestens eine Sekunde lang aufrechterhalten werden kann[3].

Die Schwierigkeiten dieses kontrollierten Nachvollzugs der Vorgänge im Inneren der Sterne liegt nicht nur in der Erzeugung der extrem hohen Temperaturen, sondern auch darin, daß es kein irdisches Material für ein Gefäß gibt, das einen solchen sternenheißen Gaskörper auch nur für kurze Zeit festhalten könnte, wobei gleichzeitig verhindert werden muß, daß Material aus der Gefäßwandung das Plasma verschmutzt. Ein denkbarer und weltweit verfolgter sowie durch den Umstand, daß die Materie in diesem »vierten Zustand« elektrisch geladen ist, ermöglichter Ausweg[4] besteht darin, daß man das Plasma mit extrem starken Magnetfeldern wie in einer Flasche einschließt und diese wiederum im Vakuum eines größeren Reaktionsgefäßes, das das »Herz« eines solchen Fusionsreaktors ist, berührungslos und gut isoliert »aufhängt«[5]. Zugleich hofft man, mit Hilfe der Magnetfelder das Plasma so beeinflussen zu können, daß es durch Verdichtung und Aufheizung in den für die Kernverschmelzung notwendigen Zustand kommt.

So einfallsreich derartige magnetische Einschlüsse in Stellarotoren, Tokamaks, Spiegelmaschinen und anderen Apparaturen bisher auch ausgelegt wurden, so »launisch« hat sich bisher das Plasma erwiesen[6]: Es bricht, häufig schon nach Sekundenbruchteilen, aus, nimmt Fremdatome auf, die wiederum Energie aus dem Fusionsprozeß abziehen, und die Reaktion erlischt[7]. Erst wenn das Plasma endgültig »gebändigt« und auch sämtliche andere Schwierigkeiten, zum Beispiel Werkstoffprobleme[8] oder die optimale Auskopplung der Energie aus dem Fusionsprozeß, gelöst sind, kann man an den Bau eines »echten« Fusionsreaktors denken, von dem alle bisherigen und noch für dieses Jahrhundert geplanten Experimentieranlagen[9], die die geballte Kraft eines ganzen Kraftwerks benötigen, um, wenn man Glück hat, ein paar einzelne Atomkerne zum Verschmelzen zu bringen, noch sehr weit entfernt sind. Bisher jedenfalls ist es immer noch so, als würde man versuchen, mit einem Waldbrand ein Streichholz anzuzünden.

Die Vereinigten Staaten wollen den Durchbruch allerdings bereits bis zum Jahre 2000 schaffen und bis zu diesem Zeitpunkt eine kommerzielle Demonstrationsanlage entwickeln. Das zumindest sieht ein Gesetz [10] über die Verstärkung und Beschleunigung der Fusionstechnologie in den USA vor, in dem die entsprechenden ursprünglichen Pläne des Department of Energy um anderthalb Jahrzehnte vorverlegt wurden.

Doch wann immer ein solcher Reaktor auf der Grundlage heute vorstellbarer Konzepte auch tatsächlich gebaut wird, eines steht schon jetzt fest: Gegenüber ihm sind die herkömmlichen Kernenergiereaktoren und selbst die Schnellen Brüter, was den notwendigen technischen Aufwand betrifft, »wahrhaft primitive« [11] Gebilde. Dadurch zerschlägt sich bereits die erste Hoffnung, die sich mit der Energieerzeugung aus der Atomkernverschmelzung hätte verbinden sollen: Die Kernfusion wird, selbst wenn es einmal gelingt, aus diesem Prozeß mehr Energie herauszuholen, als man hineinsteckt, kaum eine für jene Länder in der dritten Welt jemals erreichbare Energiequelle sein, denen die Energie am meisten fehlt. Eine in jeder Beziehung derart extrem aufwendige Reaktorentwicklung werden – im Hinblick auf den späteren Einsatz mit kaum geringeren infrastrukturellen Problemen als bei der Kernspaltung – allenfalls die reicheren Industriestaaten tragen können. Die Kernfusion ist der Traum einer Industriegesellschaft, der nichts zu aufwendig und nichts zu teuer ist, um den einmal eingeschlagenen Weg der Verschwendung nicht wieder verlassen zu müssen. Wenn sich dieser Traum tatsächlich jemals erfüllen sollte, werden bis dahin alle anderen Länder ihre Energieprobleme auf andere Weise gelöst haben müssen: gezwungenermaßen.

Der notwendige technische Aufwand beantwortet auch die Frage, ob die Kernfusion, von der heute niemand weiß, ob sie wirklich überhaupt jemals eine Energiequelle wird, möglicherweise die versprochene billige Energiequelle sein könnte: Da dieser Aufwand vielfach höher als bei einem normalen Kernkraftwerk ist, die Kapitalkosten bereits dort für die Wirtschaftlichkeit der Energieerzeugung die entscheidende Rolle spielen und sich bei einem künftigen Fusionskraftwerk lediglich die Kosten für den Brennstoff senken lassen, dürfte der aus Kernverschmelzungsprozessen gewonnene Strom eher teurer als billiger sein.

Bliebe zum Schluß noch die Frage, ob die Kernfusion dann wenigstens die »unerschöpfliche« und saubere Energiequelle ist, von der im Zusammenhang mit ihr immer die Rede ist. Doch auch das ist nicht der Fall. Die bisherigen Pläne zur Nutzung der Fusionsenergie sind nämlich vom Vorbild der Sonne, deren unvorstellbar große Wasserstoffvorräte, die sich bei den im Inneren dieses Sternes ablaufenden Kernverschmelzungsprozesses in Helium verwandeln, noch einige Milliarden Jahre ausreichen werden, um die Energieproduktion in Gang zu halten, noch recht weit entfernt.

Der in vieler Hinsicht günstigere Fusionsprozeß, die Verschmelzung von Atomkernen des schweren Wasserstoffs Deuterium zu Atomkernen des Edelgases Helium, ist jedoch wegen der großen Schwierigkeiten, eine solche Reaktion überhaupt herbeizuführen, erst das weit in der Zukunft liegende Fernziel einer Entwicklung, die sich heute auf ein »Brennstoffgemisch« aus Atomen des schweren und überschweren Wasserstoffs, Deuterium und Tritium, konzentriert. Die Verschmelzung von Atomkernen des schweren Wasserstoffs mit jenen des überschweren Wasserstoffs zu Helium gilt nach heutigem Wissen noch als die am »leichtesten« zu erreichende Fusionsreaktion.

Tritium indes kommt in der Natur nicht in nennenswerten Mengen vor und muß deshalb in einem »Mantel« aus Lithium um den Reaktorkern erbrütet werden. Die Lithiumvorräte der Erde sind jedoch erst wenig erforscht und mit Sicherheit nicht unerschöpflich. Tritium wiederum ist radioaktiv. Obwohl es sich im Reaktor in einem geschlossenen Kreislauf befindet, muß selbst im Normalbetrieb mit dem Entweichen gewisser, wenn auch geringer Mengen in die Umwelt gerechnet werden[12]. Ein noch viel größeres und nicht nur auf die Deuterium-Tritium-Reaktion beschränktes Problem liegt darin, daß die beim Fusionsprozeß freigesetzte Neutronenstrahlung nicht nur den Reaktorkern allmählich aktiviert, sondern auch dessen Materialien schnell verschleißt. Gewisse radioaktiv verseuchte und versprödete oder anderswie strukturell geschädigte Bauteile müssen deshalb periodisch ausgetauscht und möglicherweise bis zu hundert und mehr Jahren sicher gelagert werden, bis die Radioaktivität wieder abgeklungen ist. Man rechnet pro Reaktor mit jährlich 250 Tonnen hochverseuchtem Material, das auf diese Weise entsteht und beseitigt werden muß.

Wirklich nahezu unerschöpfliche Vorräte an Brennstoff stünden darüber hinaus erst dann zur Verfügung, wenn die Deuterium-Deuterium-Reaktion gelingt. Deuterium gibt es in den Gewässern der Erde buchstäblich unbegrenzt. Aus 1000 Kilogramm Wasser ließen sich 34 Gramm gewinnen. Da aber die Kosten für den Brennstoff bei einem Fusionsreaktor, immer unter der Voraussetzung, daß er jemals funktioniert, ohnehin praktisch kaum noch eine Rolle spielen, sondern die Kapitalkosten das allein entscheidende Wirtschaftlichkeitskriterium sind, täuscht die Unerschöpflichkeit der Deuteriumvorräte eine Sicherheit in der Energieversorgung vor, die in Wirklichkeit überhaupt nicht vorhanden ist.

Viel billiger, aussichtsreicher und den Problemen der Gegenwart und der überwiegenden Mehrheit der Bevölkerung dieser Erde näher als der Versuch, die Vorgänge im Innersten der Sonne nachzuahmen, ist es, die mit diesen Vorgängen verbundene kontinuierliche Energieproduktion, der die meisten erneuerbaren Energiequellen auf der Erde, mit Ausnahme der Erdwärme und der Gezeitenkraft, ihre Existenz verdanken, direkt zu nutzen. Die Ergebnisse mögen bescheidener sein. Doch der Nutzen einer Energiequelle, die von allen bescheiden und je nach Aufwand und natürlichen Voraussetzungen auch wesentlich intensiver genutzt werden kann, ist größer als der einer Energiequelle, die die meisten von der Nutzung ausschließt.

TEIL 3 ERNEUERBARE ENERGIEQUELLEN

18
Die Sonne: Eine Energiequelle für alle

Die Erscheinungsformen, in denen Sonnenenergie auftritt, sind ebenso vielfältig wie die Möglichkeiten ihrer Nutzung: Sie reichen von der direkten Strahlung, deren Licht und Wärme unmittelbar genutzt werden kann, bis zu jener Energie, die in der Kraft des Windes und der Wellen, in der Wärme tropischer Meere oder in jenen rund hundert Milliarden Tonnen organischer Substanz gespeichert ist, die von den Pflanzen Jahr für Jahr mit Hilfe des Sonnenlichts aus dem Wasser und dem Kohlendioxid der Luft aufgebaut werden.

Obwohl nur ein winziger Bruchteil[1] der in alle Richtungen des Weltraums abgestrahlten Sonnenenergie die Erde erreicht, ist das 22 000 mal[2] mehr, als die Welt zur Zeit an kommerzieller Energie[3] verbraucht. Zwar sind Intensität und jahreszeitlicher Verlauf der Sonneneinstrahlung, abhängig vom geographischen Breitengrad, äußerst unterschiedlich. Doch ist die Nutzung der direkten Strahlungsenergie keineswegs auf südliche Breitengrade beschränkt. Zentraleuropa beispielsweise empfängt im Jahresdurchschnitt pro Flächeneinheit immerhin halb so viel Strahlungsenergie von der Sonne wie der Wüstengürtel der Sahara[4].

Allein auf die Bundesrepublik Deutschland, in der die durchschnittliche Leistung der Sonneneinstrahlung bei etwa 120 Watt pro Quadratmeter[5] liegt, strahlt die Sonne mit etwa 250 Milliarden Megawattstunden jährlich eine Energiemenge ein, die mehr als dem Achtzigfachen des gesamten derzeitigen Primärenergieumsatzes entspricht. Selbst unter Berücksichtigung aller unvermeidlichen Umwandlungsverluste bei der Nutzung dieser Einstrahlung und bei gleich schlechter Energienutzung wie bisher würde deshalb weniger als ein Fünftel[6] der Fläche ausreichen, die für die Ernährung der Bevölkerung notwendig ist, um die gesamte Bundesrepublik Deutschland voll mit Sonnenenergie zu versorgen.

Da aber solches niemand ernstlich beabsichtigt, und es die Bundesrepublik Deutschland unter anderem allein schon wegen ihrer reichen Kohlevorkommen auch gar nicht nötig hat, ihren Energiebedarf voll durch Sonnenstrom und Sonnenwärme zu decken, genügt es vollkommen, eine Betrachtung der Nutzung der direkten Strahlungsenergie auf jene Fälle zu beschränken, in denen sie sinnvoll und möglichst zugleich wirtschaftlich ist, wobei viele in streng betriebswirtschaftlichem Sinne heute vielleicht noch »unwirtschaftliche« Anwendungen mit steigenden Energiepreisen und verbesserter Technik immer rascher in den Bereich der Wirtschaftlichkeit hineinwachsen.

Nutzungsmöglichkeiten in der Bundesrepublik Deutschland

Zu diesen sinnvollen Anwendungen zählt als erster Schritt der aktiven Nutzung der direkten Sonneneinstrahlung – passiv kann die Sonnenenergie bereits durch eine entsprechend energiegünstige Bauform genutzt werden – die Bereitung von warmem Wasser mit Hilfe von Sonnenwärme. Zwar bestehen, die eigentliche Prozeßwärme nicht mitgerechnet, nur vier bis fünf Prozent des Endenergiebedarfs in warmem Wasser. Doch wird dieses häufig, besonders in den Sommermonaten, mit so schlechtem Wirkungsgrad erzeugt, daß dabei das Mehrfache an Primärenergie verschwendet wird. Das ist beispielsweise in jenen zahlreichen Einfamilienhäusern der Fall, in deren Keller eine Ölheizung installiert ist, die zwar für die Wärmeversorgung des ganzen Hauses ausgelegt ist, sich durch Umlegen eines Hebels aber auf »Sommerbetrieb« umstellen läßt. Wird in der warmen Jahreszeit diese Heizung nur kurz angefahren, weil man eben mal ein wenig warmes Wasser braucht, verbraucht die Anlage drei- bis viermal mehr als im optimalen Winterbetrieb. Der Wirkungsgrad liegt bei 20 Prozent und niedriger. Das heißt, nur ein Fünftel oder weniger der im Öl enthaltenen Energie wird in warmes Wasser umgesetzt.

Im Sommerbetrieb arbeiten deshalb entsprechende Anlagen, die ihre Energie von der Sonne beziehen, wesentlich wirtschaftlicher. Einerseits ist das Angebot gerade im Sommer besonders groß, andererseits kommt man mit einer kleinen Kollektorfläche und einer geringen Speicherkapazität aus. Hält eine Schlechtwetterperiode einmal länger an, kann notfalls der vorhandene fossil betriebene Heizkessel vorübergehend einspringen.

Wie groß der Anteil der solaren Warmwasserbereitung am Jahresbedarf ist und welche Fläche die Kollektoren tatsächlich haben müssen, hängt von der Qualität der verwendeten Sonnenkollektoren ab. Dabei kann man grob zwischen »Standard«-Kollektoren und »höher effizienten« Kollektoren unterscheiden, wobei die ersteren den heute weitgehend handelsüblichen nichtselektiven Kollektoren mit Einscheibenverglasung entsprechen und die letzteren über verbesserte Eigenschaften verfügen, wie beispielsweise die Kollektorversionen[7] im Aachener Experimentierhaus, in dem nicht nur Möglichkeiten zur rationellen Energieverwendung, sondern auch Anwendungen der Solartechnik getestet wurden.

Mit acht Quadratmetern Standardkollektor kann man zum Beispiel 50 Prozent des Bedarfs eines Vierpersonenhaushaltes an warmem Wasser decken. Bei Verwendung von höher effizienten Kollektoren genügen dafür drei bis vier Quadratmeter. Acht Quadratmeter dieser wirksameren Kollektoren decken bereits 70 Prozent des gesamten Jahresbedarfs. Dabei liegt dieser Berechnung[8] ein Jahresbedarf von 1000 Kilowattstunden pro Person zugrunde.

Der Einsatz von Sonnenenergie ist zwar eine Möglichkeit, bei der Warmwasserbereitung Primärenergie zu sparen, aber keineswegs die einzige. Wärmerückgewinnung, Nutzung von Fernwärme aus Kraft-Wärme-Kopplung oder industrieller Abwärme, unter Umständen auch die Nutzung von Umgebungsenergie, sind andere Möglichkeiten. Welches die günstigste ist, hängt jeweils vom Einzelfall ab. Die solare Warmwasserbereitung bietet sich vor allem dort an, wo weder Gas noch Fernwärme zur Verfügung stehen.

Das Heizen mit Sonnenenergie ist – vom technischen Aufwand her – bereits wesentlich schwieriger. Das liegt ganz einfach daran, daß ausgerechnet dann, wenn der Heizenergiebedarf am größten ist, nämlich im Winter, die Sonne am wenigsten scheint. Ungefähr 80 Prozent der jährlichen Einstrahlung (bezogen auf die Summe der Globalstrahlung) entfallen in der Bundesrepublik Deutschland auf das Sommerhalbjahr von April bis September[9]. Das bedeutet zum einen, daß man komplizierte und zum Teil auch noch relativ teure Speichertechniken[10] benötigt, um im Sommer möglichst viel Überschußwärme für den Winter »anzusammeln«. Zum anderen muß wegen des stark verringerten Sonnenenergieangebots im Winter der Wärmebedarf des Hauses von vornherein drastisch reduziert werden, wenn man einen befriedigenden Anteil der Sonnenenergie an der Wärmeversorgung des Hauses erreichen will. Unter der Voraussetzung eines erheblich gesenkten spezifischen Raumwärmebedarfs ist es, wie die Versuche mit dem Experimentierhaus in Aachen[11] gezeigt haben, beispielsweise möglich, unter Umständen selbst im kalten Februar den Heizenergiebedarf voll mit Sonnenenergie zu decken, ohne daß dabei auf gespeicherte »Sommerwärme« zurückgegriffen werden muß, und im noch kühlen März gegenüber der benötigten Heizenergie bereits wieder »Überschußenergie« zu erzielen.

Wie groß der Anteil der Sonnenenergie an der Deckung des gesamten Wärmebedarfs sein kann, hängt deshalb bei der Raumheizung bei gleicher Speicherkapazität außer von der Qualität der verwendeten Sonnenkollektoren vor allem davon ab, welchen Wärmedämmungsstandard das zu versorgende Haus besitzt[12]. Setzt man beispielsweise Standard-Kollektoren im »Normalhaus« ein, dessen Wärmedämmung der durchschnittlichen Norm des heutigen Gebäudebestandes in der Bundesrepublik Deutschland entspricht, erreicht man im Hinblick auf den solaren Anteil recht unbefriedigende Werte, was zu einer für den Verbraucher wirtschaftlich nicht mehr sonderlich interessanten Verringerung seiner Heizkosten führt[13].

Legt man für ein solches Normalhaus eine Wohnfläche von 140 Quadratmetern zugrunde, könnten 50 Quadratmeter Standardkollektoren selbst unter günstigen Bedingungen nur knapp 25 Prozent des Raumwärmebedarfs decken. Bei 50 Quadratmetern höher effizienter Kollektoren steigt der solare Anteil bereits auf 39 Prozent. In einem Modellhaus, das den Wärmedämmungsstandard der seit 1977 in Schweden geltenden Vorschriften entspricht, beträgt er selbst bei Einsatz von Standardkollektoren schon knapp 59 Prozent. Verwendet man für den entsprechend isolierten Haustyp 50 Quadratmeter höher effiziente Kollektoren, erreicht man sogar einen solaren Anteil von 74 Prozent. Bis zu 100 Prozent des Wärmebedarfs lassen sich mit Hilfe der Sonnenenergie decken, wenn das Haus den extrem hohen Wärmedämmungsstandard des Experimentierhauses von Philips in Aachen besitzt. Doch selbst beim »Normalhaus« kann man mit lediglich gut zwei Dritteln dieser hochwirksamen Kollektorfläche (35 Quadratmeter) beispielsweise unter den Wetterbedingungen von Freiburg im Breisgau einen solaren Versorgungsanteil von 50 Prozent erreichen, wenn der Raumwärmebedarf zuvor durch nachträgliche und schon heute wirtschaftliche Wärmedämmungsmaßnahmen[14] halbiert wurde.

Der Einsatz solarer Brauchwassererwärmung und solarer Raumheizung muß sich keineswegs ausschließlich auf Ein- oder Zweifamilienhäuser beschränken, auch wenn die Voraussetzungen dort besonders günstig sind. Auch Mehrfamilienhäuser lassen sich, wie entsprechende Versuche[15] zeigen, mit solarer Raumwärme und solar erwärmtem Brauchwasser zumindest teilversorgen. Ganze Siedlungen könnten künftig einen Teil ihres Energiebedarfs von der Sonne beziehen. So entstehen in Landstuhl im Rahmen eines vom Bundesministerium für Forschung und Technologie geförderten Demonstrationsprojektes[16] in einem Neubaugebiet zahlreiche »Sonnenhäuser«, mit denen die sinnvolle Integration passiver (»Solar-Architektur«) und aktiver (Sonnenkollektoren, Energiedächer) Formen der direkten und indirekten Sonnenenergienutzung mit energiesparenden Techniken erprobt werden soll.

Mit Brauchwassererwärmung (auch für Schwimmbäder) und solarer Raumheizung sind die Anwendungen der Sonnenwärme noch längst nicht erschöpft. Praktisch läßt sich Sonnenwärme überall dort einsetzen, wo Wärme auf relativ niedrigem Niveau benötigt wird. Der Phantasie sind dabei keine Grenzen gesetzt. So nutzt eine Auto-Lackiererei in der Oberpfalz mit Hilfe von hochwirksamen Kollektoren Sonnenwärme zum Erwärmen der in die Spritz- und Trockenkabinen zugeführten Frischluft[17]. Besonders vielfältig sind die Anwendungsmöglichkeiten in der Landwirtschaft. Mit solar erzeugter Warmluft kann beispielsweise Grünfutter (Gras, Klee oder auch Mais) getrocknet werden[18]. Da die Erntezeit von Mai bis September in einen Zeitraum mit besonders hohen solaren Einstrahlungswerten fällt, dürften derartige Verfahren bald wirtschaftlich werden.

Wenn man bedenkt, daß in einem einzigen Blatt Winter-Kopfsalat ein Energieaufwand von etwa zehn Gramm Erdöl[19] (davon ein erheblicher Teil für die Gewächshausheizung) steckt, wird auch schnell deutlich, in welcher Größenordnung man hier fossile Brennstoffe mit Hilfe solarer Heizverfahren einsparen kann. Im

Unterglasgartenbau werden in der Bundesrepublik Deutschland mit 1,3 Millionen Tonnen fast zwei Prozent des gesamten leichten Heizölbedarfs verbraucht. Wenn der Wärmeüberschuß, der vor allem in den Sommermonaten tagsüber entsteht, gespeichert und in der Nacht, in der etwa 80 Prozent des gesamten Energieverbrauchts anfallen, genutzt wird, läßt sich ein großer Teil davon durch Sonnenenergie ersetzen[20].

Sonnenstrom läßt sich unter den Einstrahlungsbedingungen der Bundesrepublik Deutschland nur in sehr kleinem Umfang gewinnen. Dafür bieten sich Solarzellen an, die nicht nur bei direkter Sonneneinstrahlung, sondern auch noch bei bewölktem Himmel und sogar bei Regen arbeiten, wenn auch mit stark verminderter Leistung. Das sind Halbleiter-Bauelemente, die bei Bestrahlung wie kleine elektrische Generatoren[21] wirken und das absorbierte Licht direkt in Elektrizität umwandeln. Sie leisten in einem Schritt dasselbe, was sonst nur auf dem Umweg über die Erzeugung von hohen Temperaturen, eine Turbine und einen Generator möglich ist.

Die hohe Wartungsfreundlichkeit macht sie für Anwendungen geeignet, in denen eine ständige Wartung viel zu aufwendig wäre. Das sind häufig dieselben Fälle, in denen eine Stromversorgung mit herkömmlichen Mitteln Schwierigkeiten macht. Ist der Strombedarf zugleich sehr klein, kann ein Einsatz von Solarzellen schon heute wirtschaftlich sein. In einem abgelegenen Teil der Eifel arbeitet beispielsweise ein mit Strom aus Solarzellen versorgter Fernsehumsetzer, der Füllsender Lasel, der einem bestimmten Gemeindebereich, der so ungünstig in einem Tal liegt, daß die Wellen der großen Fernsehsender fast völlig von den Bergen abgeschirmt werden, den Empfang von wenigstens einem Fernsehprogramm erlaubt[22].

Die in den Solarzellen installierte elektrische Leistung ist zwar sehr viel größer als die Leistung, die diese Relaisstation für Empfang, Verstärkung und Abstrahlung braucht, doch ist dies notwendig, um die jahreszeitlich bedingten starken Unterschiede in der Sonneneinstrahlung auszugleichen. Außerdem speisen die Solarzellen zusätzlich als Speicher installierte Bleibatterien, die den Betrieb in den Abendstunden ermöglichen. Dennoch kann in derartigen Fällen der Gesamtaufwand geringer sein als der Anschluß an das allgemeine Stromnetz. Zur Erhöhung der Versorgungssicherheit ist unter Umständen auch eine Kombination mit kleinen

Windkraftanlagen sinnvoll. Die Deutsche Bundespost beispielsweise will auf diese Weise im norddeutschen Küstengebiet versuchsweise eine Reihe von Funkübertragungsstellen mit netzunabhängigem Wind- und Sonnenstrom versorgen[23].

Kostete 1974 bei Siliziumsolarzellen (die wesentlich billigeren Kadmium-Sulfid-Zellen haben noch einen zu geringen Wirkungsgrad) ein Watt installierter elektrischer Leistung noch rund 200 DM, waren es 1977 nur noch etwa 100 DM und 1980 gar nur noch 20 DM. Für die Zeit zwischen 1990 und der Jahrtausendwende werden sogar ein bis zwei DM pro Watt erwartet[24]. Diese weitere drastische Preissenkung, die durch in den USA und in der Bundesrepublik Deutschland unter anderen Staaten zur Zeit durchgeführte Entwicklungen[25] bei der Herstellung von billigerem Silizium ermöglicht wird, macht auch einige Anwendungen[26] in weniger strahlungsbegünstigten Gebieten (selbst im Norden Europas) attraktiver.

Sie kommt aber langfristig wahrscheinlich vor allem jenen sonnenreicheren Ländern zugute, in denen die Gewinnung von Solarstrom nach Lösung noch zahlreicher Probleme, die nicht nur die Kosten und die Technik selbst sowie die Frage des Ausgleichs sonnenloser Nacht- und Tagzeiten, sondern auch Verbrauchergewohnheiten und zum Beispiel in Entwicklungsländern die Gesamtentwicklung des zu versorgenden Dorfes, der Region oder des Landes betreffen, eine ernsthafte Alternative zur herkömmlichen Stromversorgung werden könnte. Solche Probleme gibt es auch bei den meisten anderen Anwendungen der Sonnenenergie. Die Nutzungstechniken der Solarenergie bieten keine bereits fertige Technologie, die man, gleichgültig wo, nur hinzustellen braucht und die schon dann funktioniert, wenn die Sonne scheint.

Diese Nutzung ist aber um so einfacher, je bescheidener die Ansprüche zunächst sind, die man an sie stellt. Dabei kann man mit Hilfe der Sonnenenergie in den mit Energie bisher unversorgten Ländern der dritten Welt gleichzeitig mit dem Aufbau einer Energieversorgung im kleinen beginnen, während bei der Anwendung der Kernenergie die komplexe Großtechnologie der hochindustrialisierten Länder bereits am Anfang steht. Dieser organische Aufbau der Energieversorgung, der von der Dorfebene ausgeht und die Entwicklungsmöglichkeiten parallel zur (dadurch oft erst ausgelösten) wirtschaftlichen Entwicklung nach oben offen läßt, kommt zugleich dem Bedürfnis vieler sonnenreicher Entwicklungsländer, deren dünne Besiedelung oft eine zentrale Befriedigung der Energiebedürfnisse gar nicht zuläßt, nach einer dezentralisierten Energieversorgung entgegen. Besser auch als bei großen zentralen Einheiten können von Anfang an Auf- und Ausbau einer dezentralen Versorgungsstruktur an die verfügbaren Fähigkeiten und materiellen Möglichkeiten angepaßt werden.

Als »dezentrale Energiequelle« bietet sich die Sonnenenergie überdies an, sie dezentral zu nutzen. Dabei steht in vielen Entwicklungsländern, insbesondere in den ärmeren unter ihnen, die Gewinnung von Sonnenstrom nicht unbedingt am Anfang, sondern eher am Ende einer Entwicklungs- und Nutzungskette, die mit sehr viel einfacheren Anwendungen beginnt.

Dritte Welt und Sonnenenergie: Konzepte, Beispiele

Zu den einfachsten und ältesten Anwendungen der Sonnenenergie gehört die Salzgewinnung durch Verdampfen von Meerwasser[27]. Etwas abgewandelt läßt sich dasselbe Verfahren umgekehrt nutzen, um aus Meerwasser Trinkwasser zu gewinnen. Im einfachsten Fall genügt es, einen flachen Meerwasserbehälter mit einer transparenten Folie abzudecken: Die Sonnenstrahlung erwärmt das Salzwasser und verdunstet es teilweise. Dabei schlägt sich das bereits »süße« Schwitzwasser an der Folie nieder und sammelt sich in einer Süßwasserrinne[28].

Mit einer einfachen Variante dieses Prinzips, das man je nach den vorhandenen Möglichkeiten auf vielerlei Weise abwandeln und verfeinern kann und bei dem sich an Ort und Stelle leicht herstellbare Anlagen zur Deckung des Familienbedarfs bis hin zu Großanlagen für die kommerzielle Meerwasserentsalzung bereits bewährt haben, kann man auf ausgesprochen simple Weise buchstäblich »Wüsten fruchtbar« machen, ohne daß es dazu einer Meerwasserentsalzung in großem Stil bedarf. Auf dem Gelände der Hebräischen Universität von Jerusalem im zentralen Hochplateau der Steinwüste Negev, wo von Natur aus nur salziges Grundwasser auffindbar ist, wird dazu ein Gewächshaus erprobt, das sich mit Hilfe der Sonne nach einem in der Bundesrepublik Deutschland entwickelten Verfahren[29] gewissermaßen selbst mit Süßwasser versorgt.

Bei diesem Gewächshaus, das ein doppeltes Dach aus teilweise lichtdurchlässigem Material besitzt, rinnt mit Hilfe von Energie aus Solarzellen oder auch einem Windmotor umgepumptes Salzwasser (im Versuchtsbetrieb geschieht dies noch durch von außen zugeführte Energie) als dünner Film über das untere Dach. Während ein Teil der Sonnenstrahlung durch beide Dächer zu den Pflanzen im Gewächshaus vordringt, wird der für das Pflanzenwachstum entbehrliche Strahlenanteil durch Bedeckung der unteren Ebene mit einem eingefärbten synthetischen Schattierungsgewebe zurückgehalten und dem Wasserfilm als Verdunstungsenergie zugeführt. Auf diese Weise entsteht zwischen beiden Dachebenen ein mit Wasserdampf gesättigter Raum, der wärmer als die Außentemperatur ist. Dadurch kondensiert an dem oberen, kühleren Dach der Wasserdampf ständig zu Süßwasser, das in seitlichen Rinnen aufgefangen und als Gießwasser für die Pflanzen in entsprechende Vorratstanks geleitet wird[30].

Speichert man jetzt noch die tagsüber anfallende überschüssige Sonnenwärme und setzt sie nachts zur Beheizung ein, was die Voraussetzungen für eine landwirtschaftliche Produktion auch dort schaffen würde, wo bisher die Temperaturunterschiede zwischen der Tages- und Nachtzeit für eine Pflanzenzucht zu groß sind, lassen sich mitten in der Wüste Tomaten, Gurken oder Melonen ziehen.

Eine solare Entsalzungsanlage läßt sich unter Umständen sogar nachts, wenn die Sonne nicht scheint, betreiben. Das geschieht beispielsweise bei einer kleinen, aber leistungsstarken Anlage, die von der Interdisziplinären Projektgruppe für Angepaßte Technologie (IPAT) an der Technischen Universität Berlin entwickelt wurde[31] und die im Tagesbetrieb einer herkömmlichen Entsalzungsanlage ähnelt: Salzhaltiges Meer- oder Brackwasser wird in einem niedrigen Glashaus auf einer wärmespeichernden, schwarzen Fläche verrieselt, verdunstet und kondensiert anschließend in einer Kondensationskammer.

Statt jedoch die Energie, die bei der Kondensation des Wasserdampfes frei wird und die zuvor durch Verdampfung von der Sonne gewonnen wurde, einfach verpuffen zu lassen, übertragen zwei Wärmetauscher die Wärme auf ein isoliertes Meerwasser-Reservoir. Das dort auf 60 bis 70 Grad Celsius erwärmte Wasser wird nachts auf der Verdampfungsfläche verrieselt, und es schließt sich der gleiche Destillationsprozeß wie tagsüber an. Die Effektivität dieser Anlage kann noch mit einer ebenso einfachen wie wirkungsvollen Zusatzanlage gesteigert werden: Zwei große seitlich installierte Planspiegel lenken am Tag zusätzliche Strahlung auf das zu erwärmende Wasser und werden nachts einfach auf die Anlage geklappt, wodurch sie die Auskühlung des Wassers verringern.

Nicht minder wichtig als die Produktion von Süßwasser sind Verfahren für die Konservierung von Nahrungsmitteln, die, wenn entsprechende Möglichkeiten fehlen, häufig sehr schnell verderben: In Entwicklungsländern sind dies in manchen Gebieten bis zu 50 Prozent der Lebensmittel[32]. Allein der Mangel an Anlagen zum Trocknen und Dörren landwirtschaftlicher Produkte wie Mais, Reis, Erdnüssen, Kopra, Kaffee, Tee, Kaschunüssen, Paprikaschoten, Trauben sowie auch von Fischen ist sehr groß[33]. Die Lagerverluste von Feldfrüchten ließen sich mit Hilfe von Sonnentrocknungsanlagen, bei denen die Produkte entweder direkt dem Sonnenlicht ausgesetzt werden oder Heißluft durch beziehungsweise über sie geblasen wird, erheblich verringern. In Indien beispielsweise arbeitet bei Ludhiana auf einer Samenfarm eine solar betriebene Anlage, die täglich zehn Tonnen Reis trocknen kann[34]. Im Senegal wurde in Dakar ein solarer Fischtrockner entwickelt[35], der den Fisch nicht nur besser konserviert, sondern der auch hygienischer arbeitet als die herkömmliche Trocknung durch die Sonne im Freien, die scharenweise Insekten anlockt.

Wesentlich schwieriger und auch technisch aufwendiger als die solare Trocknung ist eine andere Konservierungsmethode, die solare Kühlung. Sie gehört zu den Solartechniken, die technisch noch nicht voll ausgereift und auch noch zu kompliziert und zu teuer sind, um bereits heute in breitem Umfang eingesetzt werden zu können, deren Bedeutung jedoch mit fortschreitender Verbesserung und Verbilligung der Technik sowie mit fortschreitender wirtschaftlicher Entwicklung in Zukunft stark zunimmt.

Eine entsprechende Anlage, die in der Bundesrepublik Deutschland entwickelt wurde, wird in Ägypten vom Solar Energy Laboratory des National Research Center (NCR) in Kairo getestet[36]. Die Anlage arbeitet nach dem Absorptionsprinzip, das auch konventionelle Kühlverfahren, zum Beispiel mit Gas betriebene Kühlschränke, für die Erzeugung von Kälte nutzen. Die Heizschlange beziehungsweise der Brenner werden bei der Kühlung durch Sonnenlicht lediglich durch einen Kollektor ersetzt. Die von ihm gesammelte Sonnenwärme erhitzt hier ein Zweistoffgemisch aus Ammoniak und Wasser. Das leichter siedende Ammoniak wird dadurch »ausgetrieben« und im Kondensator, der durch Kühlwasser auf einer niedrigeren Temperatur gehalten wird, verflüssigt, anschließend über ein Drosselventil entspannt und in Rohrschlangen im Kühlraum bei niedrigem Druck erneut verdampft. Bei der Verdampfung entzieht das Ammoniak der Umgebung Wärme, wodurch diese auf die gewünschte Temperatur abgekühlt wird.

Damit das auch in der Nacht funktioniert, in der der Kühlbedarf wegen der niedrigeren Außentemperaturen zwar geringer ist, aber dennoch eine gewisse Kühlleistung benötigt wird, wird tagsüber durch eine größere Austreiber- als Verdampfungsleistung ein Überschuß an flüssigem Ammoniak erzeugt, der dann nachts zum Kühlen zur Verfügung steht. Mit Hilfe eines solchen Systems lassen sich landwirtschaftliche Produkte oder auch Fische bei Lagertemperaturen zwischen null und drei Grad Celsius frischhalten. Es eignet sich vor allem als Zwischen- und Umschlaglager. Leicht abgewandelt und auf einem Ponton installiert kann man eine derartige Anlage auch in ein schwimmendes Kühlhaus verwandeln, das sich an wechselnden Orten einsetzen ließe. Im Küstenbereich, wo beispielsweise Fisch vor dem Transport ins Inland gekühlt werden muß, gäbe es außerdem ausreichend und billig Kühlwasser.

Heizen und Warmwassererzeugung mit Sonnenenergie spielt nicht nur bei der Ölsubstitution in Industrieländern eine Rolle, sondern auch in Entwicklungsländern. Während die Raumheizung vor allem in kälteren Bergregionen wichtig ist, ist die solare Warmwasserbereitung praktisch überall einsetzbar und nützlich. Unter günstigen Einstrahlungsbedingungen können dabei auch verhältnismäßig einfache Kollektoren eingesetzt werden. Die Bereitstellung von warmem und heißem Wasser ist aber nicht nur für den Hausgebrauch interessant, sondern auch für den gewerblichen Bereich: beispielsweise für Wäschereien, Kantinen, Restaurants oder Krankenhäuser. Bei der häuslichen Warmwasserversorgung liegen derartige Systeme unter günstigen Klimabedingungen schon lange im wirtschaftlichen Nutzungsbereich und sind entsprechend weit verbreitet.

Das Kochen mit Sonnenenergie ist technisch kein Problem, doch schränkt die in vielen Entwicklungsländern weitverbreitete Gewohnheit, nach Sonnenuntergang zu essen, die breite Anwendung derartiger Kocher, die es vom einfachen Modell, einer mit Glas und Isolationsmaterial verkleideten Wärmebox, bis hin zu aufwendigeren Kollektorsystemen gibt, stark ein. Doch könnte man allein schon durch die Verwendung von solchen Sonnenenergie-Kochern zum Vorwärmen der Nahrung am Tag, beispielsweise in einem typisch indischen Dorf, etwa ein Drittel seines Brennholzverbrauches einsparen[37].

Kein Beispiel für eine erste einfache und sinnvolle Nutzung der Sonnenenergie, sondern zunächst nur eine reine Demonstration dafür, daß die Solartechnik keineswegs eine Primitivtechnologie ist, sondern bei entsprechendem Aufwand und relativem Wohlstand einen Komfort ermöglicht, der auch sehr hohen Ansprüchen genügt, ist eine Anlage zur integrierten Nutzung von Sonnenwärme, die von der Technologietransfer-Leitstelle am Institut für Produktionstechnik und Automatisierung der Fraunhofer-Gesellschaft konzipiert wurde[38]. Diese Anlage kann gleichzeitig kochen, backen, braten, kühlen und warmes Wasser liefern. Dabei wird die Sonnenwärme »kaskadenförmig« genutzt, indem man Thermoöl, das mit Hilfe eines die Sonnenstrahlung stark bündelnden, badewanneförmigen Kollektors erhitzt wird, durch die einzelnen Anlagekomponenten schickt. Der höchste Temperaturbereich von 230 bis 180 Grad Celsius ist in diesem Konzept dem Backen, Kochen und Braten vorbehalten, im Bereich von 180 bis 130 Grad wird ein Absorber-Kühlschrank betrieben und bei einer auf 120 bis 70 Grad abgesunkenen Temperatur schließlich Warmwasser bereitet. Der getrennte Betrieb der Einzelkomponenten wird allerdings wahrscheinlich auch in Zukunft billiger, wirtschaftlicher und vor allem nützlicher sein: Denkbar wäre zum Beispiel ein Betrieb von Gemeinschafts-Backhäusern in abgelegenen Gebieten mit mehreren derartigen Kollektoren.

Diese »Badewannen-Kollektoren«, parabolisch gekrümmte Hohlspiegel, die die eingestrahlte Sonnenenergie auf ein Rohr in ihrer Brennlinie konzentrieren, in denen als Wärmeträger Thermoöl zirkuliert, können bereits zur Stromerzeugung genutzt werden, wenn man sie der Sonne nachführt und das Thermoöl seine Wärme an einen Dampfturbinenkreislauf abgibt. Das ist das Grundkonzept der »Solarfarm«, bei der ein ganzes Feld von solchen Kollektoren die Sonnenwärme »einsammelt«. Unter Umständen kann man durch das Rohrsystem im Kollektorfeld auch direkt Wasser pumpen, das erhitzt wird, verdampft und schließlich in eine angeschlossene Dampfmaschine strömt, die wiederum einen Generator zur Stromerzeugung antreibt. Ein Kleinkraftwerk dieser Art[39] würde für eine elektrische Ausgangsleistung von zehn Kilowatt etwa rund 60 solcher »Badewannen« auf einer Fläche von 150 Quadratmetern brauchen. In trinkwasserarmen Küstengebieten könnte eine entsprechende Anlage unter Umständen nicht nur Strom, sondern zusätzlich auch billig Süßwasser liefern, da der wiederverflüssigte Dampf bei Betrieb der Anlage mit Meerwasser als destilliertem Süßwasser für Trinkwasserzwecke verwendbar wäre. Ohne viel Aufhebens fielen bei einer Zehn-Kilowatt-Anlage auf diese Weise täglich rund 1500 Liter Süßwasser an.

Durch die niedrigen Dampftemperaturen ist der Wirkungsgrad von Solarfarmkraftwerken, die im Prinzip bis in den Megawattbereich hinein ausgebaut werden können, allerdings verhältnismäßig niedrig. Dieses Konzept ist deshalb auch eher für die dezentrale Gewinnung von Elektrizität für einen kleineren Bedarf als für die Stromerzeugung in großem Stil geeignet. In diesen unteren Leistungsbereichen (möglicherweise sogar bis zu Leistungen von einigen Megawatt) werden solarthermische Kleinkraftwerke in Zukunft jedoch mit den immer billiger werdenden photovoltaischen Verfahren konkurrieren müssen. In der Sahelzone beispielsweise, wo Wassermangel das größte Problem ist, haben sich mit Strom aus Solarzellen betriebene Pumpen bereits bewährt, während man mit solarthermischen Pumpen, bei denen die Sonnenwärme über eine Turbine direkt in Pumpenergie umgesetzt wird, weniger gute Erfahrungen gemacht hat.

Der Anstieg der Ölpreise und das Fehlen geeigneter Verkehrswege in diesen Gebieten, die auch den Transport des Öls selbst teuer und schwierig machen, haben dazu geführt, daß die in der Sahelzone im Rahmen von Entwicklungsprojekten des Europäischen Entwicklungsfonds eingesetzten, in der Technik mittlerweile sehr verbesserten und mit Sonnenlicht statt Sonnenwärme angetriebenen Förderpumpen inzwischen sogar billiger arbeiten als bei herkömmlichem Dieselbetrieb[40].

Wartungsarme Solarzellen-Kleinkraftwerke mit einer installierten Leistung von zehn Kilowatt wurden bereits für den Einsatz in Entwicklungsländern entwickelt. Bis zu dieser Leistungsgröße ist auch während der sonnenlosen Nachtstunden, in denen der Strombedarf ohnehin stark abfällt, eine elektrische Versorgung verhältnismäßig einfach möglich. Im Prinzip genügt eine Reihe von großen, normalen Lastwagenbatterien, um einen leistungsfähigen Speicher aufzubauen, der dafür sorgt, daß auch nachts bis zu einem bestimmten Leistungsumfang Strom zur Verfügung steht. Bei einem solarthermischen Kleinkraftwerk übernimmt diese Aufgabe ein kleiner thermischer Speicher, der beispielsweise mit Öl gefüllt ist, das tagsüber durch Überschußwärme erhitzt wird. Bei solarthermischen Anlagen ist das Speicherproblem etwas leichter zu lösen, während im Kilowattbereich beim Batteriespeicher die Schwierigkeiten zunehmen, je höher die im Solarzellenkraftwerk installierte Leistung ist. Erst bei sehr großen Leistungseinheiten bieten sich wieder vernünftige Lösungen an, wenn die entsprechenden Voraussetzungen vorhanden sind, wie zum Beispiel Pumpspeicherwerke oder Druckluftspeicher.

Doch auch bei der Stromversorgung im Kleinmaßstab ist eine Absicherung durch eine zweite Energiequelle in jedem Falle sinnvoll. Selbst der beste Speicher nützt nichts, wenn die Sonne mal ein paar Tage nicht scheint, was auch in den sonnenreichsten Gebieten vorkommen kann. Steht zum Beispiel nicht zufällig Laufwasser zur Verfügung, das vielleicht ohnehin ein weiteres Kleinkraftwerk betreibt, dessen Leistungsangebot nur tagsüber durch die Solaranlage ergänzt wird, kann die zweite Stromquelle auch ein kleines Dieselaggregat sein, das im Notfall oder anstelle eines Speichers eingesetzt wird. Da man sich aber damit wieder von einer »fremden« Energiequelle abhängig macht, deren Schicksal (und künftiger Preis) überdies höchst ungewiß ist, obwohl heute noch ein kleiner Dieselmotor billiger Strom erzeugt als jedes Sonnenkraftwerk, dürfte auf lange Sicht ein kleiner Biogasmotor die bessere Lösung sein. Biogas[41] läßt sich verhältnismäßig leicht aus Kompost und anderen landwirtschaftlichen Abfällen gewinnen, »Hilfsquellen« also, die meist an Ort und Stelle zur Verfügung stehen.

Scheint die Sonne tagsüber einmal nicht, weht vielleicht der Wind[42], so daß auch dieser unter Umständen seinen Beitrag zur Versorgungssicherheit oder zur Vergrößerung des Leistungsangebots liefern kann. Ein solches kleines Verbundsystem, bei dem Biogas in wind- und sonnenlosen Zeiten die Versorgung aufrechterhält, wenn auch der Speicher des Solarkraftwerks »leer« ist, garantiert selbst in den entlegensten Dörfern eine sichere, wenn auch bescheidene Stromversorgung, die jedoch ein ganz anderes Gewicht gewinnt, wenn man bedenkt, daß in Entwicklungsländern rund 300 Millionen Haushalte[43] und damit weit mehr als eine Milliarde Menschen ohne elektrischen Strom sind.

Auch bei der Erzeugung von Hochtemperaturwärme schließlich, wie sie im gewerblichen Bereich für manche Produktionsvorgänge benötigt wird, kann Sonnenenergie herkömmliche Energiequellen ersetzen. Ein Beispiel hierfür ist ein an der Universität Dortmund entwickelter und in heißen Zonen von Entwicklungsländern einsetzbarer Sonnenofen[44] für das Brennen von Keramik und Ziegel, der ganz ohne konventionellen Energieaufwand das Manko der in diesen Gebieten oft üblichen luftgetrockneten Lehmziegel nämlich nicht witterungsbeständig zu sein, ausschalten soll. Etwa 700 Grad Celsius sind nötig, um aus Tonerde geformte Ziegel auf Dauer haltbar zu machen. Diese Temperatur wird von einem Brennofen erzeugt, der aus vier Hohlspiegeln besteht, die das eingefangene Sonnenlicht über einen weiteren Sammelspiegel auf eine »Brennkammer« konzentrieren.

Wie die unterschiedlichsten und auch jeweils für sich allein funktionierenden Nutzungsmöglichkeiten der Sonnenenergie in ein Gesamtsystem integriert werden könnten, das auf einer bereits recht hohen technischen Entwicklungsstufe eine ziemlich weitgehende und zugleich (von der Verbraucherseite her) anspruchsvolle solare Vollversorgung erlaubt, zeigt ein deutsch-mexikanisches Gemeinschaftsprojekt[45], das freilich nicht als ein Beispiel dafür mißverstanden werden darf, was schon heute in Entwicklungsländern oder sogar in deren ärmsten Zonen machbar ist, sondern das herausfinden und zugleich demonstrieren will, was unter welchen Bedingungen möglich ist.

Gewissermaßen als »Entwicklungshelfer« soll die Sonne ein kleines, armes mexikanisches Fischerdorf in eine in Handel und Gewerbe aufblühende »Sonnenstadt« verwandeln, wie das »Sonntlan« genannte Vorhaben heißt, bei dem die Sonne für nahezu alles die Energie liefern wird: für Heizung, Kühlung, Förderung von Meerwasser, seine Aufbereitung zu Trinkwasser, für Gewerbe und den Betrieb von Kommunikationsmitteln.

Der Fischerort Las Barrancas, der für dieses Experiment ausgesucht wurde, liegt einsam am Pazifik auf halber Höhe der rund 1000 Kilometer langen Halbinsel Niederkalifornien (Baja California) in nahezu wüstenartiger, spärlich bewachsener Landschaft. Die rund 250 Einwohner leben dort heute noch in teilweise sehr dürftigen Unterkünften aus versteiften Sperrholzplatten oder aus Pampas-Gras, oder in Campingwagen. Elektrizität gibt es nicht, und das Wasser muß aus weit entfernten Quellen herangeschafft werden.

Die geringe Infrastruktur der Baja California, die besonders im Mangel an Verkehrswegen, Süßwasservorkommen, Elektrizität und kommunalen Einrichtungen deutlich wird, schränkt die Lebensmöglichkeiten der Fischereikommunen in dieser Region und ihre Arbeitsmöglichkeiten stark ein. Ähnlich isoliert liegende Orte wie Las Barrancas gibt es viele; sie alle sind hinter der allgemeinen Entwicklung zurückgeblieben. Das Fehlen ausreichender technisch nutzbarer Energie auf der einen Seite und auf der anderen Seite die Tatsache, daß Mexiko mit einer durchschnittlichen jährlichen Sonneneinstrahlung von 200 bis 250 Watt pro Quadratmeter zu den Ländern mit dem größten Sonnenenergieangebot gehört, legen es nahe, einmal in einem Modellfall mit Hilfe der Sonnenenergie Aufbau und Betrieb einer dezentralen Energieversorgung für kleine, derartig benachteiligte Gemeinden als Grundlage für die weitere Entwicklung zu erproben.

Ein nach dem Farmprinzip konzipiertes Sonnenkleinkraftwerk mit einer installierten elektrischen Leistung von 100 Kilowatt mit Thermoöl als Wärmeträgermedium und Wasserdampf als Arbeitsmittel, für dessen Kollektorfeld eine Gesamtfläche von etwa 3000 Quadratmetern benötigt wird, versorgt öffentliche Einrichtungen, darunter ein Krankenhaus, und Haushalte mit Strom, wobei ein kleiner Tag-Nacht-Speicher dafür sorgt, daß auch nachts eine bestimmte Leistung aufrechterhalten bleibt. Fernseher und Radios können auch abends betrieben werden, die Waschmaschine beispielsweise aber sollte tagsüber laufen, möglichst in der Mittagszeit, wenn die höchste Leistung zur Verfügung steht. Eine kleine Dieselanlage (Mexiko hat gerade erst neue Ölvorkommen entdeckt) dient als Notaggregat für die Versorgung wichtiger Stromabnehmer, wie zum Beispiel die Krankenstation und das Kühlhaus. Eine kleine Windkraftanlage mit einer installierten elektrischen Leistung von fünf Kilowatt liefert ebenfalls elektrische »Hilfsenergie«, kann aber auch zum Pumpen von Meerwasser eingesetzt werden.

In einer Mehrstufen-Destillations-Entsalzungsanlage wird mit Hilfe der Sonnenwärme Meerwasser zur Gewinnung von Trinkwasser verdampft, wobei eine mit Strom aus Sonnenzellen betriebene Pumpe das Meerwasser zu dieser Anlage fördert, die täglich rund 30 Kubikmeter Süßwasser produziert. Auf die gleiche Weise wird Wasser für Kühlzwecke zu den verschiedensten Einrichtungen gepumpt. Alternativ zur Trinkwassergewinnung durch Destillation testet man ein Entsalzungsverfahren nach dem Prinzip der Umgekehrten Osmose, wobei die dafür benötigte Kolbenpumpe, die das Wasser unter hohem Druck zu den Membranen leitet, ebenfalls mit Strom aus Sonnenenergie angetrieben wird. Diese Anlage liefert täglich 16 Kubikmeter Trinkwasser.

Die Sonnenenergie ermöglicht die Telekommunikation per Radiotelefon, das zusammen mit einem Radio und einem Videorekorder für den Schulunterricht von einem kleinen Solarzellengenerator gespeist wird. Das heiße Wasser, das täglich für die Fischverarbeitung gebraucht wird, wird über Kollektoren ebenfalls mit Hilfe der Sonne erzeugt, ebenso der Strom für den mechanischen Kompressor einer konventionellen Kältemaschine zum Tiefgefrieren von Fisch für die Lagerung und den Weitertransport der Fischereiprodukte in Tiefkühllastern; genauso entsteht Wärmeenergie für den Betrieb einer nach dem Absorptionsprinzip arbeitenden Kälteanlage, in der Eis für die Zwischenlagerung hergestellt werden kann. Bisher wird der Fang noch in einfachen Kühlboxen auf Eis gelegt. Mit der Nutzung der Sonnenenergie kann deshalb auch das »industrielle Zeitalter« in dem kleinen Fischerdorf beginnen.

Dieses Gesamtenergiesystem ist sicherlich ein Konzept, das für viele ländliche Gebiete in Entwicklungsländern noch lange unerreichbar bleibt. Auch die Entwicklung und Nutzung der Sonnenenergie ist ein Entwicklungsprozeß. Dabei beginnt der Nutzen jedoch schon auf der »untersten« Anwendungsstufe. Und anders als zum Beispiel die Kernenergie oder auch fossile Brennstoffe steht die Sonne praktisch überall zur Verfügung: Sie scheint selbst im entlegensten Dorf und auch dann noch, wenn es längst kein Erdöl, Erdgas und vielleicht auch keine Kohle mehr gibt, aber sie streckt – ebenso wie alle anderen erneuerbaren Energiequellen auch – diese in Jahrmillionen geschaffenen Reserven, die ebenfalls nichts anderes sind als gespeicherte Sonnenenergie, und zwar um so länger, je früher sie genutzt werden.

Sogar ein Land wie Algerien, das reichlich mit Erdöl und Erdgas versorgt ist, beschäftigt sich deshalb unter anderem intensiv mit der Entwicklung regenerativer Energiequellen[46]: Auf einer

Hochebene etwa 200 Kilometer südlich von Algier beispielsweise entsteht ein »Sonnendorf« mit rund 1500 Einwohnern, dessen gesamter Energiebedarf durch Sonnenenergie und andere unerschöpfliche Energiequellen gedeckt wird und das alle Annehmlichkeiten bieten soll, die die Landbewohner sonst in die Städte lockt. Für viele Länder aber, die keine fossilen Energiereserven besitzen, ist die Sonnenenergie in ihren vielfältigen anderen Erscheinungsformen die einzige Energiequelle, die ihnen ernsthaft und auf Dauer für die Entwicklung zur Verfügung steht. Für sie ist es aus dieser Sicht ein glücklicher Zufall, daß sie häufig ausgerechnet in jenen Zonen[47] liegen, in denen die Sonnenenergienutzung durch günstige Einstrahlungsbedingungen, viele Sonnenscheinstunden und auch teilweise verhältnismäßig geringe Unterschiede des Energieangebots im jahreszeitlichen Verlauf – zumindest, was die natürlichen Voraussetzungen betrifft – stark erleichtert wird.

Solarstrom statt Atomstrom?

Während man sich in vielen Entwicklungsländern zunächst auf die Gewinnung von Sonnenenergie in kleinem Maßstab konzentriert, wobei auch möglichst die Technik den jeweiligen Möglichkeiten und Fähigkeiten angepaßt sein sollte, entwickelt man in industrialisierten und teilindustrialisierten Ländern bereits wesentlich aufwendigere Konzepte, vor allem für die solare Stromerzeugung in großem Stil. Eines Tages könnten auch in sonnenreichen Entwicklungsländern die vernünftigeren Konzepte eine Rolle spielen, beispielsweise zur elektrischen Versorgung von Orten, die zu größeren Wirtschaftseinheiten zusammengeschlossen sind, oder gar von ganzen Städten.

Auf Sizilien wurde in Adrano nahe Catania im Rahmen eines von der Kommission der Europäischen Gemeinschaften (EG) geförderten Projektes[48] Ende 1980 der Bau eines Sonnenkraftwerkes mit einer installierten elektrischen Leistung von bereits einem Megawatt abgeschlossen, das Strom in das Netz der staatlichen italienischen Elektrizitätsgesellschaft ENEL einspeisen wird. Dieses Kraftwerk arbeitet nach dem für höhere elektrische Leistungen besser als das Farmkonzept geeignetem »Turmprinzip«: Der Sonne einzeln nachgeführte Großspiegel konzentrieren das Sonnenlicht auf einen zentralen Strahlungsempfänger in der Spitze eines etwa 50 Meter hohen Turms, erzeugen dort über 500 Grad heißen Dampf, der wiederum eine herkömmliche Dampfturbine betreibt, an die ein Generator angeschlossen ist. Bei vorübergehender Spiegelabschattung, beispielsweise durch Wolkenfelder, kann ein Dampfspeicher in Kombination mit einem ebenfalls Wärmeenergie hortenden Salzspeicher die unterbrochene solare Energiezufuhr überbrücken[49]. Bei Sonnenkraftwerken, die nach diesem Konzept gebaut sind, lassen sich Produktionseinheiten von zehn bis 20 Megawatt, höhere Leistungen vor allem durch Zusammenschalten mehrerer Einheiten erreichen.

Eine Turmanlage in Almeria, die in Südspanien unter der Projektleitung der Deutschen Forschungs- und Versuchsanstalt für Luft- und Raumfahrt innerhalb eines Gemeinschaftsprojektes[50] von acht Staaten der Internationalen Energie-Agentur (IEA) gebaut wird, unterscheidet sich von dem Turmkraftwerk in Adrano durch die Besonderheit, daß die konzentrierte Sonnenwärme in der Turmspitze zunächst von einem Natriumkreislauf aufgenommen wird, der sie zum Fuß des Turmes transportiert und erst dort über einen Wärmetauscher an Wasserdampf abgibt, der sich in einer Dampfturbine entspannt, die einen Generator antreibt. Diese Lösung wurde unter anderem aus statischen Gründen gewählt, da es zumindest bei größeren Turmhöhen und bei Verwendung dieses klassischen Prinzips der Wärmekraftmaschine im Hinblick auf den Aufwand für die Turmkonstruktion Probleme geben könnte, wenn man das ganze Kraftwerk in der Turmspitze installiert. Im Natriumkreislauf des Turmkraftwerkes vorgesehene Wärmespeicher erlauben nicht nur den kontinuierlichen Weiterbetrieb der Anlage während des Vorbeiziehens einer Wolke, sondern auch eine teilweise Speicherung des am Tage empfangenen Energieüberschusses[51]. Hier sind unter Umständen bereits wesentlich größere Leistungseinheiten von 50 bis 300 Megawatt denkbar – allerdings bei Turmhöhen von 300 bis 400 Metern und sehr großem Flächenbedarf. Die Turmanlage in Almeria leistet als »Studienanlage« nur 500 Kilowatt, die in das örtliche Versorgungsnetz eingespeist werden.

Die Sonnenstrahlung wird beim Turmkonzept so stark konzentriert, daß man den Dampfturbinenprozeß nicht nur mit einem ähnlichen Wirkungsgrad wie in einem fossil befeuerten Kraftwerk betreiben kann, sondern bei einem anderen Arbeitsmedium als Wasserdampf sogar eine Gasturbine. Das ist unter anderem bei einem »Gasgekühlten Sonnenturmkraftwerk« oder abgekürzt »GAST« genannten deutschen Projekt[52] der Fall, das in Zusammenarbeit mit einem südlichen Partnerland verwirklicht werden soll. Mit einer installierten elektrischen Leistung von 20 Megawatt ist das mit heißer Luft als Arbeitsmedium betriebene Sonnenkraftwerk weltweit eines der größten Projekte dieser Art, dessen Bau bereits fest beabsichtigt ist.

Bei dieser Anlage, die eine Spiegelfläche von rund 120000 Quadratmeter braucht (bei der 1-Megawatt-Anlage in Adrano sind es rund 7000 Quadratmeter), konzentrieren 3000 der Sonne mit Hilfe von Mikroprozessoren nachgeführte Spiegeleinheiten von je 40 Quadratmeter Spiegelfläche, die nierenförmig um einen 200 Meter hohen Turm angeordnet sind, das Sonnenlicht auf einen Solarerhitzer in der Turmspitze, der aus zwei Wärmetauschereinheiten besteht. Hier wird die verdichtete Luft auf eine Arbeitstemperatur von 800 Grad Celsius aufgeheizt. Die von der Sonne aufgenommene Energie wird in einem offenen Gasturbinenprozeß »abgearbeitet«, bei dem zwei Gasturbinen in der Turmkanzel mit je zwei Brennkammern eingesetzt werden. Die Abgasenergie des Gasturbinenprozesses wird zusätzlich in einem nachgeschalteten Turbinenkreislauf im Maschinenhausteil am Fuße des Turms genutzt. Der Gesamtwirkungsgrad der Anlage, also das Verhältnis von eingestrahltem Licht (bezogen auf die Spiegelfläche) zu dem damit erzeugten Strom, ist mit 18 Prozent im Vergleich zu anderen geplanten oder bereits verwirklichten Sonnenkraftwerken sehr hoch.

Anstelle eines passiven Energiespeichersystems (zum Beispiel ein Raum mit vielen Steinen, die durch die durchströmende heiße Luft aufgeheizt werden) hat dieses Sonnenkraftwerk eine fossile Zusatzfeuerung. Damit können auch die Nachtzeiten voll überbrückt werden. Einerseits wird, da nachts der Strombedarf in der Regel ohnehin geringer ist, nur ein Minimum an fossilen Brennstoffen benötigt, andererseits erreicht man eine Versorgungssicherheit, die mit jener durch ein fossiles Kraftwerk erzielbaren vergleichbar ist.

Das kann eine sinnvolle Lösung dort sein, wo zusätzlich fossile Brennstoffe zur Verfügung stehen, man aber gleichzeitig möglichst viel davon einsparen möchte. Dabei gibt es mehrere Möglichkeiten[53], fossile und solare Anlagenteile zu einem (erschöpfliche) Primärenergie sparenden Gesamtsystem zusammenzufassen. Beträchtliche Mengen fossiler (oder auch nuklearer) Brennstoffe kann man aber auch dann einsparen, wenn man anstelle solcher, für einen »Inselbetrieb« auf lokaler Ebene besonders gut geeigneter »Hybridanlagen« reine Sonnenkraftwerke betreibt und ihren Strom in ein möglichst großes (um unter Umständen notwendige zusätzliche Speicherkapazität gering zu halten) und bereits vorhandenes Verbundnetz einspeist, in dem der Solarstrom nur einen begrenzten Teil der Netzleistung stellt. Mit jeder so gewonnenen Energieeinheit Sonnenstrom ersetzt man bis zu drei Einheiten erschöpflicher Primärenergie. Die Einsparung fossiler (oder nuklearer) Brennstoffe nimmt deshalb mit wachsender Erzeugung von Solarstrom überproportional zu.

Allerdings steht die jeweilige Nennleistung nicht ständig, sondern nur während der Sonnenscheinstunden zur Verfügung. Bei dem Projekt in Almeria sind das etwa 2500 Stunden im Jahr. Bei einer gegenüber der Nennauslegung vergrößerten Spiegelfläche und Speicherung der Überschußwärme läßt sich die volle Leistung aber auch über einen erheblich größeren Zeitraum erzielen, wobei die dann immer noch fehlende Verfügbarkeit in der Regel ohnehin weitgehend in die verbrauchsarmen Nachtstunden fällt. Theoretische Optimierungsrechnungen[54] haben gezeigt, daß dies je nach Wahl des Verhältnisses von Spiegelfeldfläche und Speicherauslegung unter günstigen Einstrahlungsbedingungen bis zu einer Kraftwerksverfügbarkeit von etwa 60 Prozent, das sind mehr als 5000 Stunden im Jahr, bei sinkenden Stromerzeugungskosten möglich ist.

Die Verringerung des Verbrauchs an erschöpflichen Energierohstoffen durch zusätzliche Sonnenkraftwerke ist eines der denkbaren Ziele einer solaren Stromerzeugung, das sich überall dort verwirklichen läßt, wo es ausreichend Sonne und genügend Land gibt, das notwendig ist, wenn man Sonnenstrom in großem Umfang, zum Beispiel im Megawattbereich, erzeugen will. Steinige, versteppte, unfruchtbare und auch weitgehend brachliegende Flächen, die man für solche Zwecke nützen könnte, finden sich in Europa unter anderem in Griechenland, auf Sizilien oder in Spanien.

Auch ein hochindustrialisiertes und in weiten Gebieten sonnenreiches Land wie die Vereinigten Staaten besitzt geeignete Flächen, um auf diese Weise andere Brennstoffe zu sparen, wobei in jedem Einzelfalle aber abzuwägen ist, ob die Nutzung dieser Flächen durch »Brennstoffpflanzen«[55] bei gleichem Sparziel nicht möglicherweise billiger und sinnvoller ist.

Da die Erzeugung von Solarstrom, unabhängig davon, ob er durch solarthermische oder solarelektrische Verfahren gewonnen wird, zu den aufwendigsten und teuersten Solartechniken überhaupt gehört, wobei allein schon der Bedarf an Material und Fläche keine Produktion im Überfluß erlaubt, sollte Sonnenstrom, nachdem er seine Wettbewerbsfähigkeit gegenüber Strom aus herkömmlichen Kraftwerken erreicht hat, genauso sparsam und sinnvoll genutzt werden, wie es bereits heute bei jedem auf andere Weise erzeugten elektrischen Strom notwendig ist. Das kann zum Beispiel heißen: Verzicht auf Anwendungen dort, wo bei der Nutzung der Strahlungsenergie der Sonne der Umweg über Strom oft unnötig ist.

Ein Beispiel dafür, wo Strom sinnvoll durch andere Energieträger ersetzt werden kann, ist die Klimatisierung von Häusern in Klimazonen, in denen im Sommer der Stromverbrauch drastisch in die Höhe schnellt, weil es oft so heiß ist, daß ständig eine Klimaanlage laufen muß. In Mexicali[56] beispielsweise, einer mexikanischen Wüstenstadt von 500000 Einwohnern an der Grenze zu den USA, in der Nähe von San Diego, Kalifornien, werden, um das Leben in der Stadt im Sommer einigermaßen erträglich zu machen, praktisch in allen Häusern Klimaanlagen eingesetzt. Um dabei einkommensschwache Schichten nicht zu benachteiligen, muß der Strompreis sogar staatlich subventioniert werden.

Das Hitzeproblem läßt sich jedoch möglicherweise mit Hilfe der Sommerwärme selbst sehr viel besser lösen, wenn man nämlich mit der von Sonnenkollektoren eingefangenen Wärmeenergie eine nach dem Absorberprinzip arbeitende Luftkühlanlage betreibt und dabei zusätzlich auch noch seinen Warmwasserbedarf deckt. In der kurzen kalten, aber sonnigen Winterperiode wiederum könnte das gleiche System als solare Heizung dienen. So wird auf mehrfache Weise nichterneuerbare Energie eingespart: durch die Senkung des Verbrauchs von Strom, der mit erschöpflichen Energierohstoffen erzeugt wurde, und durch den Ersatz fossiler Energie bei der Warmwasserbereitung und winterlichen Heizung.

Erst der Versuch, eine dezentral und in geringer Energiedichte anfallende Energiequelle wie die natürliche Sonnenstrahlung überwiegend zentral und zugleich maximal zu nutzen, und die Erwartung dabei, man könne, müsse oder dürfe sie genauso verschwenden, wie man auch andere Energiequellen, zum Beispiel das Erdöl, verschwendet hat, machen solare Nutzungstechnologien zu jenen material- und flächenverschlingenden Systemen, die sich dann wieder trefflich als Beispiel dafür anführen lassen, wieviel schöner die Welt beispielsweise mit Kernenergie doch ist.

Unsere Industriegesellschaft wäre freilich nicht die, die sie ist, würde sie ihren Traum von der Erhaltung und Mehrung des Überflusses nicht auch auf eine bescheidene Energiequelle wie die Sonnenenergie ausdehnen. Ein Ergebnis solcher von manchem durchaus ernst gemeinten Planspiel ist der Zubau fremder Wüsten zur Maximierung des eigenen Energieangebots mit riesigen Sonnenkraftwerken für die Strom- oder Wasserstoffgewinnung, um letztlich in gutem alten »Kolonialstil« den Sonnenreichtum fremder Länder auszubeuten, mit dem einzigen Unterschied, daß es diesmal keine Tee-, Kaffee-, Kakao- und Kautschukplantagen, sondern »Energieplantagen« sind.

Die USA haben ernsthaft den Bau von riesigen, auf einer geostationären Umlaufbahn immer senkrecht zur Sonne ausgerichteten, von Wetter und Jahreszeiten unabhängigen Solarzellenkraftwerken[57] im Weltraum erwogen, die den gewonnenen Strom über Generatoren in Mikrowellen umwandeln, bevor sie ihn in dieser Form gebündelt zur Erde schicken. Diese Technik ist für nahezu jedes und gleichzeitig häufig auf die Zusammenarbeit mit den Industrieländern bei der Erschließung erneuerbarer Energiequellen angewiesene Entwicklungsland nicht nur in der nahen Zukunft, sondern auch auf Dauer unerreichbar. Diese Solarzellenkraftwerke stellen eine andere Version der Träume einer Gesellschaft dar, die solche, einen ungeheuren Aufwand erfordernde und unglaubliche Summen[58] verschlingende Projekte für machbar, aber häufig gleichzeitig einen einfachen Sonnenkollektor für die Bereitung von warmem Wasser für zu teuer hält.

All diese Pläne führen nicht zu einer vernünftigen Nutzung der Sonnenenergie, aber sie können viel dazu beitragen, eine solche vernünftige Nutzung zu verhindern.

19
Leben wir künftig vom Wind?

Auch der Wind[1], der entsteht, wenn sich die Atmosphäre unter dem Einfluß der Sonneneinstrahlung ungleichmäßig erwärmt, und der im Wettergeschehen für einen Ausgleich zwischen verschiedenen Druckzonen sorgt, ist eine der vielfältigen Erscheinungsformen der Sonnenenergie. Bei seiner Entstehung verwandelt sich in geringer Konzentration anfallende und deshalb manchmal nur sehr aufwendig zu nutzende Wärmeenergie in hochwertige mechanische Energie, die direkt zum Antrieb von Maschinen, beispielsweise Pumpen, oder auch ohne den sonst üblichen Umweg über eine Wärmekraftmaschine zur Erzeugung von elektrischem Strom eingesetzt werden kann. Dabei entspricht die mittlere Energie der bewegten Atmosphäre etwa dem 30fachen des jährlichen weltweiten Verbrauchs an elektrischer Energie[2].

Genutzt werden kann Wind in großen wie kleinen Anlagen vor allem dort, wo er nicht nur möglichst regelmäßig, sondern auch in ausreichender Stärke anfällt. Als ausreichend gelten mittlere Windgeschwindigkeiten von etwa vier bis fünf Metern pro Sekunde im Jahr. Erreicht und überschritten werden diese Werte vor allen Dingen in den Küstenregionen der Welt, in denen deshalb die Voraussetzungen für eine wirtschaftliche Nutzung besonders günstig sind. In der Bundesrepublik Deutschland zählt zu den für eine Windenergienutzung besonders aussichtsreichen Gebieten neben den Gipfellagen der Mittelgebirge die Norddeutsche Tiefebene.

Großtechnische Nutzung in der Bundesrepublik Deutschland

Obwohl die Bundesrepublik im Vergleich zu anderen westeuropäischen Ländern, wie beispielsweise den Niederlanden, Frankreich, Spanien oder auch Schweden, pro Einwohner einen verhältnismäßig kleinen Küstenanteil hat, könnten die küstennahen

Gebiete Norddeutschlands theoretisch ganz Deutschland mit Strom aus Windenergie versorgen. Bei einer vollen Nutzung aller vom Windangebot her in Frage kommenden Flächen dieses Raumes müßten dazu 25000 Anlagen mit einer installierten elektrischen Leistung von je drei Megawatt aufgestellt werden. Zum Vergleich: Das Höchstspannungsnetz von 110 Kilovolt und darüber weist im Gebiet der norddeutschen Bundesländer Schleswig-Holstein, Hamburg, Bremen und Niedersachsen bei einer Gesamtlänge von etwa 17000 Kilometern derzeit rund 50000 Höchstspannungsmasten, also die doppelte Anzahl von (allerdings kleineren) »Türmen« auf. Ein solcher maximaler Ausbau, der dem technisch nutzbaren Potential entspricht, könnte eine Windenergieproduktion liefern, die der Höhe des gesamten Stromverbrauchs der Bundesrepublik Deutschland im Jahre 1977 entspricht.

Obwohl derartige Vorstellungen rein theoretisch sind, weil das technisch nutzbare Potential keineswegs mit dem wirtschaftlich vertretbaren identisch ist, zeigt eine von der Universität Regensburg unter Beteiligung mehrerer Elektrizitätsunternehmen im Auftrag des Bundesministeriums für Forschung und Technologie durchgeführte und im Rahmen eines Projektes der Internationalen Energie-Agentur von dieser geförderten Studie[3], daß die Chancen der großtechnischen Nutzung der Windenergie in der Bundesrepublik Deutschland größer sind, als man bisher angenommen hat.

Dieser Untersuchung liegt das technologische Konzept der großen Windenergieanlage GROWIAN[4] zugrunde, dessen Prototyp GROWIAN I im Kaiser-Wilhelm-Koog bei Brunsbüttel an der schleswig-holsteinischen Westküste gebaut wird und der zunächst in einem dreijährigen Probebetrieb zeigen soll, ob und unter welchen Bedingungen es technisch und wirtschaftlich möglich ist, Windenergieanlagen dieser Größenordnung für die öffentliche Stromversorgung einzusetzen.

An einem Standort im norddeutschen Küstenbereich liefert GROWIAN — mit einer Nabenhöhe von 100 Metern und einem Zweiblattrohr von ebenfalls 100 Metern Durchmeser, dessen Blattspitzen zwischen einer Höhe von 150 Metern nahezu die Turmspitze des Kölner Doms erreichen, schon ein recht imposantes Bauwerk — bei einer installierten elektrischen Leistung von drei Megawatt über das Jahr gemittelt einen Energieertrag von etwa zwölf Gigawattstunden. Damit könnte die Anlage den Jahresbedarf einschließlich Heizung von 250 Einfamilienhäusern decken oder 4000 Haushalte mit Strom versorgen oder 3,5 Millionen Liter eines ölbefeuerten Kraftwerks einsparen.

Um allerdings die Leistung eines großen Kraftwerks aus dem Wind zu gewinnen, müssen hundert oder mehr Windräder zu einem »Park« zusammengeschaltet werden. Die Studie der Universität Regensburg geht deshalb bei ihren Modellrechnungen auch davon aus, daß die Windkraftwerke im norddeutschen Küstenbereich grundsätzlich als Verbundsystem betrieben werden. Als »Einzelwindkraftwerk« wird dabei ein lokaler Verbund von 100 Anlagen vom Typ GROWIAN I zugrunde gelegt. Das entspricht einem 300-Megawatt-Windkraftwerk.

Die für die Windenergieproduktion relevante Jahresdurchschnittsgeschwindigkeit beträgt in diesem Gebiet in 100 Meter Nabenhöhe etwa acht Meter pro Sekunde. Besonders günstig ist das Windangebot im Spätherbst und im Frühwinter – also in Zeiten erhöhten Energiebedarfs. Umgekehrt kommen länger andauernde Flauten meist im Sommer vor, in dem die Energienachfrage ohnehin geringer ist.

Daß eine Energieeinheit Windstrom bis zu drei Einheiten erschöpflicher Primärenergie einsparen kann, bedeutet, ganz abgesehen davon, daß der Wind nicht immer weht, natürlich nicht, daß ein Windkraftwerk entsprechender Größe ein gleich großes konventionelles Kraftwerk überflüssig macht. Wieviel Brennstoff und wieviel installierte konventionelle Kraftwerksleistung je Windkraftwerk tatsächlich eingespart werden können, hängt – bei gleichen meteorologischen Verhältnissen – unter anderem von der Anzahl der installierten Windkraftwerke, der geographischen Ausdehnung des Windkraftwerkverbunds und vor allem von der Größe des Netzes ab, in das die Windenergie eingespeist wird. Ein großes, landesweites Verbundnetz, wie es in der Bundesrepublik Deutschland ebenso wie in jedem anderen Industrieland vorhanden ist, wirkt wie ein Speicher, da es jederzeit aufnahmefähig für den je nach Windangebot anfallenden Windstrom ist.

Durch diesen Speichereffekt führt deshalb auch die Vergrößerung des Netzes, das den erzeugten Windstrom aufnimmt, zu einer deutlichen Erhöhung der eingesparten installierten konventionellen Kraftwerksleistung. Würde die Windenergie dagegen nur in das verhältnismäßig kleine Küstennetz eingespeist, beginnt, wenn beispielsweise fünfzehn oder mehr 300-Megawatt-Windkraftwerke installiert sind, das Angebot die gerade bestehende Nachfrage häufig zu übersteigen, so daß ein wachsender Teil der Windenergieproduktion ungenutzt bleibt. Aus diesem Grund sollte auch bei der Öffnung des Gesamtnetzes für den Windenergiestrom der Anteil der Windkraftwerke an der insgesamt installierten Kraftwerksleistung möglichst 25 Prozent nicht übersteigen, da sonst Gefahr besteht, daß zumindest zeitweise die Windenergieproduktion selbst im Gesamtnetz der Bundesrepublik Deutschland die Energienachfrage überschreitet. Inwieweit in Zukunft dennoch ein höherer Anteil möglich ist, hängt, soweit diese Grenze zugleich eine Wirtschaftlichkeitsgrenze ist, von der künftigen Entwicklung der Preise für fossile Brennstoffe, und was die Versorgungssicherheit betrifft, von der Installierung zusätzlicher Speicher ab.

Drastisch höher als die eingesparte konventionelle Kraftwerkskapazität, die vor allem wegen der Berücksichtigung von großräumigen Flauten von längerer Dauer relativ gering ausfällt, sind die eingesparten Brennstoffkosten. Und auf sie vor allen Dingen kommt es an, nicht nur, weil fossile Brennstoffe, die auf diese Weise im Mittel- und Spitzenlastbereich ersetzt werden, knapp sind, sondern auch, weil sie bei einem fossilen Kraftwerk der entscheidende Kostenfaktor sind. Die Brennstoffeinsparung steigt bis zu einer gewissen Sättigungsgrenze fast proportional mit der installierten Windkraftleistung an, obwohl der Wind keineswegs immer zur Verfügung steht.

Zwanzig 300-Megawatt-Windkraftwerke, die einen Anteil von 8,2 Prozent an der insgesamt installierten Leistung hätten, würden mit einer Energieproduktion von 19 Terawattstunden etwa sieben Prozent der Stromnachfrage des Jahres 1977 decken und – bei strengsten Maßstäben für die Aufrechterhaltung der Versorgungssicherheit – mit 1500 Megawatt etwa 2,2 Prozent der konventionellen Kraftwerksleistung ersetzen. 1977 lieferten beispielsweise die Wasserkraftwerke der öffentlichen Versorgungsunternehmen in der Bundesrepublik Deutschland mit 15 Terawattstunden und die Ölkraftwerke mit 17 Terawattstunden eine vergleichbare Energieproduktion. Dieser Anteil gilt, ein weiterhin erfolgreicher Verlauf der Forschungs- und Entwicklungsarbeiten vorausgesetzt, als Minimum dessen, was erreichbar ist.

Vierzig 300-Megawatt-Windkraftwerke, das entspräche einem

Anteil von 15,2 Prozent der Gesamtleistung, würden mit 38 Terawattstunden bereits etwa 14 Prozent der Stromnachfrage decken und mit 2160 Megawatt 3,2 Prozent der installierten Kraftwerksleistung ersetzen. Eine ähnliche Energieproduktion hatten 1977 mit 35 Terawattstunden die Kernkraftwerke, während die Gaskraftwerke mit 49 Terawattstunden um 30 Prozent, die Steinkohlekraftwerke mit 64 Terawattstunden um 70 Prozent und die Braunkohlekraftwerke mit 84 Terawattstunden um 120 Prozent über dieser Windenergieproduktion lagen. Die Zahl von vierzig 300-Megawatt-Windkraftanlagen, also 4000 Windkonverter vom Typ GROWIAN I (GROWIAN II[5] leistet bereits fünf Megawatt), entspricht selbst nach Einschätzung dieser Studie »einer relativ konservativen Abschätzung der Ausbaumöglichkeiten im norddeutschen Küstengebiet«[6].

Das heißt, daß ein im Hinblick auf Versorgungssicherheit und wirtschaftliche Konkurrenzfähigkeit möglicher Windkraftwerksanteil von 20 bis 25 Prozent an der insgesamt installierten Kraftwerksleistung durchaus erreicht werden könnte, ohne daß dabei geeignete Mittelgebirgslagen mit einbezogen werden müßten. Da zwischen den einzelnen, zum Beispiel in einer Doppelreihe aufgestellten Türmen eines solchen Verbund-Windkraftwerkes von 100 Einzelanlagen gewisse Abstände eingehalten werden müssen, damit sie sich nicht gegenseitig den »Wind aus den Segeln« nehmen, entsteht bei einem starken Ausbau natürlich ein erheblicher Flächenbedarf, der jedoch nur zum geringsten Teil tatsächlich in Anspruch genommen wird: Die insgesamt überdeckte Fläche kann nach dem Vollausbau nach wie vor landwirtschaftlich genutzt werden[7].

Die Modellrechnungen der Universität Regensburg, die auf branchenüblichen Methoden der Kraftwerksbetreiber hinsichtlich der Investitions- und Brennstoffkosten sowie der Kapitalbeschaffungskosten beruhen, haben gezeigt, daß eine große Windenergieanlage vom Typ GROWIAN I schon heute wirtschaftlich arbeiten könnte, wenn die Technik verfügbar und die reinen Investitionskosten der ersten kommerziellen Anlagen dieses Typs unter 15,9 Millionen DM liegen und bei Serienanfertigung von 4000 Anlagen eine weitere Senkung auf unter 9,6 Millionen DM möglich ist. Berücksichtigt man bei Wirtschaftlichkeitsvergleichen noch zusätzlich die sozialen Kosten, erhöht dies noch die Wettbewerbsfähigkeit von Windkonvertern, da diese für die Windenergie niedriger liegen dürften als bei den konkurrierenden herkömmlichen Energieträgern.

Auch mit negativen Umwelteinflüssen, zum Beispiel durch eine Verringerung der Windgeschwindigkeit, ist selbst bei einer solchen großtechnischen Nutzung der Windenergie nicht zu rechnen. Die Beeinträchtigung der Windströmungsverhältnisse durch eine größere Zahl von Windkraftwerken vom Typ GROWIAN ist beispielsweise geringer als der lokale Einfluß von dicht besiedelten Wohngegenden oder durch die Konzentration mehrerer Hochhäuser[8].

Die Wettbewerbsfähigkeit von Windenergieanlagen könnte noch verbessert und die Versorgungssicherheit nur regional mit Windkraft versorgter Räume noch erhöht werden, wenn über die Speicherung im Netz hinaus oder beim Fehlen eines solchen »Speichers« zusätzliche Speicherkapazitäten[9] für den Energieüberschuß windreicher Zeiten geschaffen werden, vorausgesetzt, das ist auf wirtschaftliche Weise möglich.

An der deutschen Nordseeküste böten sich dafür beispielsweise Salzkavernen an, in die man bei einem Überangebot an Windenergie unter hohem Druck Luft pumpt und in windstillen Zeiten wieder ausströmen läßt und damit Turbinen antreibt. Wenn die entsprechenden topographischen Gegebenheiten vorhanden sind, zum Beispiel in Ländern mit bis an die Küste reichenden Bergen, wie in Skandinavien, können dafür auch Wasserkraft-Pumpspeicherwerke eingesetzt werden. Eine dritte Möglichkeit, vor allem für Anlagen, die im Inselbetrieb zur Versorgung einer begrenzten Zahl von Verbrauchern arbeiten, besteht in der Speicherung von Wasserstoff, der zuvor mit Hilfe der überschüssigen Windenergie durch Zerlegung von Wasser in Wasserstoff und Sauerstoff gewonnen wird. Wasserstoffmotoren könnten dann wiederum Generatoren antreiben und auf diese Weise den durch Windstille ausgebliebenen Strom liefern. Diese Möglichkeit böte sich unter Umständen auch für Sonnenkraftwerke an, die im Inselbetrieb arbeiten.

Windenergienutzung in kleinen Anlagen

Anders als beispielsweise in den weiträumigen USA[10], wo der Staat die Bereitschaft von Bürgern, Windkraftanlagen »für den

Hausgebrauch« (zum Beispiel mit einer Leistung von nur 1,5 Kilowatt) zu installieren, mit Steuergeldern unterstützt, und Hausbesitzer und Farmer in windreichen Gegenden am Rande oder außerhalb großer Ortschaften auch zunehmend von dieser Vergünstigung Gebrauch machen, spielen Klein- und Kleinstanlagen zur dezentralen Versorgung in der dichtbesiedelten Bundesrepublik Deutschland nur eine untergeordnete Rolle.

Bei Kleinstanlagen überwiegen Anwendungen, wie sie auch für die in Ausnahmefällen eingesetzten Solarzellen denkbar sind: Auf der nordfriesischen Hallig Süderoog zum Beispiel, die bisher ihr Trinkwasser vom Festland durch Tankschiffe bezog, wurde eine nach dem Prinzip der Umgekehrten Osmose arbeitende Meerwasserentsalzungsanlage installiert, die ihren Energiebedarf von einem Windgenerator bezieht[11]. Durch die günstigen Speichermöglichkeiten des Trinkwassers wird dabei das sehr unterschiedliche Windangebot zugleich ausgeglichen und optimal genutzt.

Allenfalls in Insellagen und bei sehr abgelegenen Verbrauchern könnte eine dezentrale Erzeugung von Windstrom im Kleinmaßstab eine gewisse Bedeutung gewinnen. Auf einem Versuchsgelände der Deutschen Forschungs- und Versuchsanstalt für Luft- und Raumfahrt auf der Schwäbischen Alb wird eine nach dem Baukastenprinzip entwickelte und wartungsfreundliche, zweiflügelige Windkraftanlage[12] getestet, die eine installierte elektrische Leistung von zehn Kilowatt besitzt und als Prototyp für kleine Verbrauchergruppen in abgeschiedenen und zugleich windreichen Gegenden, aber auch für die Energieerzeugung in Entwicklungsländern gilt.

Auf diesem Versuchgsgelände herrschen für den süddeutschen Raum optimale Windbedingungen: Durch die Höhenlage direkt an der Albkante treten sehr regelmäßige Winde mit einem Jahresmittel von 4,7 Metern pro Sekunde auf. Unter diesen Windverhältnissen erzeugt die Anlage jährlich rund 22000 Kilowattstunden Strom. Bei einem durchschnittlichen jährlichen Energieverbrauch eines Vier-Personen-Haushaltes von etwa 4000 Kilowattstunden ließen sich damit (entsprechende Speicher für den Ausgleich des unregelmäßigen Windes vorausgesetzt) mehr als fünf Familien mit Elektrizität versorgen.

Noch günstiger ist dieses Verhältnis im Küstenbereich Norddeutschland, wo bei entsprechend ausgelegtem Generator bis zu 45000 Kilowattstunden pro Jahr erzeugt oder elf Haushalte versorgt werden könnten. Auf der nordfriesischen Insel Pellworm existiert ebenfalls ein Versuchsfeld[13], auf dem neun verschiedene (bereits auf dem Markt erhältliche) Windkraftanlagen getestet werden, die bei einer Windgeschwindigkeit von acht Metern pro Sekunde ihre installierte elektrische Höchstleistung von zehn Kilowatt erreichen.

In dieser besonders windgünstigen Zone des Küstenvorfeldes der Nordsee herrschen mittlere Windgeschwindigkeiten zwischen sechs und siebeneinhalb Metern pro Sekunde. In einem Langzeitversuch will man ermitteln, wie hoch Zuverlässigkeit, Wirtschaftlichkeit und der notwendige Wartungsaufwand kleiner, dezentraler Anlagen im Dauerbetrieb sind.

Dritte Welt und Windenergie

Ist ein ständiges und relativ gleichmäßiges Angebot an Windenergie vorhanden, so kann die Windenergie in Entwicklungsländern[14] bei der Elektrifizierung von ländlichen Gebieten[15] eine sinnvolle Rolle spielen und zugleich wirtschaftlich sein; ist das Windangebot sehr unstet, so ist eine Kombination mit anderen Energiequellen[16] die Voraussetzung für eine solche Anwendung.

Eine sehr viel größere Rolle spielt in Entwicklungsländern jedoch der Einsatz von Windenergieanlagen für die Bewässerung und für die Gewinnung von Trinkwasser. Dort, wo dieselbetriebene Pumpen die traditionellen Verfahren abgelöst hatten, kann der Rückgriff auf den Wind als Energiequelle heute wieder sinnvoll sein. Bei diesen Anwendungen kommt es auch nicht so sehr auf eine durch ein möglichst gleichmäßiges Windangebot gesicherte Leistung wie bei der Stromerzeugung, sondern in erster Linie darauf an, daß in einem bestimmten Zeitraum eine bestimmte Menge Wasser gefördert wird[17]. Wie der Wind dabei seine Arbeit verteilt, ist weniger wichtig. Bei der Trinkwassergewinnung steht ohnehin ein Trinkwasserspeicher zur Verfügung. Bei der Bewässerung wirkt das die Pflanzen umgebende und sich vollsaugende Erdreich in einem gewissen Umfang selbst als Speicher. Das erleichtert die Anwendungen nicht nur, sondern führt auch zu einer geographischen Ausdehnung der Einsatzgebiete, da die Zonen mit unregelmäßig anfallendem Wind zahlreicher sind als jene mit stetigem Windangebot.

Dabei ist es bei traditionellen wie bei modernen Systemen notwendig, daß diese Anlagen möglichst leicht zu warten sind. Auch bei der Windenergienutzung muß die Technik den jeweils vorhandenen Fähigkeiten und materiellen Möglichkeiten angepaßt sein. So kann es unter Umständen von Vorteil sein, wenn sich die Anlagen an Ort und Stelle herstellen lassen, worunter zwar häufig Anlagenwirkungsgrad und Ausgefeiltheit der technischen Konzeption leiden, was aber wiederum dadurch ausgeglichen wird, daß sie beim Einsatz auf Dorfebene für die Einheimischen leichter durchschaubau und zugleich erschwinglicher sind.

Solche Anlagen, die auf die Kapitalarmut und den oft noch unzulänglichen Ausbildungs- und Technologiestandard insbesondere der ärmeren Regionen Rücksicht nehmen, dort aber die Lebens- und Arbeitsbedingungen zugleich erheblich verbessern können, werden in der Bundesrepublik Deutschland unter anderem von der Interdisziplinären Arbeitsgruppe für Angepaßte Technologie der Technischen Universität Berlin zum Teil auf der Grundlage alter Vorbilder entwickelt, weiterentwickelt oder verbessert[18].

Ein Beispiel hierfür ist ein Segelwindrad mit »Archimedischer Schraube«[19], die, ähnlich wie ein Fleischwolf Fleisch transportiert, Wasser aus einem See oder einem anderen Gewässer fördert: Das mit Segeltuch bespannte Windrad dreht eine Welle aus Holz oder Bambus, die mit dem anderen (ins Wasser tauchenden) Ende, um das spiralförmig schräg nach oben ansteigend ein normaler Gartenschlauch gewickelt ist, über die jeweils untenliegenden Schlauchstücke Wasser schöpft, das am oberen Schlauchende austritt und für die Bewässerung genutzt werden kann. Allerdings ist die Förderleistung recht bescheiden, da diese Segelwindkraftanlage bei verhältnismäßig geringen Drehzahlen nur kleine Leistungen erreicht, wobei sie nur für Förderhöhen bis zu zehn Metern geeignet ist und außerdem nur bei bestimmten Windrichtungen arbeitet.

Bei häufig wechselnden Windrichtungen bietet sich das auch für moderne Anlagen bereits erfolgreich eingesetzte Darrieus-Prinzip[20] oder eine seiner Variationen an, bei dem sich die Rotorblätter um eine vertikale Achse drehen. Diese Anordnung macht sie – anders als Anlagen mit horizontaler Achse – von der Richtung des Windes unabhängig. Einmal in Schwung gekommen, dreht sich die ganze Anlage wie ein Karrussel bei ausreichendem Wind ständig. Dafür sorgt der aerodynamische Auftrieb an den Rotorblättern, die zum Beispiel nach außen durchgebogen und oben und unten an der Achse befestigt, das Profil einer Flugzeugtragfläche haben können.

Ein vertikaler Rotor, der nach einem antiken persischen Rotor gebaut wurde, ist auch der Antrieb für eine in Berlin entwickelte Schlauchpumpe[21], die bereits Wasser aus Förderhöhen bis zu 40 Meter pumpt und damit dem Mangel an Oberflächenwasser in vielen Gebieten der Welt begegnen kann. Die Rotorarme ragen bei dieser Version in Form von Holzmasten ähnlich wie »locker in eine weite Vase gestellte Blumen«[22] von ihrem gemeinsamen Befestigungspunkt an der Drehachse aus mit einer leichten Außenneigung nach oben, wobei jeder Mast ein Dreieckssegel trägt, dessen freies Ende mit einem Seil an dem jeweils folgenden Mast befestigt ist: Der Wind treibt nun auf der einen Seite ein mit Wind prall gefülltes Segeltuch vor sich her, während ihm von der »anderen Seite« die Masten mit den hinterhergezogenen und deshalb wenig Widerstand bietenden Segeln entgegenkommen. Bei schwerem Sturm werden die Segel gerefft.

Die Pumpe selbst besteht aus einem ringförmigen, waagerecht gelagertem Schlauch, den Wälzrollen an zwei Stellen zusammenpressen. Rollt man sie jetzt über den Schlauch hinweg, wird das Wasser in seinem Inneren weiter transportiert und über einen Schlitz in ein Förderrohr gedrückt[23]. Ein drittes Beispiel ist eine an der Technischen Universität Berlin entwickelte »Schlagflügelwindkraftanlage«[24], die den Wind nutzt, um eine vertikal gerichtete Bewegung zu erzeugen. Sie besteht im Prinzip aus einer »Wippe«, die auf- und niederschwingt, wobei die erzeugte auf- und abwärts gerichtete Energie unmittelbar auf einen Pumpenkolben übertragen und auf diese Weise zur Wasserförderung genutzt werden kann. Die Hebelbewegung wird von einem kleinen, umklappbaren, aus einem mit Segeltuch bespannten Holzrahmen bestehenden Tragflügel erzeugt, in den der Wind bei entsprechendem Kippwinkel greift. Da die Angriffsfläche für den Wind aber relativ klein ist, ist die Leistung der Anlage nicht allzu groß.

Sicher sind viele in den Industriestaaten entwickelte moderne Anlagen erheblich leistungsfähiger und langfristig auch für immer mehr Anwendungen in der dritten Welt geeignet. Technik muß jedoch nicht nur vorhanden, sondern auch verfügbar und für jene, die sie anwenden, beherrschbar sein.

20
Erdwärme: Energie aus dem Untergrund

Theoretisch würde der Wärmeinhalt der Erde ausreichen, den Energiebedarf der Menschheit für jede vorhersehbare Zukunft zu decken. Ließe sich nur ein Prozent der natürlichen Wärme in der äußeren Erdkruste bis in fünf Kilometer Tiefe nutzen, wären die Energieprobleme zumindest für die nächsten 4000 Jahre gelöst[1]. In der Praxis freilich wird die Nutzung der Erdwärme[2] auch in Zukunft noch lange weitgehend auf jene Gebiete beschränkt bleiben, in denen geothermische Anomalien vorhanden sind. Das sind Gebiete mit verstärkter Aufheizung der Erdkruste, die unterschiedliche erdgeschichtliche Vorgänge als Ursache haben können. Verglichen mit dem Wärmeinhalt aller Kontinente ist jedoch die in diesen Anomalien enthaltene Energie klein[3], weil entsprechende Vorkommen verhältnismäßig selten sind.

In den meisten Gebieten der Erde herrscht überwiegend nur der ganz normale Erdwärmestrom, der, hervorgerufen vor allem durch den Zerfall natürlicher radioaktiver Elemente in der Erdkruste, wie Uran, Thorium oder Kalium, und verstärkt durch Auskühlungsvorgänge im Erdmantel, die Temperatur mit zunehmender Tiefe alle 100 Meter um jeweils drei Grad Celsius ansteigen läßt. Die bis heute noch nicht abgeschlossene Auskühlung der Erde, die einmal ein glühender Tropfen im All gewesen ist, spielt bei diesem Wärmestrom jedoch die geringere Rolle. Wegen der schlechten Wärmeleitfähigkeit der Gesteine dauert es Hunderte von Millionen Jahren, bis sich Temperaturveränderungen in extrem großen Tiefen bis in die Kruste und an die Erdoberfläche fortgepflanzt haben.

Dort aber, wo der Untergrund stärker aufgeheizt ist und das heiße Gestein seine Wärme zugleich an Grundwasser abgegeben hat, kann Erdwärme in Form von Dampf oder Heißwasser schon heute genutzt werden: entweder mit Hilfe von Dampfturbinen zur Stromerzeugung oder direkt für Heizzwecke der unterschiedlichsten Art. Dabei benötigt man im ersten Fall Temperaturen von über 150 und im zweiten Fall von über 50 Grad Celsius.

Da hydrothermale Vorkommen mit Temperaturen unter 150 Grad Celsius häufiger sind, überwiegen auch bisher die nichtelektrischen Anwendungen. Die für diese Zwecke bereits erschlossenen Vorkommen haben weltweit, bezogen auf die Förderkapazität, eine Wärmeleistung von etwa 6000 Megawatt[4]. In Europa beispielsweise existieren große Heißwasservorräte im Pannoischen Becken in Ungarn, die bei einer Temperatur von über 80 Grad Celsius landwirtschaftlich genutzt werden. In Frankreich gibt es geothermische Heizungen bereits bei Creil und Melun im Pariser Becken, wo Warmwasser aus etwa 1800 Meter Tiefe gewonnen wird. Auf Island findet sich aufgrund der dort noch immer wirksamen vulkanischen Vorgänge Heißwasser bereits in sehr geringer Tiefe und wird für die Versorgung von über 100000 Menschen mit Heizwärme sowie für den Betrieb von Gewächshäusern und in der Fischverarbeitungsindustrie genutzt[5].

Auch in der Bundesrepublik Deutschland gibt es heiße Tiefengrundwässer, deren Temperaturen für eine Stromerzeugung zwar zu gering, für eine Raumheizung aber unter Umständen ausreichend sind, die einen, wenn auch begrenzten, Beitrag zur Energieversorgung leisten könnten. Eine von der Bundesanstalt für Geowissenschaften und Rohstoffe im Auftrag der Kommission der Europäischen Gemeinschaften durchgeführte Studie[6] hat gezeigt, daß es eine Reihe von Gebieten gibt, die für entsprechende Erdwärmeprojekte in Frage kommen.

Als besonders erfolgversprechend für eine Nutzung von Warmwasservorkommen aus angemessener Tiefe gilt der Oberrheingraben, in dem die Temperatur an einigen Stellen zur Tiefe hin wesentlich stärker zunimmt, als es der normale Erdwärmestrom erwarten läßt. Ursache für die verstärkte Aufheizung ist die junge Tektonik des Oberrheingrabens, der zu den größten Grabenbrüchen der Welt zählt. In den letzten dutzend Millionen Jahren hat sich dort die Erdkruste stark horizontal und vertikal bewegt, und man vermutet, daß hier an der Grenze zwischen Erdkruste und Erdmantel noch immer Vorgänge stattfinden, die zu einem Transport von Material und damit auch von Wärme aus der Tiefe führen.

Da das unterhalb der jeweils mehrere Kilometer mächtigen Sedimente in den sechs Becken des Oberrheingrabens liegende kristalline Grundgebirge während des Paläozoikums der Verwitterung ausgesetzt war, bietet es überdies ebenso wie auch die Grabenränder mit ihren zum Teil sehr tief reichenden Verwerfungen und geologischen Störungen gute Voraussetzungen für Klüfte, Erosionsrinnen sowie andere für eine Wasserführung geeignete Bahnen. Unter diesen Voraussetzungen ist es wahrscheinlich, daß irgendwo im Untergrund Grundwasser mit dem erwärmten Gestein in Berührung kommt und entsprechend aufgeheizt wird.

Deshalb gab und gibt es für dieses Gebiet Pläne, derartige heiße Wässer zu fördern und für Zwecke der Raumheizung zu nutzen. Ein bei Bühl/Baden begonnenes, jedoch, da das Bohrloch zwar ausreichend heißes, aber nur in ungenügender Menge anfallendes Wasser liefert, bisher noch nicht erfolgreiches Erdwärmeprojekt[7], sieht den Betrieb eines Fernheizwerkes mit eingebautem Geothermikteil für die Versorgung von 2000 Wohnungen mit Heizwärme und Warmwasser vor, bei dem lediglich die Verbrauchsspitzen in den extrem kalten Wintermonaten über gasbefeuerte Kessel gedeckt werden. Dabei hofft man, gegenüber einem konventionellen, mit Öl betriebenen Heizwerk durch die Erdwärme jährlich bis zu 5000 Tonnen Heizöl einzusparen.

Besonders günstige geologische Bedingungen findet man vor allem im Bereich Landau. Dort herrschen bereits in 1000 Meter Tiefe fast 100 Grad Celsius. Der Raum um Freiburg kommt ebenfalls für eine solche Nutzung in Frage. Gute Voraussetzungen für eine geothermische Pilotanlage dieser Art[8] bietet außerhalb des Oberrheingrabens unter anderem auch der Raum östlich von München am Nordrand der Faltenmolasse, einer Tertiärschicht am Rande der Alpen. Natürliche Gesteinstemperaturen von über 100 Grad Celsius werden hier allerdings erst in mehr als 3000 Meter Tiefe erwartet. Im ostbayrischen Raum, zwischen Straubing und Füssen (Inn), könnten niedrig temperierte Grundwässer (etwa bis 55 Grad Celsius) aus einem hier unter Überdruck stehenden artesischen unterirdischen Wasserspeicher (Aquifer) gewonnen werden. Für Heizzwecke müßten solche niedrigtemperierten Wässer allerdings erst mit einer Wärmepumpe auf höhere

Temperaturen gebracht werden. Der Einsatz von Wärmepumpen und großflächigen Niedertemperaturheizsystemen, zum Beispiel Fußbodenheizungen, für die Nutzung auch niedriger Temperaturen könnte jedoch das Potential der Erdwärme für Heizzwecke beträchtlich vergrößern.

Auch in der Norddeutschen Tiefebene gibt es, wie man aus Erdölbohrungen weiß, heiße Tiefengrundwässer. Sie haben allerdings so hohe Salzgehalte, daß man zunächst das damit verbundene Korrosionsproblem lösen müßte. Insgesamt ist der Beitrag der geeigneten Tiefengrundwässer nur schwer abzuschätzen. Er beträgt jedoch selbst bei verhältnismäßig niedrigem Primärenergieverbrauch nur wenige Prozent[9]. Innerhalb der Europäischen Gemeinschaft wird der mögliche Anteil hydrothermaler Vorkommen an der gesamten Energieversorgung auf etwa fünf Prozent geschätzt[10]. Bei einem für das Jahr 2000 auf umgerechnet 1800 Millionen Tonnen Öl geschätzten Energiebedarf[11] entspräche dies einem Energieäquivalent von 90 Millionen Tonnen Öl. Das ist genau soviel, wie Schweden, Norwegen, Dänemark und Österreich 1976 insgesamt an Primärenergie verbrauchten.

Erst in Verbindung mit einer noch wirksamen vulkanischen Wärmequelle, die innerhalb eines Tiefenbereiches von einigen tausend Metern unterhalb der Erdoberfläche vorhanden sein muß, können natürliche geothermische hydrothermale Vorkommen (der bisher einzige für die Energiegewinnung genutzte geothermische Lagerstättentyp) mit für eine wirtschaftliche Stromgewinnung ausreichend hohen Temperaturen entstehen[12]. Es sind unterirdische Dampfreservoire und poröse Gesteinsformationen mit überhitztem Wasser, die sich oft schon an der Erdoberfläche durch Ausströmen von heißen Dämpfen oder Gasen verraten.

Zu den bereits erschlossenen Vorkommen gehören die klassischen Erdwärmefelder »The Geysers« in den Rocky Mountains (USA) oder Lardarello in Oberitalien, wo über entsprechende Bohrungen heißer und trockener Dampf, aufgeheizt von einem unterirdischen Vulkanherd, der das Grundwasser auf mehrere hundert Grad Celsius erhitzt, unter hohem Druck an die Erdoberfläche schießt und in Strom umgewandelt wird. Weitere auf diese Weise genutzte geothermische Lagerstätten[13] befinden sich in Wairakei und Kawerau (Neu-Seeland), Cerro Prieto (Mexiko), Matsukawa, Otako und Onuma (Japan), Ahuachapan (El Salvador) und Monte Amiata (Italien).

Insgesamt ist jedoch mit weniger als 1500 Megawatt elektrisch gerade etwas mehr als die Leistung eines sehr großen Kernkraftwerkes installiert. Das entspricht aber, obwohl diese für Dampfturbinen direkt nutzbaren Vorkommen insgesamt verhältnismäßig selten sind, nur einem Bruchteil der möglichen Leistung [14] der bisher entdeckten, vermuteten oder noch ganz unbekannten Lagerstätten. Außer in den USA, Japan und der UdSSR laufen unter anderem in Mexiko, Guatemala, Nicaragua, Guadelupe, Panama, Chile, Äthiopien, Taiwan, Indonesien, auf den Philippinen und in der Türkei umfangreiche Arebeiten [15] zur Erschließung oder Erkundung geothermischer Energie. Besonders günstig sind dabei die Aussichten, die Erdwärme auch wirtschaftlich zu nutzen, in den Ländern im Vulkangürtel der Erde. In diesem Bereich geologisch junger und vulkanisch aktiver Zonen liegen insbesondere viele rohstoff- und energiearme Entwicklungsländer, die durch eine Nutzung der geothermischen Energie ihr Potential an einheimischen Energiereserven, das sie von fremden Energievorräten unabhängiger macht, erheblich vergrößern könnten.

Bereits heute sind in diesen Vulkangebieten die Kosten für den Bau von geothermischen Kraftwerken nicht höher als bei vergleichbaren Wasserkraftwerken. Auch die Stromerzeugungskosten liegen in der gleichen Höhe wie bei gleichmäßig ausgelasteten Wasserkraftanlagen [16]. Moderne Stimulierungstechniken, wie sie unter anderem in der Bundesrepublik Deutschland zum hydraulischen Brechen von Gestein zur Verbesserung der Ausbeute bei der Erdgasgewinnung eingesetzt werden, könnten dabei unter Umständen die Förderkapazitäten geothermischer Produktionsbohrungen steigern und dadurch die Wirtschaftlichkeit noch erhöhen. Ein wichtiger Vorteil ist vor allem, daß die Stromerzeugungskosten pro Kilowattstunde anders als beispielsweise bei Kernkraftwerken nur in geringem Maße von der Größe der Anlage abhängig sind [17]. Dadurch kann der Ausbau geothermischer Kraftwerke besser an den in vielen Entwicklungsländern oft nur in der Größenordnung von einigen bis einigen dutzend Megawatt jährlich zunehmenden Elektrizitätsbedarf angepaßt werden.

Sehr viel größer aber, und nicht auf die vulkanisch aktiven Zonen beschränkt, wird der Beitrag der Erdwärme zur Stromgewinnung sein, wenn es gelänge, die praktisch überall in ausreichender Tiefe vorhandenen trockenen heißen Gesteine zu nutzen. Die wirtschaftliche Entnahme von im Verlauf von Jahrmillionen in trockenem Fels aufgespeicherter Wärme ist ein wichtiges Ziel der Erdwärmenutzung, an dem vor allem in hochindustrialisierten Ländern gearbeitet wird. Erforderlich bei dieser »Hot-dry-rock«-Technologie[18] ist die künstliche Erzeugung weit ausgedehnter Kluftsysteme im Tiefengestein, in denen eine Zirkulation von eingepreßtem Wasser angeregt wird. An der von heißen Gesteinen gebildeten Oberfläche der Klüfte wird das eingepreßte Wasser aufgeheizt und über eine zweite Bohrung wieder gefördert. Das überhitzte Wasser beziehungsweise der sich bildende Dampf kann dann in Kraftwerken zur Stromerzeugung oder zur Raumheizung genutzt werden.

Allerdings braucht man für die wirtschaftliche Entnahme von Wärme aus trockenen, heißen Gesteinen sehr große Wärmeaustauschflächen, die genügend eingepreßtes Wasser erhitzen. Bei einer Gesteinstemperatur von rund 250 Grad Celsius beispielsweise rechnet man je Bohrung mit einer notwendigen Austauschfläche von sieben bis acht Quadratkilometern. Das Problem dabei ist nicht nur, solch einen riesigen Gesteinskomplex im Untergrund zu finden, der eine möglichst geringe natürliche Durchlässigkeit besitzt und frei von natürlichen Klüften ist, sondern auch, ob es gelingt, Bruch- und Rißflächen von dem benötigten Umfang im heißen Gestein künstlich zu schaffen, offenzuhalten und ein Zirkulationssystem in Gang zu setzen. Nur wenn die gesamten sechs bis sieben Quadratkilometer Wärmeaustauschflächen möglichst gleichmäßig überströmt werden, ist das Verfahren wirtschaftlich.

In Los Alamos (USA) wird der »Abbau« einer derartigen heißen und zugleich trockenen Lagerstätte bereits experimentell durchgeführt. Auch in der Bundesrepublik Deutschland gibt es, zum Beispiel bei Urach am Rande der Schwäbischen Alb sowie im Bayrischen Wald, Versuche zur Hot-dry-rock-Technologie. Im Oberrheingraben sind in Zusammenarbeit mit Frankreich ebenfalls experimentelle Versuche geplant.

Funktioniert das Verfahren wie erhofft, könnte man beispielsweise unter den geologisch-geothermischen Bedingungen, wie sie im Oberrheingraben herrschen und wo die Gesteinstemperatur in etwa 3000 Meter Tiefe vermutlich schon bereits zwischen 200 und 250 Grad Celsius liegt, wahrscheinlich eine ganze Reihe von 1000-Megawatt-Kraftwerken bauen. Jedes einzelne Rißsystem würde dabei voraussichtlich mindestens 20 bis 25 Jahre Energie zum Betrieb eines Kraftwerkes liefern, ehe das Gestein ausgekühlt ist. Ist die Energie verbraucht, erzeugt man in nur wenigen hundert Metern Entfernung ganz einfach einen weiteren Riß, dessen Dampf auf die Turbinen geleitet wird. Da die Risse senkrecht stehen, braucht der Abstand zum nächsten Riß nur relativ klein zu sein, und man kann die nächste Gesteinssäule ausbeuten.

Denkbar ist aber auch, daß bei der Entnahme der riesigen Wärmemengen im Untergrund Spannungen entstehen, die dazu führen, daß sich das gesamte Rißsystem selbständig weiter ausbreitet. Das würde bedeuten, daß bei der Wärmeentnahme immer neue Gesteinsbereiche von den Wärmeaustauschvorgängen erfaßt würden, was die Lebensdauer des einzelnen Kraftwerkes erhöhte.

Auf diese Weise ließen sich, die günstigsten Bedingungen vorausgesetzt, im Oberrheingraben Kraftwerke mit einer elektrischen Kapazität von mehreren zehntausend Megawatt installieren. Die vorhandene Wärme im Untergrund würde ausreichen, um für einige Jahrhunderte, wahrscheinlich sogar einige Jahrtausende Energie entnehmen zu können.

21
Wasserkraft und Energie aus dem Meer

Laufwasser: Energie von der Sonne

Auch die Laufwasserenergie verdankt ihren Ursprung der Sonne. Die Sonne ist die treibende Kraft im Wasserkreislauf der Erde. Sie liefert die Wärme für die Verdunstung des Wassers, bei der potentielle Energie entsteht, die das Wasser teilweise beim Herabfallen aus den Wolken und teilweise beim Abfluß auf der Erdoberfläche wieder verliert[1].

Das Wasserkraftpotential der Erde wird äußerst unterschiedlich genutzt: In den Industrieländern sind es über 40 Prozent, in den Entwicklungsländern aber, in denen sich zwei Drittel der technisch und wirtschaftlich nutzbaren Reserven befinden, weniger als fünf Prozent[2]. In Afrika sind es nur zwei Prozent des technisch nutzbaren Potentials, in Asien sechs und in Lateinamerika zwölf Prozent. Dennoch liefern Wasserkraftwerke bereits heute 40 Prozent des insgesamt in den Entwicklungsländern erzeugten Stroms[3]. Weltweit wird der mögliche Beitrag der Wasserkraft zur Energieversorgung auf 1,4 Terawatt geschätzt. Das entspricht mit 1,5 Milliarden Tonnen Steinkohleeinheiten etwa dem gesamten derzeitigen jährlichen Verbrauch der Entwicklungsländer an kommerzieller Energie[4].

Die Wasserkraft hat den Vorteil, daß sie sowohl in großen als auch in kleinen Anlagen genutzt werden kann. Zu den Staaten, die eine landesweite Elektrifizierung mit eigener Wasserkraft aufbauen wollen, gehört beispielsweise Burundi[5], das zu den dichtest besiedelten Ländern Afrikas gehört, etwa 1500 Kilometer vom nächsten Hochseehafen entfernt liegt und außer einigen Torfvorkommen keine fossilen Energiereserven besitzt.

Allerdings erfordern große Wasserkraftprojekte hohe Kapitalkosten und wegen des hohen Potentials den Aufbau großer und – bei Staaten, die an ein gemeinsames Gewässer grenzen – manchmal auch grenzüberschreitender Verteilsysteme. Kapitalknappheit, eine dünne Besiedelung und Verständigungsschwierigkeiten mit den Nachbarstaaten führen deshalb dazu, daß in vielen Fällen der Einsatz dezentraler Energiequellen vorzuziehen ist, bei denen Produktions- und Verteilungskosten sowie die Absatzprobleme geringer sind. Großprojekte, die sich nur auf eine bestimmte Region konzentrieren, bringen häufig auch nur dieser Region einen Nutzen, während andere Gebiete benachteiligt bleiben. Dagegen könnten Klein- und Kleinstwasserkraftwerke den Nutzen unmittelbar auch in die kleinste und entlegenste Gemeinde tragen.

Zu den Ländern, die ihr Wasserkraftpotential besonders stark ausgebaut haben, gehört auch die Bundesrepublik Deutschland. Die Laufwasserenergie wird bereits heute zu über 75 Prozent genutzt und kann auch noch voll ausgeschöpft werden, da in der Bundesrepublik Deutschland das abbauwürdige Potential weitgehend dem technischen entspricht. 1978 wurden insgesamt 18,5 Milliarden Kilowattstunden Strom aus Wasserkraft gewonnen. Das sind 6,5 Prozent des von öffentlichen Kraftwerken erzeugten Stroms. Bei einem vollen Ausbau ständen nach Abzug von Transport- und Verteilungsverlusten jährlich 22 Milliarden Kilowattstunden zur Verfügung[6].

Meereswärme und Wellenenergie

Auch einige der Meeresenergien beziehen ihren Kraftfluß wiederum von der Sonne. Die Meereswärme zum Beispiel, die über die Ausnutzung von Temperaturunterschieden in offenen und geschlossenen Kreisläufen zur Stromerzeugung genutzt werden kann, ist direkt gespeicherte Sonnenwärme, während die Wellen über den Wind aus der Stahlungsenergie der Sonne entstehen.

Obwohl Meereswärmekraftwerke[7] theoretisch überall im Meer mit Hilfe von frei laufenden Wasserturbinen betrieben werden könnten, ist ihr wirtschaftlicher Einsatz auf die Gebiete mit den größten Temperaturunterschieden, also vor allem auf die Tropen, beschränkt. Am meisten geeignet sind Gebiete mit warmen Oberflächenströmungen und kalten Tiefenströmungen in Küstennähe. Eine Kleinstanlage mit einer installierten elektrischen Leistung von 50 Kilowatt, die im Mittel zehn Kilowatt leistete, lief bereits einige Monate vor Hawaii[8]. Dort wurde 1980 auf einem ausrangierten US-Marinetanker auch eine Kleinanlage mit einer Nennleistung von einem Megawatt zur Erprobung installiert. Auch gibt es bereits Pläne für eine große Pilot-Anlage im Bereich von zehn bis 40 Megawatt.

Derartige Anlagen sind allerdings wegen ihres sehr geringen Wirkungsgrades für eine Stromerzeugung in großem Stil nicht geeignet, obwohl es auf dem Papier dafür bereits Pläne gibt. Vor allem im offenen Kreislauf arbeitende Anlagen, die den Wasserdampf, der aus dem warmen Ozeanwasser aufsteigt, direkt für den Antrieb von Turbinen nutzen, würden bei großen Leistungen gigantische Ausmaße annehmen. Bereits eine »bescheidene« 100-Megawatt-Anlage[9] dieser Art müßte in der Sekunde 370 Tonnen Warmwasser verdampfen und gleichzeitig 310 Tonnen Kühlwasser aus 900 Meter Tiefe heraufpumpen, um 1,6 Tonnen verwertbaren Dampf zu gewinnen. Würde man solche Anlagen zur großtechnischen Stromerzeugung in großem Umfang betreiben, blieben wahrscheinlich auch Umweltschäden durch Wetter- und Klimaveränderungen nicht aus.

Wesentlich aussichtsreicher ist wahrscheinlich die Nutzung der Wellenenergie[10], die auch mit verhältnismäßig hoher Energiedichte anfällt. Wellenenergiewandler werden bereits heute in bescheidenem Umfang mit Leistungen von weniger als einem Kilowatt zum Beispiel für die Stromversorgung von Bojen eingesetzt. Vor allem Großbritannien, die USA und Japan beschäftigen sich mit der möglichen Nutzung von größeren Anlagen im Megawattbereich. Bei einem im Rahmen der Internationalen Energie-Agentur durchgeführten Projekt werden in einer schiffsähnlichen, 80 Meter langen »Boje« beispielsweise Druckluftturbinen getestet. Die Wellenbewegungen werden bei diesem Konzept in nach unten offenen Kammern des »Energieschiffs« zunächst zur Erzeugung von Druckluft verwertet und diese anschließend in Strom umgesetzt[11].

Wellenenergiewandler der unterschiedlichsten Konzeption sind für kleine Leistungen besonders geeignet und kommen deshalb auch in entsprechenden Küstenlagen für die dezentrale Energieversorgung in Entwicklungsländern in Frage. Als besonders aussichtsreich gelten dabei nach einer im Auftrag des Bundesministeriums für Forschung und Technologie von der Dornier System GmbH durchgeführten Studie[12] Anlagenkonzepte mit Leistungen von weniger als 100 Kilowatt für die Energieproduktion oder die Trink- und Brauchwassergewinnung.

Besonders sinnvoll und wirtschaftlich ist der Einsatz solcher Systeme, bei denen die Wellenenergie in Pumpleistung umgesetzt wird. Mit dieser Pumpleistung können zum Beispiel hydraulische Speicher mit Speicherwasser für die nachfolgende Stromerzeugung beschickt, nach dem Prinzip der Umgekehrten Osmose arbeitende Meerwasserentsalzungsanlagen mit Druckwasser versorgt und Aquakulturbecken auf dem Land, in denen Algen zur Biogasgewinnung gezüchtet werden, mit Meerwasser beliefert werden. Auch die Stromerzeugung auf dem Wellenenergiewandler selbst und die Übertragung der elektrischen Energie über Kabel ans Ufer sind möglich.

Ein einfaches Konzept[13] für die Gewinnung elektrischer Energie aus den Wellenbewegungen besteht aus einer wellenbetriebenen Pumpe vor der Küste auf See, einer Druckleitung zum Ufer für ein flüssiges oder gasförmiges Arbeitsmedium, einem Druckluftspeicher oder luftgepufferten Tank an Land sowie aus einem Turbogenerator zur Stromerzeugung. Sind die topographischen Verhältnisse an der Küste entsprechend günstig, kann ein Salzwasserspeicher für ein ausgeglichenes und dem Bedarf entsprechendes Leistungsangebot sorgen, wenn salzwasserbeständige Turbinen zur Verfügung stehen. Ein solcher salzwassergefüllter Speicher von beispielsweise einer Breite und Länge von je 500 Metern und einer Tiefe von vier Metern würde bei einer Fallhöhe des Meerwassers über 50 Meter den durchschnittlichen Strombedarf von 1000 Einwohnern in ländlichen Entwicklungsgebieten über 50 Tage lang decken[14].

22
Bioenergie und Biorohstoffe

Obwohl Sonne, Wind und Wellen bei bescheidener Energienutzung künftig einen großen Beitrag zur Sicherung der Energieversorgung der Welt leisten können, haben diese Erscheinungsformen der Sonnenenergie doch den großen Nachteil, daß sie zum Teil mit erheblichen Schwankungen anfallen, denen sich der Energieverbrauch nicht immer anpassen kann [1]. Zum Ausgleich dafür müssen sie zumindest teilweise in speicherbare Energien umgewandelt werden, was ihre Anwendung oft teuer macht.

Leicht und lange speicherbar sind aber letztlich nur chemische Energieträger, die auch für den oft notwendigen Transport von Energie gut geeignet sind. Zwar kann man, zum Beispiel durch Zerlegung von Wasser in Wasserstoff und Sauerstoff, auch mit Sonne, Wind und Wellen genauso wie mit Erdwärme oder Kernenergie einen gut speicherbaren und zugleich umweltfreundlichen Energieträger gewinnen. Doch insbesondere, wenn dies, wie bei der Elektrolyse, auf dem Umweg über elektrischen Strom geschieht, steht am Schluß dieser mehrfachen Umwandlungsprozesse immer weniger der ursprünglich vorhandenen Energie zur Verfügung.

Es war deshalb für die Menschheit ein ausgesprochen glücklicher Umstand, daß die fossilen Energierohstoffe bereits von Natur aus in der Form vorlagen [2], in der man Energie am problemlosesten und zugleich am vielfältigsten einsetzen kann. Durch einen beispiellosen Raubbau ist es derselben Menschheit jedoch gelungen, die in Jahrmillionen geschaffenen Vorräte an gespeicherter Sonnenenergie innerhalb kürzester Frist so zu verschwenden, daß sie, mit Ausnahme der Kohle, wenn man mit ihr sparsam umgeht, bald erschöpft sind.

Es bleibt aber immer noch jene, allerdings nicht ganz so leicht wie Kohle, Erdöl und Erdgas nutzbare gespeicherte Sonnenenergie, die Jahr für Jahr mit Hilfe des Sonnenlichtes neu entsteht: Mit Sonnenlicht bauen Pflanzen aus Wasser und dem Kohlendioxid der Luft jährlich einen Vorrat an organischer Substanz auf, dessen Energieinhalt rund dem Zehnfachen des kommerziellen Weltenergieverbrauchs entspricht[3]. Allein im jährlichen Zuwachs der Landpflanzenmasse steckt rund das Sechsfache und in der neu produzierten Wasserpflanzensubstanz noch einmal das Vierfache des jährlichen Verbrauchs an fossiler und nuklearer Energie.

Allerdings ist der Energieinhalt von Biomasse[4], so wie sie anfällt, mit Ausnahme zum Beispiel von Holz, das bereits eine recht hohe Energiedichte hat und deshalb zur Energieerzeugung auch direkt verbrannt werden kann, im Vergleich zu herkömmlichen Brennstoffen oft verhältnismäßig gering, so daß er zunächst angereichert werden muß. Es gibt eine Fülle von Verfahren, um aus Biomasse feste, flüssige oder gasförmige Brennstoffe zu gewinnen, die sich ebenso gut verwenden lassen wie die herkömmlichen fossilen Energierohstoffe. Und es gibt kaum eine organische Substanz, von Tieren produzierte »Abfälle« eingeschlossen, die sich nicht durch eine entsprechende Behandlung zu einem brauchbaren Energielieferanten machen ließe.

Nutzungsmöglichkeiten in der Bundesrepublik Deutschland

Allein in der Bundesrepublik Deutschland fallen jährlich fast 60 Millionen Tonnen[5] pflanzliche Reststoffe an, die zu einem erheblichen Teil nicht verwertet werden oder sogar sehr kostenaufwendig beseitigt werden müssen.

Die anfallende Menge an lufttrockenem Rest- und Brennholz beispielsweise wird auf jährlich etwa zehn Millionen Tonnen geschätzt und entspricht in ihrem Energieinhalt etwa drei Millionen Tonnen Heizöl[6]. Von diesen Waldabfällen wird ein großer Teil nicht nur aus ökologischen, sondern auch aus wirtschaftlichen Gründen im Wald belassen, weil man damit bisher nichts Besseres anzufangen weiß. Auf diese Weise liegen jährlich allein drei Millionen Festmeter Schwachholz in den Wäldern brach[7]: Würde dieses Knüppelholz nach einer besseren Durchforstung verbrannt, wüchsen auch die jungen Bestände besser. So wäre der Wald nicht nur besser gepflegt, sondern würde zugleich ertragreicher.

Ohne den Wald zu verheizen, könnte bei Ausschöpfung der bestehenden Produktions- und Nutzungsreserven auch die gegenwärtige Holznutzung von etwa 29 Millionen Kubikmeter Rohholz im Jahr und damit auch der mögliche Beitrag des Waldes zur Energieversorgung nicht unerheblich erhöht werden[8]. Mit 20 Raummetern Holz und Holzabfällen, die in einer zusätzlich eingebauten Holzheizanlage[9] verbrannt werden, ließen sich beispielsweise etwa 4000 Liter Heizöl einsparen. In dem der Bundesrepublik Deutschland benachbarten Österreich, in dem 1978 bereits 16 Prozent aller Wohnungen mit Holz beheizt wurden und es sogar Pläne für mit Abfall-, Durchforstungs- und Stangenholz betriebene Kraftwerke gibt, hat man sogar errechnet[10], daß sich mit bisher ungenutzten Reserven an forstlicher Biomasse, wie Holz, Rinde oder Sägerückstände, rund 14 Prozent des gesamten jährlichen Primärenergiebedarfs decken ließen. Auch in den USA will man holzgefeuerte Kraftwerke bauen.

Von den 9,1 Millionen Tonnen Abfällen jährlich in der Holzwirtschaft sind immerhin noch 1,2 Millionen Tonnen ungenützt, während der größere Teil bereits verhältnismäßig hochwertig für Spanplatten, Faserplatten, Zellstoff oder Papier verwertet wird oder bereits heute der Energieerzeugung dient.

Die Verbrennung von Stroh auf offenem Feld verschmutzt und gefährdet nicht nur die Umwelt, sondern ist, soweit überhaupt noch erlaubt, die reinste Energieverschwendung: Fünf Millionen Tonnen Stroh[11], für die es derzeit in der Landwirtschaft keine sinnvolle Verwendung gibt, könnten, sinnvoller verheizt, 1,3 bis 1,5 Millionen Tonnen Heizöl ersetzen. Damit ließen sich entweder 150000 landwirtschaftliche Wohnhäuser beheizen oder die Hälfte des in der Bundesrepublik Deutschland erzeugten Getreides sowie die gesamte Raps- und Körnermaisernte trocknen. Stroh von einem Hektar mit einem Ertrag von vier Tonnen würde beispielsweise ausreichen, um ein Wohnhaus einen Wintermonat lang zu beheizen oder 98 Tonnen Getreide zu trocknen.

Je nach Getreideart und Feuchte besitzt Stroh Heizwerte, die fast jene von Holz, Torf oder Braunkohlebriketts erreichen. Die Nutzung dieser bisher weitgehend brachliegenden Energiereserven setzt freilich wirtschaftlich günstig arbeitende, funktionssichere und umweltfreundliche Anlagen voraus, die überdies den speziellen Eigenschaften des Brennstoffes Stroh optimal angepaßt sind. Solche Anlagen werden entwickelt[12], während die bereits heute auf dem Markt befindlichen Strohverbrennungsanlagen zum Teil noch erheblicher Verbesserungen bedürfen, was Beschickung und emissionsarmen Verbrennungsablauf betrifft.

Bereits heute kann die Strohverbrennung im landwirtschaftlichen Betrieb je nach Höhe des (regional oft unterschiedlichen) Stroh- und Heizölpreises günstiger als die Feuerung mit Heizöl sein. Dabei wird das Aufkommen an überschüssigem Stroh, das bei höheren Energiepreisen zunehmend an Wert gewinnt, in den kommenden Jahren voraussichtlich noch anwachsen, da in der Bundesrepublik Deutschland die Getreideproduktion zur Zeit am Steigen ist.

Erheblich umstritten ist auch, ob die Unterpflügung von acht Millionen Tonnen Stroh pro Jahr eine Vernichtung oder eine Verwertung ist[13]. Der Wert von Stroh als Dünger ist äußerst unterschiedlich und abhängig von der Bodenart. Zum Beispiel kann auf trockenen Böden das Einpflügen von Stroh für die nachfolgende Pflanze eher schädlich als nützlich sein. Insgesamt fallen trotz Reduzierung der Strohmasse durch Halmverkürzungsmittel jährlich nicht weniger als 25 Millionen Tonnen an. Damit hätten sich 1980 bereits rund 2,5 Prozent des Primärenergiebedarfs oder fast vier Prozent des Endenergiebedarfs decken lassen.

Manchem ist jedoch das Stroh auch für die Energiegewinnung noch zu schade. Auch die chemische Industrie ist bereits auf der Suche nach einer neuen Kohlenstoffquelle. Schon heute ist fraglich, ob sie ihren Rohstoffbedarf in Zukunft bei stagnierender Erdölförderung noch zu vertretbaren Preisen decken kann. Heute ist Öl noch die billigste Kohlenstoffquelle. Doch im Gegensatz zu den fossilen Kohlenwasserstoffen erneuert sich das im Stroh und anderen pflanzlichen Abfällen enthaltene enorme organische Kohlenstoffreservoir von Jahr zu Jahr.

Die chemische Industrie könnte aus den Reststoffen beispielsweise Methanol als Benzinersatz, Furforol für die Erdöldestillation und Kunststoffproduktion, Xylit-Zucker für die Nahrungsmittelproduktion, Alkohol durch biologischen Aufschluß und, durch Vergasung unter hohen Temperaturen, Synthesegas für die organische Chemie gewinnen[14]. Im Prinzip lassen sich so alle synthetischen organischen Chemikalien und Polymere gewinnen, die jetzt aus Erdöl und Erdgas erzeugt werden.

Manches spricht in der Tat dafür, aus Reststoffen Chemikalien statt Brennstoffe zu machen: Während der Anteil pflanzlicher

Reststoffe immer nur einen vergleichsweise bescheidenen, wenn auch nicht unwichtigen Beitrag zur Deckung des Energiebedarfs leisten würde, könnte er die chemische Industrie, deren Bedarf an Energierohstoffen für den nichtenergetischen Verbrauch mehr als zehnmal kleiner ist, in ganz erheblichem Umfang von fossilen Rohstoffen unabhängig machen.

Für eine Energie- oder Rohstoffgewinnung aus nachwachsenden Rohstoffen kommen jedoch nicht nur Abfälle, sondern auch unter Umständen – neben Holz – für diesen Zweck extra angebaute Einjahrespflanzen in Frage. Alkohol aus heimischen Pflanzen beispielsweise könnte durchaus einen, wenn auch begrenzten Beitrag zur Verringerung der großen Importabhängigkeit der Bundesrepublik Deutschland vom Rohöl leisten, wie eine entsprechende im Auftrag des Bundesministeriums für Forschung und Technologie von der Dornier System GmbH durchgeführte Untersuchung[15] zeigt, in der versucht wurde, die Möglichkeiten des Einsatzes von Gärungsalkohol aus Agrarprodukten als Biokraftstoff abzuschätzen.

Im Prinzip lassen sich die Inhaltsstoffe sowohl zuckerhaltiger, stärkehaltiger als auch zellulosehaltiger Pflanzen zu Äthanol (Äthylalkohol) vergären, wobei sich Zucker, Stärke und Zellulose nur im unterschiedlichen Aufbau der Moleküle unterscheiden, was allerdings die Anwendung unterschiedlicher Aufschlußverfahren notwendig macht. Dabei ist die Alkoholerzeugung aus Zellulose derzeit noch am aufwendigsten, langfristig aber am aussichtsreichsten, weil gerade bei der Verwertung von zellulosehaltigen Pflanzen günstige Roh- und Reststoffe in erheblicher Menge zur Verfügung stehen. Weil es aber günstige Aufschlußverfahren hierfür noch nicht gibt, beschränkt sich die Untersuchung auf die Verwertung von Futterrüben und Getreide.

Da es das Ziel der landwirtschaftlichen Produktion in erster Linie ist und auch weiterhin sein sollte, den Nahrungsmittelsektor zu versorgen, würden bei einer allzu starken Ausweitung der Alkoholerzeugung aus Agrarprodukten natürlich erhebliche Konflikte auftreten. Die Studie geht deshalb ausdrücklich bei der Berechnung der für den Anbau von »Alkoholpflanzen« in Frage kommenden Flächen von einer Erhaltung des derzeitigen Grades der Eigenversorgung der Bundesrepublik mit Nahrungsmitteln aus.

Dennoch ständen für die Alkoholgewinnung aus Agrarprodukten nicht unerhebliche Flächen zur Verfügung. Dazu zählen nicht genutzte landwirtschaftliche Flächen, deren nutzbarer Anteil auf insgesamt eine Million Hektar geschätzt wird. Ebenso kann man an den Abbau von landwirtschaftlichen Überproduktionen denken. Allein die Überschüsse an Milch, Butter und Zucker entsprechen einer landwirtschaftlich genutzten Fläche von 0,7 Millionen Hektar.

Schließlich lassen sich die Anbauflächen für die Produktion von Nahrungsmitteln reduzieren, wenn man beispielsweise nach entsprechenden Züchtungserfolgen Sorten mit höheren Flächenerträgen anbaut. Eine Ertragssteigerung im Getreideanbau von 25 Prozent würde die notwendigen Getreideanbauflächen von etwa fünf Millionen Hektar um eine Million Hektar verringern, die für den Anbau von Alkoholpflanzen genutzt werden könnten. Damit sind die Grenzen der Steigerungsfähigkeit der Hektarerträge nach Ansicht von Pflanzenbauern jedoch noch keineswegs erreicht. Für Gerste beispielsweise wird, vom Züchtungspotential aus betrachtet, eine Ertragssteigerung bis zu 100 Prozent für möglich gehalten.

Die Studie kommt schließlich zu dem Ergebnis, daß bis zu zehn Prozent der 1979 in der Bundesrepublik Deutschland verbrauchten Mengen an Kraftstoffen durch Äthanol aus Agrarprodukten ersetzt werden könnten, wobei die Verwendung von Mischkraftstoffen mit einem entsprechenden Alkoholanteil von bis zu zehn Prozent wahrscheinlich der sinnvollere Weg ist. Die hohe Klopffestigkeit von Äthanol läßt die Vermischung mit bleifreiem Benzin zu und führt, verglichen mit Reinbenzin, zu einer Steigerung der Kilometerleistung.

Die Anbaufläche ließe sich halbieren oder die ersetzte Menge konventioneller Kraftstoffe verdoppeln, wenn es, was durchaus realistisch und auf längere Sicht auch zu erwarten ist, durch Autos, die im Energieverbrauch sparsamer sind, gelänge, den Kraftstoffbedarf auf die Hälfte des Wertes von heute zu senken. Das zeigt auf simple, aber deutliche Weise, wie sich der Nutzen einer eher bescheidenen Energiequelle ganz einfach dadurch verdoppeln läßt, daß man Technologien entwickelt, die bei gleicher Energienutzleistung entsprechend sparsamer sind.

Bei heutigen Rohölpreisen kann Bioalkohol allerdings im Preis[16] noch nicht mit Diesel oder Benzin konkurrieren. Jedoch sollte man sich nicht darauf beschränken, zu warten, bis die Rohölpreise entsprechend gestiegen sind, sondern etwas tun, um die Kosten zu senken: Bereits durch eine fortschrittlichere Aufbereitungstechnik, eine Reduzierung der Rohstoffkosten durch Züchtungserfolge und eine Kostenoptimierung durch »Mischbetriebe«, die sowohl Alkohol- als auch Nahrungspflanzen produzieren, ließen sich wesentlich niedrigere Kosten erzielen als jene, die man heute noch unterstellen muß.

Wesentlich günstigere Bedingungen als in der Bundesrepublik Deutschland liegen jedoch schon heute dann vor, wenn beispielsweise Hochertragspflanzen wie Zuckerrohr bei vergleichsweise niedrigen Löhnen in Ländern angebaut werden, die gleichzeitig über große Flächen verfügen, wie einige Agrar- und Entwicklungsländer. Insbesondere in Ländern mit üppigem Pflanzenwachstum und einer mehr agrarwirtschaftlich ausgerichteten Landwirtschaft wird Äthanol deshalb der Kraftstoff der Zukunft sein[17]. Doch nicht nur in Entwicklungsländern auf äquatorialen Breitengraden, sondern auch in Industrieländern mit stark ausgeprägter Landwirtschaft wird »energy farming« der unterschiedlichsten Art in Zukunft eine immer größere Rolle spielen.

Fast alle organischen Substanzen, zum Beispiel Rest- oder Abfallstoffe aus der Pflanzenproduktion und der Tierhaltung, lassen sich durch bestimmte Mikroorganismen in einem Faulprozeß in eine Mischung aus Kohlendioxid und (bis zu 60 Prozent und mehr) Methan, das mit Sumpf-, Faul- oder auch Klärgas identische Biogas, verwandeln, einen sauberen Brennstoff, der sich leicht lagern und transportieren läßt. Dabei fällt – ähnlich wie bei der Äthanolproduktion – als Rückstand ein hochwertiger, mineralhaltiger, geruchsarmer Dünger an, in dem die Nährstoffe des Ausgangsmaterials weitgehend erhalten geblieben sind, und es wird gleichzeitig ein dringliches Abfallbeseitigungsproblem gelöst.

Als Anlagen zur Energiegewinnung in landwirtschaftlichen Betrieben stehen Biogasanlagen, insbesondere, wenn man den zusätzlich erzielbaren Nutzen berücksichtigt, unmittelbar vor der Wirtschaftlichkeit oder haben sie schon erreicht[18]. Unter bestimmten günstigen Bedingungen, zum Beispiel bei genügend Rest- und Abfallstoffen, einer entsprechend dimensionierten Anlage sowie bei einem optimal gewählten Verfahren, kann ein landwirtschaftlicher Betrieb seinen vollen Energiebedarf mit dem gewonnenen Biogas decken[19]. Dabei kann Biogas sowohl als Heizgas als auch als Treibstoff zur Elektrizitätserzeugung Verwendung finden. Auch Kläranlagen[20] lassen sich je nach Art der Anlage völlig energieautark machen.

Wie sich die optimale Nutzung erneuerbarer Energiequellen, insbesondere der Bioenergie, und hier vor allem von pflanzlichen Rest- und tierischen Abfallstoffen in Verbindung mit einem rationelleren Umgang mit Energie durch verbesserte Technologien auf die Energiebilanz einer am Energieverbrauch nicht unerheblich beteiligten Verbrauchergruppe auswirken kann, zeigen die vorläufigen Ergebnisse einer Untersuchung[21] über Energieeinsparmöglichkeiten in der Landwirtschaft: 1976 verbrauchte die Landwirtschaft in der Bundesrepublik Deutschland insgesamt 12,22 Millionen Tonnen Steinkohleeinheiten, hauptsächlich in Form von fossilen Energieträgern. 1992 werden es voraussichtlich 13,92 Millionen Tonnen Steinkohleeinheiten sein. Durch rationellen Energieeinsatz ließe sich dieser Verbrauch um 1,77 Millionen Tonnen Steinkohleeinheiten auf 12,15 Millionen Steinkohleeinheiten verringern. Werden zusätzlich fossile Energien durch Einsatz von Bioenergie für innerbetriebliche Zwecke ersetzt, sinkt der Bedarf an fossilen Energierohstoffen bereits auf 9,42 Millionen Tonnen Steinkohleeinheiten. Zusätzlich aber könnte sie bei konsequenter Nutzung des Bioenergiepotentials noch 13,65 Millionen Tonnen Steinkohleeinheiten an andere Verbraucher liefern, so daß sich die bisher negative Energiebilanz der Landwirtschaft in eine positive Energiebilanz verwandeln würde. Auf diese Weise würde die Landwirtschaft gewissermaßen »über Nacht« von einem Energieverbraucher zu einem Energieerzeuger.

Bioenergie und dritte Welt

Bioenergien, wie Brennholz, Holzkohle, pflanzliche und tierische Abfälle, zählen zu den »handelsunüblichen«, nichtkommerziellen Energien, auf die zwar nur fünf Prozent des weltweiten Energieverbrauchs entfallen, die aber etwa die Hälfte der in den ölimportierenden Entwicklungsländern erzeugten Energie liefern[22]. In vielen Entwicklungsländern decken sie über 85 Prozent des Bedarfs in ländlichen Gegenden; in Ländern mit extrem niedrigen Einkommen, wie Mali, Nepal oder Tansania, sogar über 90 Prozent des Gesamtbedarfs.

Der größte Teil des verbrannten Holzes, Dungs und der Ernterückstände wird zum Kochen verbraucht. Doch die unkontrollierte Nutzung und die in Verbindung mit einer rasch wachsenden Bevölkerung Übernutzung vor allem der Holzbestände haben zu einer »Brennholzkrise« geführt, die die Beschaffung von Feuerholz immer schwieriger macht[23]: In Nepal beispielsweise führte die wachsende Nachfrage nach Brennholz, aber auch nach Ackerland und Weiden zur Entwaldung der Berggegenden. Das verursacht starke Bodenerosionen, was die Fruchtbarkeit des Bodens und seine Fähigkeit, in Trockenperioden Wasser zu speichern, verringert und letztlich zur Versteppung führt. Nach einer Untersuchung der Weltbank werden die Berggegenden Nepals in 15 Jahren vollständig entwaldet sein, wenn das gegenwärtige Tempo der Abholzung anhält.

In der Sahelzone, einem breiten Savannenstreifen, der südlich der Sahara quer durch Afrika verläuft und in dem die Bäume ohnehin sehr dünn verteilt sind, sowie im Sudan beschleunigen Entwaldung und Erosion die Wüstenbildung. In Obervolta beispielsweise gibt es um die Hauptstadt Ouagadougou im Umkreis von 100 Kilometern keinen Baum mehr[24]. Das Holz zum Kochen der Mahlzeit ist mittlerweile teurer als die Speise selbst.

Jährlich wird in der dritten Welt eine Fläche abgeholzt, die der Größe halb Großbritanniens entspricht. Nach einer Untersuchung[25] des Bundesministeriums für Ernährung, Landwirtschaft und Forsten wird Ende dieses Jahrhunderts, wenn Holz nicht in großem Maßstab durch andere Energiequellen ersetzt wird und zugleich spezielle Brennholzpflanzungen geschaffen werden, der größte Teil von Asien und Afrika nicht mehr in der Lage sein, seine Brennholzbedürfnisse zu decken. Die Flächenproduktivität der verbleibenden Wälder müßte deshalb vor allem durch die Anlage großer Pflanzungen schnell wachsender Baumarten gesteigert werden. Mit entsprechend schnellwüchsigen Arten ließe sich der fünffache Brennholzertrag natürlicher Wälder erwirtschaften. Nur wenn bis zum Jahre 2000 in Asien und im Fernen Osten mindestens 150 Millionen Hektar, in Afrika 60 Millionen und in Lateinamerika 30 Millionen Hektar solcher Pflanzungen geschaffen werden, könnten sich die tropischen Länder künftig selbst versorgen. Aber auch die bescheidenere Anlage von vielen kleinen, dorfeigenen Waldparzellen würde bereits etwas Abhilfe schaffen. Dort, wo bisher noch auf offenem Feuer gekocht wird, könnte auch die Einführung einfacher, preisgünstiger Kochherde aus lokaler Fertigung die Brennholzvorräte verdoppeln.

Der zunehmende Mangel an Brennholz wiederum zwingt häufig dazu, Dung zu verbrennen, wodurch wertvoller Dünger dem Boden und damit der Nahrungsmittelerzeugung entzogen wird. Würde man dagegen den Tierdung, statt ihn zu verbrennen, in Biogas umsetzen, blieben die Nährstoffe des Ausgangsprodukts weitgehend erhalten. Kleine Biogasanlagen für einzelne Häuser und ganze Dörfer sind deshalb in Asien schon in riesiger Zahl in Betrieb. In der Volksrepublik China sind bereits sieben Millionen Faulanlagen in Betrieb, von denen jede den Energiebedarf einer vierköpfigen Familie decken kann und die zusammen jährlich 500 Millionen Kubikmeter Biogas aus Dung, pflanzlichen Abfällen und zum Teil auch Haushaltsmüll erzeugen[26]. In Indien gibt es bereits mehr als 75000 solcher Anlagen[27], mit deren Gas man kochen, beleuchten, pumpen, heizen und kühlen kann.

Was die Errichtung einer gemeinsamen, dorfeigenen Anlage beispielsweise für ein typisches kleines Dorf in Indien bedeuten könnte, haben indische Ökonomen in einer umfassenden Studie untersucht[28]: Dabei wurde ein Dorf mit 500 Einwohnern, 100 Häusern und einem Bestand von 250 Rindern zugrunde gelegt. Zu diesem Siedlungstyp gehören knapp sechs Millionen Dörfer in Indien, in denen etwa 25 Prozent der Bevölkerung leben. Erst rund elf Prozent dieser Dörfer besitzen elektrischen Strom.

Würde man in einem Dorf dieses Typs beispielsweise nur 75 Prozent des täglich anfallenden Dungs einsammeln und aus einem Kilogramm getrocknetem Dung lediglich 0,19 Kubikmeter Biogas erzeugen, würde man pro Tag Gas mit einem Energieinhalt von 668 Kilowattstunden gewinnen. Das sind 30 Prozent mehr als jene 500 Kilowattstunden, die ein solches Dorf heute täglich aus kommerziellen und nichtkommerziellen Energiequellen verbraucht. Damit könnte man zehn Bewässerungspumpen (200 Kilowattstunden pro Tag), fünf Gewerbebetriebe (50 Kilowattstunden pro Tag) und eine Lampe in jedem Haus (67 Kilowattstunden pro Tag) mit der notwendigen Energie versorgen und 200 Kilowattstunden für den Kochherd in jedem Haus verbrauchen. Dann blieben immer noch pro Tag 150 Kilowattstunden für verschiedene Zwecke übrig. Der zusätzlich gewonnene Dünger würde ausreichen, um beispielsweise bei Getreide einen Ertragszuwachs von mindestens 22 Tonnen im Jahr zu erzielen.

Schneller wahrscheinlich als auf jede andere Art könnte man mit solchen Anlagen auf Dorfebene, die allerdings für den gemeinsamen Betrieb die Bildung von entsprechenden Gemeinschaften voraussetzen, ländliche Räume mit Elektrizität erschließen. Einzelanlagen haben den Nachteil, daß sie bisher noch zu teuer und erst bei einem Viehbestand von drei Tieren einigermaßen kostengünstig sind. Sie bergen deshalb die Gefahr, daß sich der Nutzen, solange gut funktionierende und billige Kleinstanlagen noch nicht entwickelt sind, zunächst auf die etwas wohlhabenderen Familien konzentriert.

Auch aus Wasserhyazinthen und aus Algen ließe sich Biogas gewinnen. Die getrockneten Wasserhyazinthen wiederum lassen sich andererseits auch zu Briketts verpressen, aus denen man zusätzliche Energie gewinnt oder mit denen man das Hinterland »erschließt«, da solche (meist größeren) Anlagen an ein Gewässer gebunden sind.

Flüssige Brennstoffe, die aus pflanzlicher Substanz gewonnen werden, können zum Beispiel Kraftmaschinen oder Traktoren betreiben und unter Umständen auch als Brennstoff zum Kochen dienen. Äthanol läßt sich auf verhältnismäßig einfache Weise durch Gärung und Destillation landwirtschaftlicher Produkte mit hohem Stärke- oder Zuckergehalt, wie Zuckerrohr, Zuckerrüben, Maniok, aber auch Mais, Reis und Getreide, erzeugen.

In Brasilien[29] wurden aus Zuckerrohrsaft und zum Teil auch aus der nach dem Auspressen des Rohrs übrigbleibenden, immer noch zuckerhaltigen Bagasse, deren Verbrennung zugleich die Energie für die Verarbeitungsanlagen liefert, 1978 bereits 2,7 Milliarden Liter Äthanol produziert. Bis 1985 soll die Äthanolproduktion auf 10,5 Milliarden Liter erhöht werden. Äthanol kann nicht nur die herkömmlichen Kraftstoffe durch seine Beimischung bis zu 20 Prozent strecken, sondern bei entsprechender Anpassung des Motors herkömmliche Kraftstoffe ganz ersetzen. Brasilien, in dem die Voraussetzungen für eine Äthanolproduktion im großen Stil besonders günstig sind, weil es nicht nur vom Klima verwöhnt ist, das mehrere Zuckerrohrernten im Jahr zuläßt, sondern auch über riesige Anbauflächen verfügt, würde nur zwei Prozent seiner Landfläche benötigen, um alle seine heute benötigten Kraftstoffe aus Öl zu ersetzen.

Durch die Äthanolproduktion im großen Stil will sich Brasilien aus seiner starken Abhängigkeit von Ölimporten lösen, die 1979 mit rund sieben Milliarden Dollar mehr als ein Drittel der Gesamtimporte ausmachten[30]. Neben der Verwendung als Kraftstoff soll Äthanol auch in großem Umfang als Chemierohstoff eingesetzt werden. Dieser Alkohol läßt sich leicht in eine Vielzahl von Chemikalien umwandeln.

Selbst wenn heute die Gewinnung von Äthanol aus Biomasse auch in Brasilien nach streng betriebswirtschaftlichen Maßstäben noch nicht wirtschaftlich ist, dieser Punkt durch verbesserte Aufbereitungstechniken sowie die weiter ansteigenden Ölpreise aber bald erreicht sein dürfte, so ist der volkswirtschaftliche Nutzen doch schon jetzt sehr groß[31]: Für Entwicklungsländer, die wie Brasilien in klimatisch begünstigten Regionen liegen, über wenig eigenes Erdöl, dafür aber über ausreichend Land und Arbeitskräfte verfügen, bietet es sich geradezu mehr als an, eine brachliegende einheimische, reiche und zugleich zukunftssichere Energiequelle zu erschließen, die Arbeitsplätze schafft und das Land wirtschaftlich unabhängiger macht, als sich noch stärker als bisher auf eine immer teurer werdende Energiequelle zu verlassen, deren Zukunftsaussichten so schlecht wie beim Erdöl sind. Als arbeitsintensive Technologie löst sie Beschäftigungsprobleme dort, wo diese, wie in den meisten Entwicklungsländern, vorhanden sind, und schafft die Grundlage für eine gleichmäßige Industrialisierung, da anders als bei der petrochemischen Industrie auch kleine, dezentrale Anlagen wirtschaftlich sind, die in den Anbaugebieten selbst betrieben werden können, was eine günstige Voraussetzung für die Stabilisierung ländlicher Räume ist.

Der Einwand andererseits, daß es sich im Hinblick auf die Hungerprobleme der Welt verbiete, potentielle Nahrung zu Treib- und Brennstoffen zu verarbeiten, ist schon deshalb nicht unbedingt berechtigt, weil günstig zur Verfügung stehende Energieträger die Voraussetzung für eine hohe Agrarproduktion sind[32]. Ein sorgfältig geplantes Produktionsprogramm für Alkoholtreibstoffe könnte deshalb eher förderlich sein: Gerade die Landwirtschaft sollte, sobald das Öl zur Neige geht, mit als erste in der Lage sein, Fahrzeuge und Maschinen wie beispielsweise Bewässerungspumpen mit Äthanol zu betreiben und auf diese Weise zur Sicherung der Nahrungsmittelproduktion beizutragen.

Außerdem ist man bereits auf der Suche nach Pflanzen, die nicht in Konkurrenz zur Nahrung stehen und auf brachliegenden Flächen genutzt werden könnten: Das sind zum Beispiel Pflanzen, die auch in Trockenzonen gedeihen. Dazu gehören einige Wolfsmilcharten, deren Kohlenwasserstoffe, die eine ähnliche Molekulargewichtsverteilung wie die Kohlenwasserstoffe in Petroleum haben, möglicherweise direkt in Raffinerien eingesetzt werden könnten. Unter Umständen könnte man auch an die Neuzüchtung von ertragreichen und zugleich besonders genügsamen »Energiepflanzen« denken.

Wasserstoff aus Biorohstoffen

Anstelle von Bioalkohol könnte man aus der Biomasse aber auch direkt Wasserstoff erzeugen. Wasserspaltung ist ein Verfahrensschritt der Photosynthese. Die Pflanzen spalten das Wasser mit Hilfe des Sonnenlichts in Wasserstoff und Sauerstoff. Nur wird dieser Wasserstoff in der Regel nicht freigesetzt, sondern zur Erzeugung pflanzlicher Biomasse in das von der Pflanze aus der Luft assimilierte Kohlendioxid eingebaut. Deshalb schließen die Entstehung freien Wasserstoffs und der Aufbau pflanzlicher Biomasse einander aus.

Der in der Biomasse gespeicherte Wasserstoff ließe sich jedoch unter Umständen mit Hilfe spezieller Bakterien gewinnen, die entsprechende Substanzen der Biomasse, zum Beispiel Traubenzucker, abbauen. Dieser Weg der photobiologischen Wasserstoffproduktion wird unter anderem am Fachgebiet Bionik und Evolutionstechnik der Universität Berlin versucht[33]. In ersten Versuchen in Berlin verwendete man dafür schwefelfreie Purpurbakterien, eine offensichtlich sehr unempfindliche Bakterienart, die man möglicherweise fast in jedem Tümpel findet. Dabei sorgen bei dieser Art der Wasserstoffgewinnung entsprechende Umweltbedingungen dafür, daß die Bakterien den bei Lichteinstrahlung von ihrer »photosynthetischen Stoffwechselmaschinerie« produzierten Wasserstoff nicht weiterverarbeiten können. Es entsteht ein Überdruck, so daß das Wasserstoffgas schließlich entweicht. Dabei stammt der auf diese Weise gewonnene Wasserstoff zumindest etwa zur Hälfte aus der abgebauten organischen Substanz, die zu Wasserstoff und Kohlendioxid abgebaut wird. Deshalb ist das Verfahren durchaus mit der Vergärung von Biomassen zu Alkohol vergleichbar, was ebenfalls mit Hilfe von Mikroben wie Hefepilzen geschieht.

In der Tat ist diese Methode der biologischen Wasserstoffgewinnung eine denkbare Alternative zur Vergärung von Biomasse zu Alkohol auf der Basis von Zucker. Gegenüber der biologischen Treib- oder Rohstoffgewinnung aus zuckerhaltigen Substanzen hätte die Erzeugung von Wasserstoff aus Glucose durch photosynthetische Bakterien eine Reihe von Vorzügen:

Zum einen ist die Energieausbeute größer, da zusätzliche Lichtenergie in den Prozeß hineinfließt. Aus einer bestimmten Zukkermenge gewinnt man deshalb gegenüber der Vergärung zu Alkohol etwa 30 Prozent mehr an Energie. Zum anderen ist zur Gewinnung des Wasserstoffs kein zusätzlicher Destillationsprozeß notwendig, während man den Alkohol erst durch Kochen aus der Flüssigkeit, in der er enthalten ist, herausdampfen muß. Vor allem der Wegfall des Destillationsprozesses macht dieses Verfahren zumindest theoretisch günstiger. Außerdem verbrennt Wasserstoff, beispielsweise beim Einsatz als Treibstoff, umweltfreundlicher als der etwa aus Zuckerrohr gewonnene Bioalkohol.

Zwar ist eine Flüssigkeit wie Alkohol wesentlich leichter zu handhaben als Wasserstoff, diesen zu verflüssigen wäre viel zu energieaufwendig. Es gibt jedoch bereits sehr leistungsfähige Speicher, die Hydridspeicher, Metall-Legierungen, deren Atomgitter enorm große Mengen Wasserstoff aufnehmen können und ihn gewissermaßen wie »Schwämme« speichern. In solchen porösen Speichern lassen sich auf kleinstem Raum große Mengen an Wasserstoff unterbringen.

Denkbar wäre übrigens auch, den Bakterien beispielsweise Algen als organische Substanz anzubieten. Solche Algenkulturen könnten dann ebenfalls der Wasserstoffproduktion dienen. Doch auch hier stehen – anders als bei der Vergärung von Biomasse zu Alkohol – entsprechende Forschungen erst am Anfang. Ein anderer Weg, Wasserstoff aus photo(licht-)biologischer Wasserspaltung zu gewinnen, besteht in der künstlichen Unterbrechung der pflanzlichen Photosynthese durch Hemmstoffe an der Stelle, an der die Wasserstoffteilchen in das von der Pflanze aus der Luft assimilierte Kohlendioxid eingebaut werden. Dieser Weg, durch Eingriffe in den Photosyntheseapparat von grünen Pflanzen, aber auch von Algen, molekularen Wasserstoff freizusetzen, um auf diese Weise technisch verwertbares Wasserstoffgas zu gewinnen, wird bereits in vielen Laboratorien der Welt erprobt, in der Bundesrepublik Deutschland beispielsweise am Energieforschungszentrum der Universität Konstanz[34]. Aber auch hier ist man von einer praxisnahen Realisierung noch recht weit entfernt.

Pläne für eine weltweite Nutzung der Bioenergie

Biomasse könnte beispielsweise im Bereich der Europäischen Gemeinschaft binnen kurzer Zeit etwa fünf Prozent des gesamten Energiebedarfs decken[35]. Im Jahre 2000 ließen sich voraussichtlich bereits 75 Millionen Tonnen Öl auf wirtschaftliche Weise durch Energie aus Biomasse ersetzen. Das entspricht sechs Prozent des für 1985 geschätzten Energiebedarfs der Gemeinschaft[36].

Frankreich deckt heute bereits 1,7 Prozent seines Energiebedarfs aus biologischen Quellen. Dieser Anteil soll bis 1985 verdoppelt werden. In Großbritannien geht man davon aus, daß Biomasse langfristig acht Prozent des Primärenergiebedarfs dekken könnte[37]: Allein Abfallstoffe aus der Landwirtschaft könnten jährlich drei Millionen Tonnen Steinkohleeinheiten ersetzen. Weitere fünf bis acht Millionen Tonnen Steinkohleeinheiten kämen aus der Nutzung organischer industrieller Trockenabfälle.

In Schweden hält man es für möglich, daß das Land seinen gesamten Energiebedarf aus Biomasse decken könnte[38]. Bereits heute bezieht es acht Prozent seiner Energie aus organischen Stoffen, dabei insbesondere aus Abfallprodukten in der zellstoffverarbeitenden Industrie. Kanada, das heute bereits fünf Prozent seiner Energie aus organischer Materie gewinnt, will diesen Anteil bis zum Jahr 2000 vervierfachen.

Bioenergie ist nur eine von verschiedenen Formen der Sonnenenergie, die nach dem Nationalen Energieprogramm der USA[39] etwa 20 Prozent des Energiebedarfs in den Vereinigten Staaten decken soll. Dabei spielt auch die Produktion von Äthanol eine Rolle, die ab Ende 1981 bereits fast 1,9 Milliarden Liter betragen wird. Im Holz der Wälder, in Ernterückständen beziehungsweise Abfällen aus der Landwirtschaft und anderen Bereichen steckt, wie auf einem Weltkongreß über Bioenergie in Atlanta/USA[40] 1980 geschätzt wurde, theoretisch das 25fache der Energie, die die Vereinigten Staaten heute verbrauchen. Gegenwärtig werden erst knapp 50 Millionen Tonnen Öl durch Energie aus Biomasse eingespart. Wenigstens 12 Millionen der rund 520 Millionen Hektar Grasland und Waldfläche in den USA ließen sich beispielsweise für Energiefarmen nutzen, auf denen »Alkoholpflanzen« angebaut werden könnten.

Doch selbst wenn, wie beispielsweise eine Schätzung aus den USA annimmt, nie mehr als fünf Prozent[41] des Weltenergiebedarfs mit Hilfe von Biomasse gedeckt werden könnten, so wäre dies regional doch sehr unterschiedlich und könnte deshalb durchaus ein sehr großer Beitrag zur Sicherung der Energieversorgung sein. So klein beispielsweise der Anteil von Biogas in kleinen, dezentralen, auf Dorf- und Familienebene genutzten Anlagen im Verhältnis zum Gesamtenergiebedarf der Welt auch sein mag, so groß ist doch sein möglicher Beitrag zur Erschließung und Stabilisierung ländlicher Räume und zur Befriedigung bescheidener Energiebedürfnisse.

Andere Dimensionen erhält deshalb das Potential der Bioenergie ebenso wie das der anderen erneuerbaren Energiequellen auch, wenn man es nicht wie üblich auf einen erwarteten weltweiten Primärenergiebedarf, sondern auf die Weltbevölkerung bezieht, den statistischen Durchschnitt einmal beiseite läßt und sich beispielsweise fragt, was die regenerativen Energien in den verschiedenen Regionen der Welt bewirken, in denen die klimatischen und geographischen Voraussetzungen für die Nutzung erneuerbarer Energiequellen oft sehr unterschiedlich sind.

So erwarteten Maurice J. Claverie und Alain P. Dupas vom französischen Centre National de la Recherche Scientique beispielsweise im Jahre 2025 jährlich rund eine Million Megawatt Leistung aus Solarkraftwerken[42]. Diese eine Million Megawatt könnten zwar möglicherweise tatsächlich nur fünf Prozent der Weltelektrizitätsversorgung bestreiten. Da dies aber die Bedürfnisse großer Bevölkerungskreise befriedigen würde, die einen verhältnismäßig geringen Pro-Kopf-Verbrauch an Elektrizität haben, dürften die Auswirkungen dieser Solarkraftwerke sehr viel größer sein und wahrscheinlich 17 bis 28 Prozent der Weltbevölkerung erreichen.

BUCH 4

Welchen Weg können wir gehen?

23
Energiestrategien und globale Energiebedürfnisse

Nicht jede Energiestrategie liefert gleich viel Energie, und nicht jede Energiestrategie läßt sich den oft sehr unterschiedlichen Voraussetzungen in den einzelnen Ländern gleich gut anpassen. Dabei kann man mit einer bescheideneren Energiequelle unter Umständen einen Nutzen erzielen, wie er gleich groß bei einer anderen oft nur mit großem Aufwand (an Energie) zu erreichen ist.

Die Behauptung beispielsweise, daß die Wahl der Energiestrategie von der künftigen Entwicklung des Weltenergiebedarfs abhängt, läßt sich deshalb auch umkehren: Mindestens ebenso hängt die Entwicklung des Weltenergiebedarfs auch von der Wahl der Energiestrategie ab: Dabei ist es nicht die Kernenergie, die den Anstieg des Primärenergieverbrauchs in Grenzen hält, sondern es sind die rationellen Energienutzungstechnologien und die erneuerbaren Energiequellen, die ein Ausufern des Energieverbrauchs verhindern.

Und wenn man schon nach der Entwicklung des Weltenergieverbrauchs fragt, dann sollte man auch fragen: *Wer* braucht mehr Energie? Sind es die, die bisher noch immer (zu) viel Energie verbraucht haben, oder sind es vielleicht diejenigen, die bisher (zu) wenig verbraucht haben? Und wenn man sich diese Frage beantwortet hat, ist es vielleicht ganz nützlich, die Frage nach der Wahl der Energiestrategie noch einmal neu zu stellen.

Die Verteilung des heutigen Weltenergieverbrauchs

Bei einem Anteil an der Weltbevölkerung von 30 Prozent verbrauchen die Industrieländer gegenwärtig 80 Prozent der Weltenergieerzeugung[1]. Die USA, in denen nur sechs Prozent der Weltbevölkerung leben, beanspruchten 1970 allein 35 Prozent der weltweit erzeugten Energie. Ein Blick auf die Pro-Kopf-Verbräuche an Energie (gemessen in Kilogramm Steinkohleeinheiten) in verschiedenen Ländern zeigt nicht nur die Unterschiede zwischen Industrie- und Entwicklungsländern, sondern auch, wo die Unterschiede zwischen den einzelnen Ländergruppen liegen[2]. Dabei ist in den Zahlen für die Entwicklungsländer jener kleine Teil an nichtkommerzieller Energie nicht enthalten, den diese Länder pro Kopf in Form von Dung, Feuerholz und pflanzlichen Abfällen verbrauchen und der oft gerade nur so groß ist, daß er noch zum Überleben reicht.

So verbrauchten die Amerikaner 1976 pro Kopf mit 11554 Kilogramm Steinkohleeinheiten das 2,2fache der Bewohner der UdSSR mit 5259 Kilogramm Steinkohleeinheiten und auch fast das Zweifache der Deutschen mit 5922 Kilogramm Steinkohleeinheiten sowie das 5,64fache der Staatshandelsländer mit durchschnittlich 2037 Kilogramm Steinkohleeinheiten pro Kopf – 1,63mal so viel wie die Bewohner der westlichen Industrieländer pro Kopf im Durchschnitt insgesamt und 70mal so viel wie in 37 Ländern mit niedrigem Einkommen.

Ein Amerikaner verbraucht 428mal mehr als ein Äthiopier, 1050mal mehr als ein Nepalese, 53mal mehr als ein Inder, 282mal mehr als ein Afghane und 722mal mehr als ein Kambodschaner.

Die Bundesrepublik Deutschland wiederum verbraucht pro Kopf mit 5922 Kilogramm Steinkohleeinheiten 33 Prozent mehr als der Durchschnitt der Industrieländer, 61 Prozent mehr als das hochindustrialisierte Japan, 87 Prozent mehr als Irland und 77 Prozent mehr als die Schweiz, aber sogar noch etwas weniger als die Deutsche Demokratische Republik, die es auf einen Pro-Kopf-Verbrauch von 6789 Kilogramm Steinkohleeinheiten bringt.

Die Verteilung des künftigen Weltenergieverbrauchs

Die meisten Prognosen über den künftigen Weltenergieverbrauch haben eines gemeinsam: Sie gestehen den Entwicklungsländern einen kräftigen Anstieg des Energieverbrauchs zu, halten es aber offensichtlich für undenkbar, daß durch verbesserte Energienutzung und Nutzung der regenerativen Energiequellen selbst der verschwenderischste Verbrauch im verschwenderischsten Industrieland möglicherweise sogar sinken könnte. Der Energieverbrauch steigt im Gegenteil auch dort – mit der Folge, daß die Gegensätze zwischen Industrie- und Entwicklungsländern durch einen langsameren Anstieg in den Industrieländern zwar etwas kleiner werden, aber, was die ungerechte Verteilung betrifft, im Prinzip erhalten bleiben.

Ein Beispiel hierfür sind die Energieszenarien[3] des Internationalen Instituts für Angewandte Systemanalyse (IIASA), Laxenburg, die das Ergebnis einer fünfjährigen Studie sind, an der Wissenschaftler aus den USA, der UdSSR sowie zahlreichen weiteren Ländern aus Ost und West beteiligt waren.

Zwei dieser Szenarien, die in gewissem Sinne als obere und als untere Grenze dessen anzusehen sind, was bei großen Anstrengungen erreicht werden kann beziehungsweise mindestens erreicht werden muß, bilden die Basis dieser Studie, die die Welt in sieben Regionen aufteilt und einen Blick auf das Jahr 2030 wirft. Dabei wird angenommen, daß die Weltbevölkerung bis dahin auf acht Milliarden Menschen angewachsen ist, was etwa einer Verdoppelung gegenüber heute entspricht.

Das höhere der beiden Szenarien führt im Endergebnis zu einem Weltenergieverbrauch von 44 Milliarden Tonnen Steinkohleeinheiten, das niedrigere zu einem Verbrauch von »nur« 28 Milliarden Tonnen Steinkohleeinheiten – Werte, die im Vergleich zu früheren Prognosen schon sehr bescheiden sind und je nach Entwicklungsstand[4] der Studie noch etwas voneinander abweichen können.

Wirft man einen Blick auf den Pro-Kopf-Verbrauch in diesen Szenarien, stellt man schnell fest, daß die gröbsten Unterschiede zwischen »arm« und »reich« geblieben sind: Die Bewohner der ärmsten Region beispielsweise, nämlich Süd- und Südostasien sowie Mittelafrika, müssen sich im niedrigen Szenario noch immer mit einem Zwanzigstel des Pro-Kopf-Verbrauches der Nordamerikaner bescheiden, der auf stattliche 17 Tonnen Steinkohleeinheiten gestiegen ist. Auch im hohen Szenario ist das Verhältnis nicht viel besser[5].

Faßt man die Regionen I bis III, nämlich Nordamerika (I), Sowjetunion und Osteuropa (II) sowie Westeuropa, Japan, Australien, Südafrika und Israel (III) unter dem Begriff Industrieländer zusammen, und unter dem Begriff Entwicklungsländer die Regionen IV bis VII, nämlich Lateinamerika (IV), Afrika (außer Nordafrika und Südafrika), Süd- und Südostasien (V), Mittlerer Osten und Nordafrika mit Ägypten, Algerien und Libyen (VI) und China und Zentralasien (VII), dann ergibt sich folgendes Bild:

Bei den Industrieländern steigt der Primärenergieverbrauch in 1975 von durchschnittlich 6,2 Tonnen Steinkohleeinheiten pro Kopf und Jahr im niedrigen Szenario um das 1,9fache auf 11,7 Tonnen Steinkohleeinheiten und um das 2,3fache im hohen Szenario auf 14,5 Tonnen Steinkohleeinheiten im Jahre 2030. Bei den Entwicklungsländern steigt dieser Verbrauch von 0,48 Tonnen Steinkohleeinheiten im niedrigen Szenario um das 3,1fache auf 1,5 Tonnen Steinkohleeinheiten und im hohen Szenario um das Sechsfache auf 2,9 Tonnen Steinkohleeinheiten im Jahre 2030.

Der Energieverbrauch pro Kopf ist im niedrigen Szenario bei den Entwicklungsländern noch immer um das Achtfache und im hohen Szenario noch um das fast Fünffache geringer als bei den Industrieländern. Immerhin betrug dieses Verhältnis 1975 noch das Dreizehnfache. Warum allerdings die Nordamerikaner zum Beispiel im niedrigen Szenario noch immer das 2,3fache an Primärenergie verbrauchen müssen als die Westeuropäer, Japaner, Australier, Neuseeländer, Südafrikaner und Israelis, ist nicht unbedingt ersichtlich.

Zu wesentlich anderen Annahmen sowohl über den Primärenergieverbrauch pro Kopf, das Verhältnis zwischen Industrie- und Entwicklungsländern, zwischen Westeuropäern, den Japanern, Australiern, Neuseeländern, Südafrikanern und Israelis einerseits und den Nordamerikanern andererseits käme man, wenn man davon ausgeht, daß, anders als der Energieverbrauch der bisher benachteiligten Entwicklungsländer, der Primärenergieverbrauch der meisten Länder nicht unbedingt steigen muß, sondern durch verbesserte Energienutzung und starken Einsatz von erneuerbaren Energiequellen sogar, wie am Beispiel der Bundesrepublik Deutschland gezeigt, erheblich sinken kann.

Das Institut für angewandte Ökologie, Freiburg, hat beispielsweise einmal geschätzt[6], wie sich der Weltenergieverbrauch unter der Annahme entwickeln würde, daß allen Ländern der Erde (abzüglich eventuell aus klimatischen Gründen nicht oder nur in geringem Umfang notwendiger Heizung) der gleiche Pro-Kopf-Verbrauch an Energie zur Verfügung stünde, daß Energie rationell genutzt wird und daß die Energiedienstleistungen pro Kopf in allen Regionen etwa dem heutigen Lebensstandard in der Bundesrepublik Deutschland entsprechen. Dabei wurden Pro-Kopf-Verbräuche an Primärenergie zwischen 1,8 und 2,7 Tonnen Steinkohleeinheiten ermittelt, wobei also auch Nordamerika mit einem viereinhalbmal und die Bundesrepublik Deutschland mit einem knapp zweieinhalbmal geringeren Primärenergieverbrauch pro Kopf gegenüber heute auskommen müßten.

Insgesamt errechnet sich daraus ein Primärenergiebedarf von rund 16 Milliarden Tonnen Steinkohleeinheiten, etwas mehr als dem Anderthalbfachen des Verbrauches von 1980 – und dies bei »völliger Aufhebung der Wohlstandsunterschiede«[7] und fast verdoppelter Weltbevölkerung.

Doch selbst wenn man derart niedrige Pro-Kopf-Verbräuche für die Industrieländer für unrealistisch hält, besteht dennoch kein Zweifel daran, daß mehr Bescheidenheit, eine verbesserte Energienutzung und der Einsatz von – allen, wenn auch in unterschiedlichem Ausmaß, zur Verfügung stehenden – erneuerbaren Energiequellen die Wohlstandsunterschiede zwischen den Ländern dieser Welt geringer machen und das Wachstum des Weltenergieverbrauchs in Schranken halten können.

24
Energie und Wachstum

Eines der wichtigsten Hindernisse auf dem Wege zu mehr Bescheidenheit in der Energieversorgung ist in einem Industrieland wie der Bundesrepublik Deutschland nicht nur die falsche Vorstellung von einem damit verbundenen »einfachen Leben«, sondern auch die Furcht, das Wachstum zu zerstören, von und mit dem man – allerdings auf Kosten der Entwicklungsländer, denen das billige Öl heute fehlt, das die Industrieländer verschwendet haben – bisher so gut gelebt hat.

Es spricht jedoch alles dafür, daß sich Vollbeschäftigung und Wirtschaftswachstum durchaus mit den unterschiedlichsten Energiestrukturen vereinbaren lassen[1]. Das zeigt besonders deutlich eine Studie[2] über die Beschäftigungswirkungen einer umfassenden Politik der rationelleren Energieverwendung und der direkten und indirekten Nutzung der Sonnenenergie, die Senator Edward M. Kennedy, Vorsitzender des Energie-Unterausschusses des US-Kongresses, 1979 dem amerikanischen Kongreß vorgelegt hat[3].

Ergebnis dieser Untersuchung ist, daß eine solche Politik »per Saldo« zu zusätzlich 2170000 Arbeitsplätzen führen würde. Dabei entfielen ein Viertel der Investitionen und Arbeitsplätze auf die rationelle Energieverwendung, drei Viertel auf die direkte und indirekte Nutzung der Sonnenenergie. Zugleich wäre der Energieverbrauch (einschließlich Sonnenenergie) 1990 nicht höher als 1977. Damit verbunden würde sich zwar die Zahl der Arbeitsplätze in den brennstoff- und elektrizitätserzeugenden Wirtschaftszweigen einschließlich Vor- und Zulieferer um 1137000 Arbeitsplätze verringern. Andererseits entstünde aber durch die Energieeinsparung ein zusätzlich verfügbares Einkommen, das, würde es für andere Güter oder Dienstleistungen ausgegeben, zusätzlich 1870000 Arbeitsplätze schaffen würde.

Insgesamt also entstände bei diesem Szenarium ein »Nettobeschäftigungseffekt« von 2903000 neuen Arbeitsplätzen. Zusätzlich begünstigte eine solche Politik eine dezentrale Wirtschaftsstruktur, mit der sich wiederum die regionalen Beschäftigungsprobleme leichter lösen ließen[4].

In der Bundesrepublik Deutschland könnten neue Energietechnologien wahrscheinlich 300000 neue Arbeitsplätze[5] schaffen, während es beispielsweise nur etwa 5000 kerntechnische Spezialisten[6] wären, die den Arbeitsplatz wechseln müßten, wenn man etwa ganz auf die Kernenergie verzichten wollte. Auch in Entwicklungsländern ist es beispielsweise sinnvoller, Anlagen zur Nutzung von Sonnen-, Wind- und Bioenergie zu bauen und damit einheimische Arbeitskräfte zu beschäftigen, als gegen Devisen immer teurer werdendes Erdöl und Erdgas aus dem Ausland einzuführen.

Durch die hohen Erdölpreise sinkt zugleich die Importkapazität nicht nur dieser Länder, die heute schon oft mehr als die Hälfte ihrer gesamten Exporterlöse für Erdöl aufwenden müssen. Für 1980 wird das Defizit der Leistungsbilanz aller Entwicklungsländer auf 80 bis 90 Milliarden Dollar geschätzt[7]. Manche Länder, die aufgrund ihrer besonders günstigen Lage recht gut von der Sonne »leben« könnten, stehen wegen dieser importierten Energiequelle schon kurz vor dem Ruin[8]: So brauchte beispielsweise Costa Rica 1972 für ein Barrel Öl nur 28 Kilogramm Bananen zu liefern. Heute sind es bereits 420 Kilogramm Bananen, also 15mal mehr. Bei Kaffee und vielen anderen landwirtschaftlichen Produkten ist es nicht anders. 1972 »kostete« das Barrel Öl noch 1,5 Kilogramm Kaffee. Heute sind es schon sechs Kilogramm[9].

Auf der anderen Seite hat zum Beispiel allein Brasilien durch den Aufbau seiner Äthanolproduktion schon jetzt 150000 neue Arbeitsplätze geschaffen[10]. Günstig wirken sich energiesparsame und neue Energien nutzende Technologien auch auf die Exportmöglichkeiten aus. Solartechniken verkaufen sich besser als Kernkraftwerke und sind oft auch nützlicher als diese. Bereits heute leben in der Bundesrepublik Deutschland mehr als eine Million Beschäftigte von Exporten in die dritte Welt[11]. Die Zusammenarbeit bei der Entwicklung solcher Technologien zwischen Industrie- und Entwicklungsländern würde zugleich verhindern, daß die Welt auch im Technologiestandard noch weiter als bisher in arm und reich auseinanderfällt. Dennoch besteht auch kein Zweifel, daß bei einer solchen Strategie, die auf Dezentralisierung, Stabilisierung ländlicher Räume, Nutzung kleinerer und mittlerer Technologien oder die bescheidene Nutzung erneuerbarer Energiequellen ausgerichtet ist, das Wachstum – sowohl im Entwicklungsland als auch in den Industrieländern und weltweit – anders als bisher verläuft.

Manch ehrgeiziges Industrialisierungsziel eines Entwicklungslandes beispielsweise wird sich auf diese Weise nicht, zumindest nicht genauso schnell, verwirklichen lassen. Aber es hat sich in der Vergangenheit auch gezeigt, daß der Versuch, die Lebensbedingungen von »oben« her zu verbessern, also zunächst zu industrialisieren und dann darauf zu hoffen, daß sich hier erzielte Erfolge auch bald auf den ländlichen Raum auswirken werden, nicht der richtige Weg ist, weil auf diese Weise trotz hoher Wachstumsraten manchmal die Unterschiede zwischen arm und reich nur noch größer statt kleiner geworden sind.

Die Wachstumsraten des anderen Weges mögen kleiner sein, aber sie sind besser und damit auch gerechter verteilt. Der dadurch erreichte bescheidenere Wohlstand für viele ermöglicht es diesen vielen, am Wachstum auch teilzuhaben, während er sich sonst nur auf wenige konzentriert.

Und der Aufbau einer Energieversorgung von unten, aufbauend zugleich auf erneuerbaren Energiequellen, die bescheiden genutzt werden müssen, verhindert in den Entwicklungsländern zugleich von vornherein die Installierung einer Verschwendung, wie sie mit dem Aufbau von zentralen Energiesystemen oft verbunden ist. Auch die Wachstumsraten des Energieverbrauchs sind bescheidener und haben dennoch den breiteren Nutzen.

Die Steigerung des Primärenergieverbrauchs allein ist kein Kriterium für die Befriedigung wachsender Energiebedürfnisse. Allein die Steigerung der Energienutzleistungen ist entscheidend, und die kann mit bescheidenen Mitteln unter Umständen viel größer als bei zentralen Strukturen sein, bei denen der größte Teil, wie es das Beispiel der Industrieländer zeigt, häufig in die Verschwendung und nicht in die Energiedienstleistung installiert ist.

Das Wachstum des Energieverbrauchs darf deshalb nicht allein an der Höhe des Primärenergieeinsatzes gemessen werden, sondern an den mit der Energie erzielten Energiedienstleistungen. Ein hoher Primärenergieverbrauch ist deshalb oft eher ein Zeichen für Verschwendung als Ausdruck eines hohen Lebensstandards.

Energieverbrauch ist kein Ziel an sich, sondern immer mit einem bestimmten Nutzen verbunden. Allein der Nutzen zählt.

Und deshalb ist auch die Steigerung des Weltenergieverbrauchs kein Zeichen für wachsenden Wohlstand in der Welt. Es zählt allein die Ausweitung der Energiedienstleistungen, die damit beginnt, daß sich ein Bewohner der Sahelzone beispielsweise keine Sorge mehr darüber zu machen braucht, ob die Energie für das Erwärmen der nächsten Mahlzeit reicht. Der heutige Weltenergieverbrauch würde durchaus ausreichen, um die Energiebedürfnisse in der ganzen Welt zu stillen, und zwar sogar auf dem Wohlstandsniveau unseres Landes, wenn die Energie nur konsequent rationell genutzt würde und zugleich besser verteilt wäre.

Diese gerechte Verteilung ist wichtigstes Ziel einer neuen Strategie für die künftige Energieversorgung der Welt. Ein negatives Wachstum auf seiten der Industrieländer beim Primärenergieverbrauch muß kein Zeichen für abnehmenden Wohlstand sein, ist aber unter Umständen ein erstes Anzeichen dafür, daß die Energie besser genutzt wird. Der stärkere Einsatz der erneuerbaren Energiequellen auch in den Industrieländern, der – bei sinnvoller Nutzung – zu mehr Bescheidenheit zwingt und der außerdem den Verbrauch an erschöpflichen Energierohstoffen in Grenzen hält, ist deshalb ein möglicher Weg, durch den diese gerechtere Verteilung erreicht werden kann. Auch in den Industrieländern kann eine verstärkte Nutzung der erneuerbaren Energiequellen zu einer Stärkung der dezentralen Versorgung, Wirtschaftsstruktur und damit zu einer Annäherung der Strukturen zwischen Industrie- und Entwicklungsländern beitragen.

Die Stärkung der dezentralen Strukturen und der Aufbau des Wohlstands von unten, der langsamer als der andere Weg zu einem höheren Wachstum führt, erfordert allerdings ein Umdenken in der Hinsicht, daß jenes Wachstum als das bessere anerkannt wird, das den breiteren, wenn auch bescheideneren Wohlstand bringt.

Ähnliches gilt auch für das Wirtschaftswachstum in der Welt. Nicht das höchste weltweite Wirtschaftswachstum zählt (wohin noch soll beispielsweise der Wohlstand eines Landes wie der Schweiz oder auch der Bundesrepublik Deutschland trotz mancher noch vorhandener Schattenseiten eigentlich führen?), sondern eine Verbreiterung des Wohlstands zwischen den Völkern, eine bessere Verteilung zwischen arm und reich, Stadt und Land. Dazu kann auch die Wahl einer neuen Energiestrategie beitragen.

ANMERKUNGEN UND LITERATUR

Kapitel 1:
Abstimmung Zukunft oder: Das Märchen von der zweckfreien Wissenschaft

1, 2, 3
Bernward Joerges, »Wissenschaftler, Politiker und Bürger: Produktive und unproduktive Konflikte«, Papers aus dem Internationalen Institut für Umwelt und Gesellschaft des Wissenschaftszentrums Berlin (III/78-8).

4
Heinz Meier-Leibnitz, »Chance und Risiko der technisch-wissenschaftlichen Information«, Festansprache zum 50jährigen Jubiläum der Technisch-Literarischen Gesellschaft am 9. 11. 1979 in Berlin. Professor Meier-Leibniz möchte ich an dieser Stelle für die Überlassung einiger zum Zeitpunkt der Arbeit an diesem Buch noch unveröffentlichter Vorträge danken. Seine Gedankengänge über das Verhältnis von Wissenschaft und Öffentlichkeit haben mich veranlaßt, dieses Thema auch in diesem Buch aufzugreifen. Trotz kontroverser Ansichten in einigen Punkten bin ich sicher, daß wir in der entscheidenden Frage einer Meinung sind: daß nämlich der Wissenschaftler nicht das, was er meint, sondern das, was er weiß, in die Diskussion einbringen soll.

5
H. Ruh, »Für eine Ethik der Wissenschaft«, Editoral, in: Münchener Medizinische Wochenschrift 121 (1979), Nr. 49.

6
Synopsis Mitteilungen 1, ohne Datum (Synopsis Institut des Recherches Alternatives, Lodève, Frankreich).

7
Vgl. hierzu die entsprechenden Diskussionen (Bemerkung Beyea) auf dem Gorleben-Hearing vom 28.–31. März sowie 2. und 3. April 1979 in Hannover. Veröffentlicht vom Deutschen Atomforum e. V. auch als Buch: »Rede-Gegenrede«, Bonn 1979. Anders als bei der entsprechenden (mehrbändigen) Dokumentation der Niedersächsischen Landesregierung (unkorrigierte Beiträge) liegen hier alle Beiträge der ausländischen Gutachter in deutscher Übersetzung vor.

8
Wissenschaft Wirtschaft Politik Nr. 42/79. Zum Sachverständigenproblem vergleiche auch: Helga Nowotny, »Kernenergie: Gefahr oder Notwendigkeit, Anatomie eines Konfliktes«, Frankfurt 1979.

Kapitel 2: Die große Verschwendung

1
Der Bundesminister für Forschung und Technologie, »Zur friedlichen Nutzung der Kernenergie«, eine Dokumentation der Bundesregierung, Bonn 1978.

2
J. Lang, »Über das sogenannte Energieproblem«, Neue Zürcher Zeitung v. 19. März 1980 (gekürzte und überarbeitete Fassung eines Vortrages, der am 12. November 1979 vor der Naturforschenden Gesellschaft Zürich gehalten wurde).

3, 6
Hubertus Rolshoven, »Wirtschaftliche und technische Gegebenheiten und Entwicklungen im Energiebereich der deutschen Industrie«, Vortrag in Birmingham am 9. Oktober 1979. Die Rechnungen im Buch weichen vom Originalbeispiel ab. Dabei wurden die in der Bundesrepublik Deutschland erreichten Umwandlungswirkungsgrade zugrunde gelegt.

4
Gas-Wärme international, Januar 1979.

5
zi, »Welche Energie Energie verschlingt«, Deutscher Forschungsdienst, Sonderdienst angewandte Wissenschaft, Nr. 24/77.

7
Harald Steinert, »Warum Erdöl so kostbar ist«, Deutscher Forschungsdienst, Berichte aus der Wissenschaft Nr. 7/76 (nach Berechnungen von Prof. Karl Krejci-Graf, Frankfurt). Vergleiche hierzu: »Sonnenstrahlung und Erdölbildung«, Nachr. Chem. Techn. 23, 1975, Nr. 22.

Kapitel 3: Das Märchen vom Zusammenhang zwischen Energieverbrauch und Wachstum

1, 4
»Zur friedlichen Nutzung der Kernenergie«, s. Anm. 1, Kapitel II.

2
Wissenschaft Wirtschaft Politik, Nr. 36/80.

3
Weltbank, »Weltentwicklungsbericht 1979«, Washington, D. C. August 1979.

5
Hans Freiländer, »Technologien zur sinnvollen Energienutzung«, Ansprache anläßlich der Pressekonferenz zur Sonderausstellung Energie '80 auf der Hannover-Messe am 22. 1. 1980 in Bonn (Manuskript).

6
Dornier System GmbH und Fichtner, Beratende Ingenieure, »Auswirkungen von Technik und Verhaltensweisen auf den Energieverbrauch«, Friedrichshafen und Stuttgart 1976.

7
Hauptarbeitsgemeinschaft der Deutschen Hausgeräte-Industrie und Zentralverband der Elektrotechnischen Industrie, »Energiebericht über elektrotechnische Gebrauchsgüter im Haushalt«, Frankfurt 1979.

8
In den »sonstigen Dienstleistungen« ist der Transportsektor nicht berücksichtigt.

9
Eduard Pestel und andere, »Das Deutschland-Modell, Herausforderungen auf dem Weg ins 21. Jahrhundert«, Stuttgart 1978.

10
Gerald Leach, »A Low Energy Strategy for the United Kingdom«, IIED, London 1979.

11
Krause, Bossel, Müller-Reißmann, »Energie-Wende, Wachstum und Wohlstand ohne Erdöl

und Uran«. Ein Alternativ-Bericht des Öko-Instituts/Freiburg, Frankfurt 1980 und weitere Vorveröffentlichungen (s. Kapitel 4).

Kapitel 4: Die Kunst der Energieprognose

1
Vergleiche hierzu Institut für Energie- und Umweltforschung Heidelberg e.V., »Energieversorgung, Bundesrepublik Deutschland, Situation und Alternativen«, Heidelberg 1980, Seite 138.

2
Deutscher Bundestag, Bericht der Enquete-Kommission »Zukünftige Kernenergie-Politik« über den Stand der Arbeit und die Ergebnisse gemäß Beschluß des Deutschen Bundestages, Drucksache 9/4341, Bonn 1980. Die Anmerkung bezieht sich dabei auf eine Variante von Pfad 1.

3
Pfad 4 in »Zukünftige Kernenergie-Politik«, s. Anm. 2.

4
A. Voss, »Möglichkeiten und Grenzen von Energieprognosen«, Vortrag bei der Internationalen Informationstagung des Deutschen Atomforums am 21. und 22. Januar 1980 in Mainz (Manuskript).

5
Im Mai 1977 bei der Bekanntgabe der »Grundlinien und Eckwerte« für die erneute Fortschreibung des Energieprogramms sowie im Dezember 1977 bei der Veröffentlichung der zweiten Fortschreibung dieses Programms.

6
Werner Müller, Bernd Stoy, »Entkopplung, Wirtschaftswachstum ohne mehr Energie?«, Stuttgart 1978. Durch dieses Buch kam der Begriff »Entkopplung« in die Diskussion.

Kapitel 5: Prognosen im Vergleich

1, 2
»Zukünftige Kernenergie-Politik«, siehe Anm. 2, Kapitel 4. Die Anmerkungen beziehen sich auf Pfad 1.

3, 4
Deutsches Institut für Wirtschaftsforschung, Berlin, Energiewirtschaftliches Institut an der Universität Köln, Rheinisch-Westfälisches Institut für Wirtschaftsforschung Essen, »Die künftige Entwicklung der Energienachfrage in der Bundesrepublik Deutschland und deren Deckung, Perspektiven bis zum Jahre 2000«, Essen 1978.

5
Bundesministerium für Forschung und Technologie, »Einsatzmöglichkeiten neuer Energiesysteme«, Teil I: Bedarfsanalyse und Strom, Bonn 1975.

6
Wachstumsrate des realen Bruttosozialprodukts im ersten Halbjahr 1980: 3,6%.

7, 8
»Zukünftige Kernenergie-Politik«, s. Anm. 2, Kapitel 4.

9
»Das Deutschland-Modell«, s. Anm. 9, Kapitel 3.

10
Die Enquete-Kommission des Deutschen Bundestages »Zukünftige Kernenergie-Politik« geht bei ihren Berechnungen von 57 Millionen Einwohnern im Jahre 2000 aus.

11
Vergleiche hierzu beispielsweise die Sparbeschlüsse der Bundesregierung im Jahre 1979.

12
S. hierzu Anm. 11. Verschiedene Diskussionsbeiträge zur Strompreispolitik finden sich in folgender Publikation: Luther, Horn, Luhmann, »Stromtarife – Anreiz zur Energieverschwendung?«, Karlsruhe 1979.

13
Eine wichtige Rolle spielt hier das am 1. Juli 1978 in Kraft getretene und mit 4,35 Mrd. DM dotierte Energiesparprogramm von Bund und Ländern.

14
Entsprechend einer Absprache mit dem Bundesministerium für Wirtschaft.

15
J. Nitsch und T. Schott, Übersicht über einige Studienergebnisse (»Ausbau des Sekundärenergiesystems – Energieverbrauchsstrukturen im Jahre 2000«), Köln, Juli 1979.

16
Klaus M. Meyer-Abich, Arbeitsgruppe Umwelt, Gesellschaft, Energie der Universität Essen und Energiewirtschaftliches Institut an der Universität Köln, »Wirtschaftspolitische Steuerungsmöglichkeiten zur Einsparung von Energie durch alternative Energien«, Essen 1978 (Teil III der Studie »Technologien zur Einsparung von Energie«).

17
K. M. Meyer-Abich und H. Steger, »Energiebedarf und minimale Angebotsstrategie«, Vortragsreihe Universität Essen, Sommersemester 1979.

18
Deutsche Shell AG, »Trendwende im Energiemarkt, Szenarien für die Bundesrepublik bis zum Jahr 2000«, Hamburg, August 1979.

19
1980 wurden die Prognosen der Shell AG noch einmal überarbeitet. Dabei näherten sich die Werte für eine günstige und eine ungünstige Wirtschaftsentwicklung sehr viel weiter an. Es ergaben sich folgende Prognosewerte für das Jahr 2000: Szenario »Lethargie« (Gleichgültigkeit gegenüber der künftigen Energieknappheit) 444 Millionen Tonnen Steinkohleeinheiten; Szenario »Strukturwandel« (rationellere Nutzung der Energie und Investitionen zur Reduzierung des Verbrauchs) 457 Millionen Tonnen Steinkohleeinheiten, vergl. hierzu: Wilhelm von Ilsemann, »Die geteilte Zukunft«, manager magazin, Heft 5/1980.

20
»Energie-Wende«, vgl. Anm. 11, Kapitel 3. Vergleiche hierzu weitere Beiträge: F. Krause, »Energieversorgung der Bundesrepublik ohne Kernenergie und Erdöl«, Freiburg 1980; Hartmut Bossel, »Energieversorgung der Bundesrepublik Deutschland ohne Kernenergie und Erdöl«, in: Bildung und Gesundheit, Nr. 10, Herbst 1979; Karl-Heinz Preuß, »Mit halber Energie zum doppelten Wachstum?«, Deutscher Forschungsdienst, Sonderdienst angewandte Wissenschaft, Nr. 23/1979.

21
Die Enquete-Kommission des Deutschen Bundestages »Zukünftige Kernenergie-Politik« rechnet 2030 mit 50 Millionen Einwohnern. Das ist für das Jahr 2030 auch die Bezugszahl dieses Buches.

22
Bis zum Jahr 2000 wächst nach dieser Studie das Bruttosozialprodukt auf das 2,3fache pro Kopf im Vergleich zu 1973, bis zum Jahr 2030 auf das 3,2fache. Der Wert der Industrieproduktion steigt auf das 2fache bis 2000 und bis 2030 auf das 2,3fache pro Kopf.

23
Eine etwas abweichende Meinung hierzu wird vertreten in: K. Schmitz, A. Voß, »Ein Alternativszenarium zur Energiepolitik?«, Aktuelle Beiträge zur Energiediskussion Nr. 1, Kernforschungsanlage Jülich, September 1979 (Jül-Spez-55).

24, 27
Vgl. hierzu H. Bossel sowie F. Krause, Anm. 20.

25, 26
Vgl. hierzu Kapitel 9.

28
Haushalte und Kleinverbraucher wurden hier zusammengefaßt.

29
Die meisten Energiebilanzen enthalten den nichtenergetischen Verbrauch deshalb, weil dafür ebenfalls Energierohstoffe eingesetzt werden.

30
34 Millionen Tonnen Steinkohleeinheiten wurden von der Enquete-Kommission des Deutschen Bundestages »Zukünftige Kernenergie-Politik« (Anm. 2, Kapitel 4) beispielsweise für die Pfade 3 und 4 sowohl für das Jahr 2000 als auch für das Jahr 2030 angenommen.

31
Wie regenerative Energiequellen bei der Berechnung des Primärenergiebedarfs berücksichtigt werden sollen, ist umstritten. Üblich ist vielfach das sogenannte Substitutionsprinzip. Dabei wird ermittelt, wieviel fossile Brennstoffe man hätte aufwenden müssen, um die gleiche Menge an Endenergie zu gewinnen (entsprechend verfuhr auch die Enquete-Kommission »Zukünftige Kernenergie-Politik«). Abweichend davon wurde in der Studie des Instituts für angewandte Ökologie angenommen, daß Strom aus Wind- und Wasserkraft sowie Wärme aus direkter Sonnenstrahlung mit einem Nutzungsgrad von 100 % aus Primärenergieträgern erzeugt werden. Dennoch ist der Wirkungsgrad auch bei regenerativen Energiequellen wichtig, da ein höherer Wirkungsgrad die Kapitalkosten senkt.

Kapitel 6: Die Energieperspektive in den Prognosen

1
Entsprechend den Annahmen der Enquete-Kommission »Zukünftige Kernenergie-Politik« (s. Anm. 2, Kapitel 4).

2
Ein kleiner Teil wird exportiert.

3
Vergleiche hierzu die entsprechenden Kapitel.

4
Die drei wirtschaftswissenschaftlichen Institute bereiten eine aktualisierte Prognose vor.

5
Die Angaben hierüber wurden dem Bericht der Enquete-Kommission »Zukünftige Kernenergie-Politik« (s. Anm. 2, Kapitel 4) entnommen.

6
Vergleiche hierzu Strom Linie 5/80 (Herausgeber VDEW).

7, 8, 11
Vgl. F. Krause, »Energieversorgung der Bundesrepublik ohne Kernenergie und Erdöl«, s. Anm. 30, Kapitel 5.

9
Zum Beispiel Blockheizkraftwerke, vergleiche hierzu Kapitel 7.

10
Vgl. hierzu: Hans Matthöfer (Hrsg.), »Energiequellen für morgen?«, Frankfurt 1976.

12
Unter Berücksichtigung der bisher exportierten Mengen.

13, 14
S. Anm. 2, Kapitel 4.

15
OECD und IAEA (Hrsg.), »Uranium Recources, Production and Demand«, Paris, Dezember 1979.

Kapitel 7: Ungenutzte Potentiale

1
Ein Projekt des Rheinisch-Westfälischen Elektrizitätswerkes (RWE).

2, 3
Vgl. hierzu: Anke Hetzer, »Kraftwerk heizt Fischen ein«, Deutscher Forschungsdienst, Sonderdienst angewandte Wissenschaft Nr. 6/77.

4
Ein vom Bundesministerium für Forschung und Technologie gefördertes Projekt, das zusammen mit der Landwirtschaftskammer Rheinland sowie der Bayrischen Landesanstalt für Bodenkultur und Pflanzenbau durchgeführt wird.

5
Hans Matthöfer (Hrsg.), »Fernwärme«, Frankfurt 1977.

6
Dietrich Zimmermann, »Wenn Wärme aus der Ferne kommt«, Deutscher Forschungsdienst, Sonderdienst angewandte Wissenschaft, Nr. 18/80.

7
Jahresbericht 1978 über Rationelle Energieverwendung, Fossile Primärenergieträger, Neue Energiequellen, vorgelegt von der Projektleitung Energieforschung der KFA Jülich im Auftrage des Bundesministers für Forschung und Technologie und des Bundesministers für Wirtschaft, Jülich 1979.

8
Rationelle Energieverwendung im Rahmen der kommunalen Entwicklungsplanung, Forschungsprojekt BMBau RS II 4 – 704102–78.15 (1980), veröffentlicht in der Schriftenreihe »Städtebauliche Forschung« (03.083).

9, 10
Harald Steinert, »Wirbelwind für Kohlekraftwerk«, Deutscher Forschungsdienst, Sonderdienst angewandte Wissenschaft, Nr. 4/76.

11
»Ein Alternativszenarium zur Energiepolitik?«, s. Anm. 22, Kapitel 5.

12
Karl-Heinz Preuß (KhP), »Kohlekraftwerk der Zukunft«, Deutscher Forschungsdienst, Sonderdienst angewandte Wissenschaft, Nr. 6/80.

13
Zum Beispiel von der Firma FIAT. Vgl. hierzu: »Energieversorgung Bundesrepublik Deutschland, Situation und Alternativen«, s. Anm. 1, Kapitel 4.

14
Karl-Heinz Preuß, »Nahwärme statt Fernwärme«, Deutscher Forschungsdienst, Sonder-

dienst angewandte Wissenschaft, Nr. 8/80. Vergleiche hierzu: Karl Hein, »Stand und Entwicklungstendenzen bei Blockheizkraftwerken«, Vortrag auf der VDI/WGU-Gemeinschaftstagung »Technologien für dezentrale Energieversorgung« am 21. September 1979 in Aachen, Manuskript; Stadtwerke Heidenheim AG, »Blockheizkraftwerke in Heidenheim«, Zusammenstellung verschiedener Unterlagen über BHKW anläßlich einer vom Bundesministerium für Forschung und Technologie veranstalteten Informationsreise »Weg vom Öl«, September 1979; Karl Hein, »Blockheizkraftwerke zur Beheizung, zur Erzeugung von elektrischer Arbeit und Leistung und zur Notstromversorgung«, Öl + Gasfeuerung 5/79; Karl Hein, »Gasbetriebene Blockheizkraftwerke und Heizzentralen«, gfw-gas/erdgas 119 (1978), H. 3; Karl Hein, »Energiesparen unsere beste Energiequelle«, gas-Zeitschrift für rationelle Energieanwendung, H. 4 (1980); Karl Hein: »Blockheizkraftwerke«, Karlsruhe 1979, Karl Hein, »Elektrischer Strom aus der Heizung? Wärme aus dem Kühlschrank? Wissenswertes und Nachdenkliches über Kraft-Wärme-Kupplung (KWK)«, Karlsruhe, voraussichtlich Frühjahr 1981.

15
Nach Angaben von Dipl.-Ing. Karl Hein, Stadtwerke Heidenheim.

16
Vgl. hierzu: Karl-Heinz Preuß (KhP), »Die Wärme, die vom Blechdach kommt«, Deutscher Forschungsdienst, Sonderdienst angewandte Wissenschaft, Auslandsausgabe 10/79.

17
Karl-Heinz Preuß, »Nahwärme statt Fernwärme«, s. Anm. 14 (nach Berechnungen von Karl Hein, Stadtwerke Heidenheim).

18
Leonard S. Rodberg, »Beschäftigungswirkungen beim Übergang zu alternativen Energiestrukturen«, in: Mitteilungen aus der Arbeitsmarkt- und Berufsforschung, Stuttgart u. a. 13. Jg./1980. Die für den Energieunterausschuß des US-Kongresses erarbeitete Originalstudie erschien unter dem Titel »Employment Impact of the Solar Transition«. Bei der deutschen Übersetzung handelt es sich um eine leicht gekürzte Fassung.

19, 22, 26
Vereinigung Industrielle Kraftwirtschaft VIK, Essen, Tätigkeitsbericht 1978/79.

20
Vgl. hierzu: »Energieversorgung Bundesrepublik Deutschland«, s. Kapitel 4, Anm. 1.

21
Energiepolitische Einigungserklärung von Vereinigung Deutscher Elektrizitätswerke (VDEW), Bundesverband der Deutschen Industrie (BDI) und Vereinigung Industrielle Kraftwirtschaft (VIK), in: VIK Mitteilungen 4/79.

23
S. Anm. 19 und 22. Die VIK nimmt hier Bezug auf Schätzungen der Kraftanlagen Heidelberg.

24, 25
Dietrich Zimmermann, »Strom aus Abfall«, Deutscher Forschungsdienst, Sonderdienst angewandte Wissenschaft, Nr. 10/80.

27
Bundesministerium für Forschung und Technologie, Pressemitteilung 43/79.

28
Zum Beispiel Fernwärmeschienen Ruhr und Saar.

29
Dietrich Zimmermann, »Fernwärme aus dem Stahlwerk«, Deutscher Forschungsdienst, Sonderdienst angewandte Wissenschaft, Nr. 5/79. Vgl. hierzu auch Bundesministerium für Forschung und Technologie (Hrsg.), »Rationelle Energieverwendung«, Statusbericht 1978, Teil 2 (S. 250 ff.).

30
»Rationelle Energieverwendung«, s. Anm. 29 (S. 259 ff.).

31
Nach Angaben des Bundesministeriums für Forschung und Technologie.

32
In einer Arbeit des Instituts für Energie- und Umweltforschung Heidelberg (s. Kapitel 4, Anm. 1) werden 65 Prozent angegeben.

33, 34
Technische Universität Berlin, Trends der Wissenschaft, Forschung aktuell an der TU Berlin, Nr. 9 (1980).

35
In den Berechnungen wurden für den Einbau der Wärmepumpe (Beispiel Friseurgeschäft) Kosten von etwa 13 000 DM angenommen. Nach Abzug aller steuerlichen Vergünstigungen wären dies etwa 10 000 DM, vgl. Anm. 33 und 34.

36
G. D., »Für Wärme sorgt der Kälteschrank«, Deutscher Forschungsdienst, Sonderdienst angewandte Wissenschaft, Nr. 22/79. Vgl. auch Otto Koehn, »Der Gefrierschrank als Warmwasserbereiter, ein Forschungsvorhaben zur Wärmerückgewinnung«, Technisches Presse-Colloquium von AEG-Telefunken 1979, Manuskript.

37
Die Mehrkosten des Gefriergerätes wurden (s. Anm. 36) mit DM 450,– (Preisniveau 1979) angegeben.

38
»Energiebericht über elektrotechnische Gebrauchsgüter im Haushalt«, s. Kapitel 3, Anm. 7.

39
J. F., »Heißes Wasser aus der Körperwärme«, Deutscher Forschungsdienst, Sonderdienst angewandte Wissenschaft, Nr. 14/79.

40
Die Investitionskosten für Wärmerückgewinnungsanlagen der beschriebenen Art hängen vor allem von der Art ihrer Nutzung, der Größe des Viehbestandes und der Milchleistung pro Tier ab. Bei den Berechnungen der Bundesforschungsanstalt für Landwirtschaft wurden Durchschnittspreise von 2250 bis 5000 DM angenommen.

41
A. H., »Statt Heizöl Kuhmilch«, Deutscher Forschungsdienst, Sonderdienst angewandte Wissenschaft, Nr. 19/79.

42
1,87fach bei den hier zugrunde gelegten Rechnungen.

43
Es ist jedoch anzunehmen, daß bei verstärktem Einsatz der Wärmepumpen die Investitionskosten entsprechend sinken.

44
Die Schätzungen darüber sind sehr unterschiedlich. In der unter Anm. 45 aufgeführten Arbeit wird eine Zahl von fünf Millionen Wohnungen genannt.

45
VDI-Presseinformation Nr. 342/79. Vgl. hierzu: P. Kalischer, »Die elektrisch angetriebene Wärmepumpe«, VDI-Berichte Nr. 343, 1979. Hier wird geschätzt, daß sich bis zum Jahre 1990 ohne Errichtung zusätzlicher Kraftwerkskapazitäten etwa vier Millionen Wohnungen

ohne Errichtung zusätzlicher Kraftwerkskapazitäten mit bivalent-alternativ betriebenen Wärmepumpenheizungen versorgen lassen.

46
Vgl. hierzu: »Energiesparen unsere beste Energiequelle«, s. Kapitel 7, Anm. 14.

Kapitel 8: Wirkungsgradverbesserungen bei der Endenergie

1
Eckhard H. Krüger, Ulrich Schuh, »Wieviel Strom brauchen wir im Haushalt?«, Universität Bremen, Information zu Energie und Umwelt Teil A Nr. 12, Bremen, Juni 1980.

2
Gerhard Orth, Elektrowärme-Institut Essen e.V., »Untersuchungen zu den wirtschaftlichen Möglicheiten einer Verringerung der Energieintensität bei elektrischen Haushaltsgeräten«, Forschungsbericht ET 5003 A des Bundesministeriums für Forschung und Technologie, April 1978; Gerhard Orth, dto., Anhang zu Forschungsbericht ET 5003 A, Forschungsbericht ET 5098 A, Mai 1979.

3
Elektrische Heißwasserbereiter ausgenommen, da für ihren Anteil an einem durchschnittlichen Haushalt zu unterschiedliche Angaben vorliegen und die reine Heißwasserbereitung auch nicht unbedingt auf elektrischem Wege erfolgen muß.

4
Einige der im folgenden genannten Regelvorgänge bedürfen jedoch der Elektronik.

5
Die genannten jährlichen Einsparpotentiale in Milliarden Kilowattstunden wurden nicht vom Elektrowärmeinstitut angegeben, sondern auf der Grundlage einer HEA/ZVEI-Schätzung von Verbrauchswerten unter Zugrundelegung von Angaben der Forschungsstelle für Energiewirtschaft, München (entnommen aus: »Energiebericht über elektrotechnische Gebrauchsgüter im Haushalt«, s. Kapitel 3, Anm. 7) errechnet. Bei den Studien des Elektrowärmeinstituts muß überdies berücksichtigt werden, daß sich die genannten Werte weitgehend auf den technischen Stand des Jahres 1976 beziehen (pers. Mittlg. v. G. Orth).

6
Vgl. hierzu Kapitel 3.

7, 9
Karl-Heinz Preuß, »Computer steuert den Haushalt«, Deutscher Forschungsdienst, Sonderdienst angewandte Wissenschaft, Nr. 22/78.

8, 34
Presseinformation der Siemens AG, Informationsnummer B XX 0180 041 d (Januar 1980).

10
BMFT-Forschungsbericht ET 5098 A, s. Anm. 2.

11, 12
Anke Hetzer, »Die Unsumme der kleinen Energieverschwendungen«, Deutscher Forschungsdienst, Sonderdienst angewandte Wissenschaft, Nr. 8/77; vgl. hierzu »Auswirkungen von Technik und Verhaltensweisen auf den Energieverbrauch«, s. Kapitel 3, Anm. 6.

13, 14, 15
»Energiebericht über elektrotechnische Gebrauchsgüter im Haushalt«, s. Kapitel 3, Anm. 7.

16
Heutige Dreibanden-Leuchtstofflampe.

17, 18
»Auswirkungen von Technik und Verhaltensweisen auf den Energieverbrauch«, s. Kapitel 3, Anm. 6.

19
Etwa 20 Prozent sind von diesem Wert abzuziehen, wenn man den Anteil von Elektrospeicherheizungen und Fernwärmeversorgungsanlagen berücksichtigt, bei denen ein Teil der hier zugrunde gelegten Verluste in verringertem Maße auftritt. Auch erdgasgefeuerte Anlagen haben beispielsweise ein besseres Regelverhalten als der hier angenommene Standard ölgefeuerter Heizungen.

20
Deutscher Forschungsdienst, Sonderdienst angewandte Wissenschaft, Nr. 9/1977, »Heizen mit Weltraumtechnik« (Entwicklung der DFVLR, inzwischen gemeinsam mit der Industrie zur Marktreife weiterentwickelt).

21, 23
Bundesministerium für Forschung und Technologie, Pressemitteilung Nr. 106/79, vgl. hierzu auch Anm. 8.

22
Deutscher Forschungsdienst, Sonderdienst angewandte Wissenschaft, Nr. 11/80, »Bessere Energienutzung durch Keramik«; es handelt sich um Entwicklungen der Kernforschungsanlage Jülich, die auf der Hannover-Messe 1980 vorgestellt wurden. Für konventionelle Anwendungen der hier geschilderten Art besteht eine Zusammenarbeit mit der Rosenthal-Technik AG.

24
Ein Prototyp soll erstmals 1982 erprobt werden.

25
Es handelt sich um die Volkswagenwerk AG. Der Verbrauch von 3,7 Litern pro hundert Kilometer wurde in einem Statement von Bundesforschungsminister Volker Hauff auf einer Pressekonferenz zur Sonderausstellung Energie '80 auf der Hannover-Messe am 22. 1. 1980 in Bonn genannt. Vergleiche hierzu auch »Umschau in Wissenschaft und Technik«, Heft 9/1980, S. 261 (»4 Liter auf 100 km«).

26
S. Anm. 8 und 21.

27
Volker Hauff, SPD-Pressedienst, Nr. 89/80 v. 7. 2. 1980.

28
Deutscher Forschungsdienst, Sonderdienst angewandte Wissenschaft, Nr. 5/80, »Autos werden windschlüpfriger«; vgl. hierzu Pressemitteilung der Deutschen Forschungs- und Versuchsanstalt für Luft- und Raumfahrt v. 21. 2. 1980.

29
Nach Angaben in einem Statement von Bundesforschungsminister Volker Hauff, s. Anm. 25.

30
»Auswirkungen von Technik und Verhaltensweisen auf den Energieverbrauch«, s. Kapitel 3, Anm. 6.

31
D. Z., »Vollgas-Unterstützung aus dem Druckkessel«, Deutscher Forschungsdienst, Sonderdienst angewandte Wissenschaft, Nr. 6/1977.

32, 33
Dietrich Zimmermann, »Auf den Flügel kommt es an«, Deutscher Forschungsdienst, Sonderdienst angewandte Wissenschaft, Nr. 13/1977.

34
S. Anm. 8.

35
»Rationelle Energieverwendung«, s. Kapitel 7, Anm. 29.

36
Nach Schätzungen der Siemens AG, s. Anm. 8.

37
Raumwärmebedarf ist in folgender Rechnung mit eingeschlossen, da in diesem Bereich ebenfalls durch Mikroelektronik Einsparungen (sogar höhere Quoten) erreichbar sind.

38
»Auswirkungen von Technik und Verhaltensweisen auf den Energieverbrauch«, s. Kapitel 3, Anm. 6.

39
u. U. durch wechselweise Dreieck- oder Sternschaltung, ggf. auch kombinierte Stern-Dreieck-Schaltung«, vgl. »Auswirkungen von . . .«, s. Anm. 38.

Kapitel 9: Energiebewußt bauen und planen

1, 2
Dietrich Zimmermann, »Energiegerechte Planung im Städtebau«, Deutscher Forschungsdienst, Sonderdienst angewandte Wissenschaft, Nr. 9/79.

3
Demonstrationsprojekt Landstuhl, Energieeinsparung und Solarnutzung im Haushaltsbereich, Presseinformation mit Bauherren-Information (1980), verantwortlich für Durchführung des Projektes: Fraunhofer-Gesellschaft, Institut für Systemtechnik und Innovationsforschung, Karlsruhe.

4
Ueli Roth, »Wechselwirkungen zwischen der Siedlungsstruktur und Wärmeversorgungssystemen« (vgl. auch: »Wechselwirkungen . . .«, Schriftenreihe des Bundesministeriums für Raumordnung, Bauwesen und Städtebau, Bonn 1980). Referat auf dem Symposium »Siedlungsentwicklung und rationelle Energieverwendung« am 2. u. 3. Juni 1980 in Saarbrücken, Manuskript.

5
Franz Frisch, »Dunkelkammer oder Glaspalast?«, Deutscher Forschungsdienst, Sonderdienst angewandte Wissenschaft, Nr. 8/79.

6, 7
»Auswirkungen von Technik und Verhaltensweisen auf den Energieverbrauch«, s. Kapitel 3, Anm. 6.

8
Philips GmbH, Forschungslaboratorium Aachen, »Rationelle Energieverwendung und Nutzung der Sonnenenergie in Gebäuden«, Zusammenfassung (BMFT-Förderkennzeichen ET 5052); vgl. hierzu: H. Hörster (Hrsg.), »Wege zum energiesparenden Wohnhaus«, Hamburg 1980 (Philips-Fachbuchverlag), Dr. H. Klein, Anmerkungen zu diesem Forschungsprojekt auf einer vom Bundesministerium für Forschung und Technologie veranstalteten Informationsreise »Weg vom Öl« im September 1979, kein Manuskript; Günter Dachs, »Erdreich als Klimaanlage«, Deutscher Forschungsdienst, Sonderdienst angewandte Wissenschaft, Nr. 6/76, Karl-Heinz Preuß, »Mit halber Energie zum doppelten Wachstum?«, s. Kapitel 5, Anm. 20, persönl. Mittl. H. Hörster.

9
H. Hörster (s. Anm. 8), pers. Mittl.; die Kernforschungsanlage Jülich errechnete für ein Mo-

dellhaus von 150 Quadratmetern Wohnfläche bei einem Neubau Zusatzkosten von DM 90 bis DM 180 pro Quadratmeter, vgl. »Ein Alternativszenarium zur Energiepolitik?«, s. Kapitel 5, Anm. 22.

10
Die Kernforschungsanlage Jülich (s. Anm. 8) kam für die Umrüstung eines Altbaues auf den schwedischen Wärmedämmungsstandard auf Zusatzkosten von DM 195 bis DM 310 pro Quadratmeter. Die Angaben über die Umrüstung eines Altbaues schwanken allerdings sehr stark. Es wurden auch (Preisbasis 1979) Kosten von DM 150 pro Quadratmeter Wohnfläche genannt, vgl. hierzu: Erhard Eppler, »Ein Alternativszenarium zur Energiepolitik«, in: Diese Woche, Information der SPD-Landtagsfraktion (Baden-Würtemberg), Sondernummer, Ende Juni 1979.

11
Energieeinspargesetz vom 1. 11. 1977. Die Kernforschungsanlage Jülich (s. Kapitel 5, Anm. 22) nennt hierfür einen höheren Wert, nämlich 30 Prozent.

Kapitel 10: Einsparpotentiale

1, 2
Bericht der Enquete-Kommission »Zukünftige Kernenergie-Politik« des Deutschen Bundestages, s. Kapitel 4, Anm. 2.

Kapitel 11: Kommt ein neues Kohlezeitalter?

1, 3
Bundesanstalt für Geowissenschaften und Rohstoffe – BGR – (Hrsg.), »Das Angebot an Energie-Rohstoffen«, Hannover 1976; vgl. hierzu: Karl-Heinz Preuß, »Wie lange reichen unsere Energiereserven?«, Deutscher Forschungsdienst, Sonderdienst angewandte Wissenschaft, Nr. 25–26/1976.

2
Rolf B. Behrmann und andere, »Denkschrift zur Lage der Lagerstättenforschung«, Teil II, »Fossile energieliefernde Rohstoffe – Erdöl, Erdgas, Kohle«, verfaßt im Auftrage der Deutschen Forschungsgemeinschaft, Bonn-Bad Godesberg 1976.

4
»Wie lange reichen unsere Energiereserven?«, s. Anm. 1 und 3.

5
Erscheinungsdatum der Studie der BGR ist 1976, s. Anm. 1 und 3. Vgl. hierzu: »Chance für Entwicklungsländer – Gezielt nach Kohle schürfen«, Presseinformation der Düsseldorfer Messegesellschaft NOWEA zum Internationalen Bergbau-Kongreß (und Fachmesse) vom 11.–17. 6. 1981 in Düsseldorf, Bezug genommen wird hier auf die sogenannte Welt-Kohle-Studie, s. Anm. 19.

6
Weltkohleförderung 1977.

7, 8
Der Bundesminister für Forschung und Technologie, »Erste Überlegungen für ein Programm zur Erzeugung synthetischer Brennstoffe aus Kohle«, Bonn 1979, Anlage zu den Informationen über die Vorarbeiten für ein Programm zur Erzeugung synthetischer Brennstoffe aus Kohle vom 8. Oktober 1979, vgl. hierzu auch: »Das Kohleveredelungsprogramm der Bundesregierung« (Kurzfassung), in: Der Bundesminister für Forschung und Technologie (Hrsg.), Kohle, Sichere Energie – Sichere Arbeitsplätze, Bonn 1980.

9
Laboranlagen werden von der Bergbauforschung sowie von den Saarbergwerken betrieben;

zwei Pilotanlagen der Saarbergwerke und der Ruhrkohle/Veba sind im Bau bzw. schon in Betrieb.

10
Projekt der Rheinischen Braunkohlewerke. Mit dem Bau einer Pilotanlage zur hydrierenden Vergasung von Braunkohle wurde Ende 1979 in Wesseling bei Köln begonnen.

11
Von der Bundesregierung werden (s. Anm. 7) vier Verfahren zur konventionellen Kohlevergasung gefördert. Dazu zählen die Lurgi-Druckvergasung (Ruhr 100), das Saarberg-Otto-Verfahren, das Texaco-Verfahren, das Hochtemperatur-Winkler-Verfahren. Ohne öffentliche Förderung wird von Shell-Koppers eine weitere Versuchsanlage betrieben (Weiterentwicklung des Koppers-Totzek-Verfahrens zur Staubvergasung).

12
Nach Angaben in: »Erste Überlegungen . . .«, s. Anm. 7.

13
»Erste Überlegungen für ein Programm zur Erzeugung synthetischer Brennstoffe aus Kohle«, s. Anm. 7.

14
Vgl. hierzu Kapitel 7.

15
Zum Beispiel auch Kohleöl für den Einsatz in Kraftwerken.

16, 18
Vgl. Bericht der Enquete-Kommission des Deutschen Bundestages »Zukünftige Kernenergiepolitik«, s. Kapitel 4, Anm. 2.

17
Vgl. »Das Angebot an Energierohstoffen«, s. Anm. 1 und 3.

19
World Coal Study, Coal-Bridge to the Future 1980. Die Studie entstand unter Leitung von Professor Carrol Wilson, Massachussetts Institute of Technology (M.I.T.) unter Mitwirkung von über 80 Wissenschaftlern aus 16 Kohleförder- und -verbraucherländern. Für die Bundesrepublik Deutschland waren an der Studie Wissenschaftler des Gesamtverbandes des deutschen Steinkohlenbergbaus und des Steinkohlenbergbauvereins sowie des Energiewirtschaftlichen Instituts an der Universität Köln beteiligt. Vgl. auch: Karl-Heinz Preuß, »Ohne Kohle muß man schwarz sehen«, Deutscher Forschungsdienst, Sonderdienst angewandte Wissenschaft, Nr. 12/80, sowie »Weltverbrauch an Kohle wächst«, Amerika Dienst Nr. 25/80.

20
Weltentwicklungsbericht 1979, s. Kapitel 3, Anm. 3.

21
»Chance für Entwicklungsländer – Gezielt nach Kohle schürfen«, s. Anm. 5 (nach einer Untersuchung von G. Kneuper, Saarbrücken).

22
In den Entwicklungsländern stieg die Kohleförderung zwischen 1973 und 1976 um 7,6 Prozent pro Jahr, in den Industrieländern nur um drei Prozent. Allerdings wurden über 90 Prozent des Zuwachses in Ländern mit einem alteingesessenen Bergbau erzielt wie Indien, der Republik Korea und Vietnam (Weltentwicklungsbericht 1979, s. Anm. 20).

23
Vgl.: »Das Angebot an Energie-Rohstoffen«, s. Anm. 1 und 3.

24
Vgl. hierzu Anm. 1 und 3 sowie 2.

25
Abschätzungen auf der Grundlage der Vorratsberechnungen in der Studie der Bundesanstalt für Geowissenschaften und Rohstoffe, s. Anm. 1 und 3, sowie der DFG-Denkschrift, s. Anm. 2.

26
Studie der Bergbau-Forschung, s. Kapitel 6, Anm. 5.

27, 28
Karl-Heinz Preuß, »Gasfabriken in 1500 Meter Tiefe«, Deutscher Forschungsdienst, Sonderdienst angewandte Wissenschaft, Auslandsausgabe Nr. 8/76; Günter Dachs, »Gasfabriken in 1500 Meter Tiefe«, Deutscher Forschungsdienst, Sonderdienst angewandte Wissenschaft, Nr. 16/78; si, »Kohleflöz als Gasfabrik«, Deutscher Forschungsdienst, Sonderdienst angewandte Wissenschaft, Nr. 13/80.

29
Vgl. Günther Pusch, »Untertagevergasung von Kohle – Eine Zwischenbilanz nach dem ersten Quartal einer neuen Technologieentwicklung«, Status-Seminar »Geotechnik und Lagerstätten« 1980 des Bundesministeriums für Technologie, ein Nachdruck der Papers dieses Seminars erscheint unter der redaktionellen Bearbeitung durch die Kernforschungsanlage Jülich.

Kapitel 12: Erdgas ist noch nicht erschöpft

1
E. Schindewolf, »Probleme der deutschen Erdgaswirtschaft am Beginn eines neuen Jahrzehnts«, Vortrag am 22. 4. 1980 anläßlich der Hannover-Messe 1980, als Manuskript gedruckt von der BEB Gewerkschaften Brigitta und Elwerath Betriebsführungsgesellschaft, Hannover 1980.

2
»Das Angebot von Energie-Rohstoffen«, s. Kapitel 11, Anm. 1 und 3.

3
Vgl. H. C. Runge und andere, »Weltbedarf und Weltbedarfsdeckung bei Öl und Gas«, Erdöl und Kohle, Heft 1/1980.

4
Vgl. hierzu Bericht der Enquete-Kommission des Deutschen Bundestages »Zukünftige Kernenergie-Politik«, s. Kapitel 4, Anm. 2.

5
Wissenschaft, Wirtschaft, Politik, Nr. 36/80.

6
Denkschrift zur Lage der Lagerstättenforschung, Teil II, s. Kapitel 11, Anm. 2.

7
»Explorationserfolge erhöhen Erdgasreserven«, Deutscher Forschungsdienst, Sonderdienst angewandte Wissenschaft, Nr. 11/80; vgl.: »Probleme der . . .«, s. Anm. 1; vgl. hierzu auch »Mehr Erdgas als Erdöl«, Deutscher Forschungsdienst, Sonderdienst angewandte Wissenschaft, Nr. 9/78 (nimmt Bezug auf eine Untersuchung des Niedersächsischen Landesamtes für Bodenforschung, Hannover).

8
Vgl. hierzu: Karl-Heinz Preuß, »Wie Totöl zum Leben erweckt wird«, Deutscher Forschungsdienst, Sonderdienst angewandte Wissenschaft Nr. 20/78; Günter Dachs, »Freie Bahn für Erdgas«, Deutscher Forschungsdienst, Sonderdienst angewandte Wissenschaft, Nr. 12/79.

9
KhP, »Strom aus der Nordsee«, Deutscher Forschungsdienst, Sonderdienst angewandte Wissenschaft, Nr. 1/80.

Kapitel 13: Erdöl: Schwindende Reserven

1
»Das Angebot an Energie-Rohstoffen«, s. Kapitel 11, Anm. 1 und 3, »Die künftige Entwicklung der Energienachfrage in der Bundesrepublik Deutschland und deren Deckung«, s. Kapitel 5, Anm. 3 und 4 (der entsprechende Teil der Studie stützt sich auf die Studie der Bundesanstalt für Geowissenschaften und Rohstoffe).

2
»Das Angebot . . .«, s. Anm. 1.

3, 4, 5
Weltentwicklungsbericht 1979, s. Kapitel 3, Anm. 3.

6
»Mehr Erdgas als Erdöl«, s. Kapitel 12, Anm. 7.

7, 8, 11
»Wie Totöl zum Leben erweckt wird«, s. Kapitel 12, Anm. 8.

9
Denkschrift zur Lage der Lagerstättenforschung Teil II, s. Kapitel 11, Anm. 2.

10
Karl-Heinz Preuß, »Heiße Welle im Emsland«, Deutscher Forschungsdienst, Sonderdienst angewandte Wissenschaft, Nr. 10/77.

12, 13
Anke Hetzer, »Mehr Erdöl durch Mikroorganismen«, Deutscher Forschungsdienst, Sonderdienst angewandte Wissenschaft, Nr. 14/76. Das Verfahren wurde von der Abteilung Biotechnologie der Gesellschaft für Biotechnologische Forschung, Braunschweig-Stöckheim, unter Leitung von Professor Fritz Wagner in Zusammenarbeit mit der Wintershall AG, Celle, entwickelt.

14
»Das Angebot an Energie-Rohstoffen«, s. Kapitel 11, Anm. 1 und 3.

Kapitel 14: Teures Öl aus Sand und Schiefer

1
Vgl. (u. a.) »Energietechnik für morgen«, Kraftwerk Union (Hrsg.), Erlangen 1979.

2
Auch Ölschiefer mit geringen Ölgehalten, vgl.: »Das Angebot an Energie-Rohstoffen«, Kapitel 11, Anm. 1 und 3.

3
Bundesministerium für wirtschaftliche Zusammenarbeit, »Energiekrise und Entwicklungspolitik«, BMZ-aktuell vom 22. Juli 1980.

4
Karl-Heinz Preuß, »Ölschiefergewinnung bald wirtschaftlich?«, Deutscher Forschungsdienst, Sonderdienst angewandte Wissenschaft, Nr. 17/79 (die Angaben über den ausschwelbaren Ölanteil beziehen sich auf eine Schätzung der Bundesanstalt für Geowissenschaften und Rohstoffe).

5
Vgl. hierzu auch Anm. 4.

6
Vgl. hierzu Bundestagsdrucksache Nr. 18766 vom 4. 7. 1980, Antwort von Bundesforschungsminister Volker Hauff auf eine entsprechende Anfrage im Bundestag. Kritische Anmerkungen zur Landschaftszerstörung sind insbesondere in der Anfrage enthalten. Vgl. hierzu auch ÖKO-Mitteilungen, Nr. 11/12, Dezember 1980.

7
Deutscher Forschungsdienst, Sonderdienst angewandte Wissenschaft, Nr. 2/78, »Bakterien erschließen Ölschiefer«.

8
Berechnungen auf der Grundlage von Schätzungen der Bundesanstalt für Geowissenschaften und Rohstoffe, vgl. hierzu »Das Angebot von Energie-Rohstoffen«, s. Kapitel 11, Anm. 1 und 3.

9
Vgl. hierzu »Weltbedarf und Weltbedarfsdeckung bei Öl und Gas«, s. Kapitel 12, Anm. 3 und Bericht der Enquete-Kommission »Zukünftige Kernenergie-Politik«, s. Kapitel 4, Anm. 2.

10
Vorschlag einer amerikanischen Forschergruppe am »Illinois-Institute of Technology«, Chicago, vgl. Amerika Dienst, Nr. 1 vom 10. Januar 1979.

11
Vgl. hierzu Harald Steinert, »Der größte Ölschatz liegt am Orinoco«, Deutscher Forschungsdienst, Sonderdienst angewandte Wissenschaft, Nr. 14/79.

Kapitel 15: Wege zur Verschwendung

1
Zu den bereits genannten Anwendungen kommt noch eine Reihe weiterer Anwendungsmöglichkeiten, zum Beispiel die Gewinnung von Wasserstoff zur direkten Erzreduktion in der Stahlerzeugung, die Wasserstofferzeugung für die Kohleveredelung, Lieferung von Prozeßwärme für die großtechnische Erzeugung chemischer Grundstoffe, wie beispielsweise dem für die Herstellung von Kunststoffen wichtigen Äthylen, sowie die Lieferung von Prozeßwärme für ein nukleares Fernenergiesystem, bei dem die aus dem Reaktor gewonnene Wärme dazu benutzt wird, Methan in Kohlendioxid und Wasserstoff aufzuspalten. Das Gemisch wird dann bei Umgebungstemperatur über Pipelines transportiert. Beim Verbraucher werden die Gase rückverwandelt, wobei erhebliche Wärme frei wird, die zum Beispiel zur Dampferzeugung, industriellen Verwendung und für Heizungszwecke genutzt werden kann. Vgl. hierzu Rolf H. Simen, »Hochtemperatur-Reaktorlinie gewinnt scharfe Konturen«, Deutscher Forschungsdienst, Sonderdienst angewandte Wissenschaft, Nr. 21/78, sowie Rudolf Schulten, »Der Hochtemperatur-Reaktor – eine mögliche Energiequelle für die Substitution von Öl und Gas«, Kurzfassung eines am 29. November 1979 im Rahmen eines BBC-Presse-Seminars »Energie« in Baden-Baden gehaltenen Referats.

2
Vgl. hierzu den Schluß dieses Kapitels.

3
Bei den Anreicherungsanlagen beispielsweise ist dies sehr unterschiedlich: Das Zentrifugenprinzip liegt etwa im Vergleich zur Diffusionstechnik oder auch zum Trenndüsenverfahren in den spezifischen Energiekosten sehr günstig. Bei der Zentrifuge wird deshalb der Bereich der Wirtschaftlichkeit wahrscheinlich bereits früher erreicht.

4
Kernforschungszentrum Karlsruhe, »Konsequenzen des großtechnischen Einsatzes der Kernenergie in der Bundesrepublik Deutschland«, Juni 1979.

5
Vgl. Markus Fritz, »Die Rolle der Kernkraft für die dritte Welt«, Umschau in Wissenschaft und Technik, Nr. 17/80.

6
»Das Angebot an Energie-Rohstoffen«, s. Kapitel 11, Anm. 1 und 3.

7
4,5 Milliarden Tonnen werden in der Schätzung der Bundesanstalt für Geowissenschaften und Rohstoffe genannt, 4 Milliarden Tonnen u. a. in folgender Arbeit: Arnold Vatter, »Die Bedeutung des Urans, seiner Vorkommen und seiner Gewinnung«, Universitas Nr. 9/79.

8
Deutscher Forschungsdienst, Sonderdienst angewandte Wissenschaft, Nr. 5/80, »Uranvorräte der Welt« (nach der 1980 abgeschlossenen Studie über die internationale Bewertung des Brennstoffkreislaufes [INFCE]), vgl. hierzu H. Kaiser und H. F. Wagner, »Verfügbarkeit von Uran«, Atomwirtschaft, März 1980, in Übereinstimmung mit Schätzungen einer Arbeitsgruppe der OECD und IAEO.

9
Bericht der Enquete-Kommission des Deutschen Bundestages »Zukünftige Kernenergie-Politik, s. Kapitel 4, Anm. 2.

10
»Uranvorräte der Welt«, s. Anm. 8.

11, 12
Vgl. hierzu »Verfügbarkeit von Uran«, s. Anm. 8.

13
Bis Ende 1979 gingen weltweit 12 Schnelle Brutreaktoren in Betrieb. Insgesamt arbeiteten neun Versuchsanlagen in den USA, Frankreich, Großbritannien, der UdSSR und der Bundesrepublik Deutschland. Drei Leistungsreaktoren wurden bzw. werden von Großbritannien, der UdSSR und Frankreich betrieben. Frankreich will 1983 mit Super-Phénix das erste 1200-Megawatt-Kernkraftwerk mit Brutreaktor in Betrieb nehmen. Die bereits bestehende Prototypanlage Phénix hat eine installierte elektrische Leistung von 250 Megawatt (vgl. Strom Linie, 48/9, Nachrichten-, Artikel- und Bilder-Korrespondenz der VDEW).

14
Vgl. hierzu auch Frank von Hippel, »Alternativen für die Zukunft der Kernenergie«, in: »Schnelle Brüter Pro und Contra«, Protokoll des Expertengesprächs vom 19. 5. 1977 im Bundesministerium für Forschung und Technologie, Villingen-Schwenningen, Oktober 1977.

15, 16
KhP, »Neue Wege zur Uraneinsparung«, Deutscher Forschungsdienst, Sonderdienst angewandte Wissenschaft, Nr. 8/80.

17
Der Einsparungseffekt ist bei derartigen Verfahren jedoch nicht unbeträchtlich, wenn man die bisherige schlechte Ausnutzung des Urans als Maßstab nimmt. Nach Angaben von Lovins auf dem Gorleben-Hearing (»Rede-Gegenrede«, s. Kapitel 1, Anm. 7) können Brennstoffzyklen mit nur einem Durchgang und ohne jede Wiederaufarbeitung bei gegenwärtigen fortgeschrittenen Konversionsreaktoren den Uranbedarf gegenüber den bisherigen Verfahren um 40 Prozent senken.

18, 19
»Hochtemperatur-Reaktorlinie gewinnt scharfe Konturen« und »Der Hochtemperatur-Reaktor – eine mögliche Energiequelle für die Substitution von Öl und Gas«, s. Anm. 1, sowie Dietrich Zimmermann, »Hochtemperatur-Reaktor spart Kohle«, Deutscher Forschungsdienst, Sonderdienst angewandte Wissenschaft«, Nr. 19/79.

20
Symposium der Niedersächsischen Landesregierung zur grundsätzlichen sicherheitstechnischen Realisierbarkeit eines integrierten nuklearen Entsorgungszentrums, s. Kapitel 1, Anm. 7 (»Rede-Gegenrede«).

21
Vgl.: Günter Hartkopf, »Über die Sicherheit der Kernkraftwerke heute«, Vortrag auf dem 6. Deutschen Atomrechts-Symposium am 8. Oktober 1979 in Münster, als Manuskript vervielfältigt im Pressedienst des Bundesministerium des Inneren.

22
Vgl. »Rede-Gegenrede«, s. Kapitel 1, Anm. 7.

23
1979/80 befanden sich etwa 9900 Megawatt im Bau.

24
Zu berücksichtigen sind allerdings auch die wegen des Fehlens einer entsprechenden Anlage nicht aufgearbeiteten Brennelemente. Das könnte für eine gewisse Zeit zu einer besseren Auslastung beitragen, vgl. hierzu »Rede-Gegenrede« (S. 305), s. Kapitel I, Anm. 7.

25
R. Weber, »Am Brutreaktor führt kein Weg vorbei«, VDI-Nachrichten Nr. 45 v. 9. November 1979.

26, 27
»Das Veto«, Der Atombericht der Ford Foundation, Frankfurt 1977; die Originalausgabe erschien unter dem Titel »Nuclear Power, Issues and Choices«, Cambridge/Massachusetts 1977.

28, 29
Pfad 1, eines der vier von der Enquete-Kommission des Deutschen Bundestages »Zukünftige Kernenergie-Politik« (s. Kapitel 4, Anm. 2) untersuchten Energiemodelle, vgl. auch Kapitel 5 und 6.

30
Ein Teil des Stroms aus Schnellen Brütern und Leichtwasserreaktoren wird für die elektrolytische Herstellung von Wasserstoff benötigt.

31
Pfad 1 C, s. Anm. 28 und 29.

Kapitel 16: Kernenergie: Warum eigentlich?

1, 3
Denis Hayes, »Alternative Energien«, Hamburg 1979; die Originalausgabe erschien unter dem Titel »Rays of Hope«, New York 1977.

2, 4, 6, 7
»Das Veto«, s. Kapitel 15, Anm. 26 und 27.

5
Ursprünglich glaubte die Industrie, auch in der Bundesrepublik Deutschland, die Entwicklung sogar allein durchführen zu können. Auch in der Bundesrepublik Deutschland gab es auf Seiten der Industrie erhebliche Verluste, die beispielsweise (neben weiteren Gründen, die bei dieser Entscheidung eine Rolle spielten) dazu geführt haben, daß sich AEG-Telefunken weitgehend aus dem Reaktorgeschäft zurückgezogen hat.

8
»Stromkosten Kohle-Kernenergie«, Bericht des Battelle-Instituts e.V., Frankfurt am Main, für den Minister für Wirtschaft, Mittelstand und Verkehr des Landes Nordrhein-Westfalen, Januar 1979, 2 Bände (1 Text-Band und 1 Anhang-Band).

9, 11
»Stromkosten Kohle-Kernenergie«, s. Anm. 8.

10
Zeit-Forum, Die Zeit Nr. 3 vom 7. 1. 1977, vgl. hierzu »Stromkosten Kohle-Kernenergie«, s. Anm. 8.

12
S. Kapitel 15, Anm. 4.

13
Vgl. hierzu »Stromkosten Kohle-Kernenergie« (s. Anm. 8), Anhang-Band, Auswertung von Anhang 17–7.

14
Vgl. hierzu: Karl-Heinz Preuß, »Steinkohlekraftwerke künftig umweltfreundlicher«, Deutscher Forschungsdienst, Sonderdienst angewandte Wissenschaft, Auslandsausgabe 7/77; siehe auch »Erste Überlegungen für ein Programm zur Erzeugung synthetischer Brennstoffe aus Kohle«, s. Kapitel 11, Anm. 7 und 8.

15, 16
Vgl. »Stromkosten Kohle-Kernenergie« (s. Anm. 8), Bemerkungen u. a. S. 50 und 94.

17
Vgl. hierzu »Am Brutreaktor führt kein Weg vorbei«, s. Kapitel 15, Anm. 25 und »Das Veto« (s. Kapitel 15, Anm. 26 und 27), S. 317.

18
»Am Brutreaktor führt kein Weg vorbei«, s. Kapitel 15, Anm. 25.

19, 20
Vgl. »Hochtemperatur-Reaktor spart Kohle«, s. Kapitel 15, Anm. 18 und 19.

21
Hierzu gibt es eine Vielzahl von Untersuchungen, verwiesen sei insbesondere auf Werner Stumm (Hrsg.), »Global Chemical Cycles and Their Alterations by Man«, Dahlem-Konferenzen, Berlin 1977; 1980 hat die Weltmeteorologie-Organisation für die Weltenergiekonferenz in München eine entsprechende Untersuchung über den »Einfluß einer potentiellen Klimaänderung auf Strategien zum Energieeinsatz« vorgelegt (vgl. hierzu Frankfurter Allgemeine Zeitung, Blick durch die Wirtschaft vom 4. 9. 1980).

22, 23, 24
Vgl. hierzu Anmerkungen von Hofseth auf dem Gorleben-Symposium »Rede–Gegenrede«; s. Kapitel 1, Anm. 7; zu vergleichen zwischen Kernenergie und anderen Energien siehe auch Dietrich Zimmermann, »Gefährliche Sonnenergie?«, Deutscher Forschungsdienst, Sonderdienst angewandte Wissenschaft, Nr. 5/79; Herbert Inhaber, »Is Solar Power More Dangerous Than Nuclear?«, in: Bulletin (der Internationalen Atomenergie-Agentur), 2/79, Volume 21/Nr. 1, S. 11–77; Bonifaz Oberbacher, »Nutzen der Kernenergie – Eine ökologisch-ökonomische Betrachtung«, Berlin 1978.

25
»Deutsche Risikostudie Kernkraftwerke«, Studie der Gesellschaft für Reaktorsicherheit im Auftrag des Bundesministeriums für Forschung und Technologie, Bonn 1979.

26
Rolf H. Simen, »Die Kernenergie und die Wahrscheinlichkeit«, Deutscher Forschungsdienst, Sonderdienst angewandte Wissenschaft, Nr. 17/79.

27
GRS (Gesellschaft für Reaktorsicherheit) Kurzinformation 1978, Reihe F, Nr. 1 und Atomic Energy Clearing House, Band 23, Nr. 48.

28
Die meisten Opfer würden an Krebs sterben, ausgelöst duch die starke Strahlenexposition.

29
Der Störfall in Harrisburg kam bereits sehr nahe an das Kernschmelzen heran.

30
Zum Beispiel im Zusammenhang mit den radioaktiven Abfällen, die auch für die Nachwelt ein Problem darstellen, oder im Hinblick auf die Probleme der Nichtverbreitung von Atomwaffen.

31, 32, 40, 42
»Das Veto«, s. Kapitel 15, Anm. 26 und 27.

33
»Weltentwicklungsbericht 1979«, s. Kapitel 3, Anm. 3.

34, 35
Vgl. hierzu »Die Rolle der Kernkraft für die dritte Welt«, s. Kapitel 15, Anm. 5, sowie Karl-Heinz Preuß, »Kernkraft und dritte Welt«, Deutscher Forschungsdienst, Sonderdienst angewandte Wissenschaft, Nr. 20/80. Ein neuartiges Kleinkraftwerk hat die Kraftwerk Union (KWU) auf der Hannover-Messe 1980 in Modell und Vorträgen vorgestellt: einen Zweikreis-Siedewasserreaktor mit Naturumlauf des Kühlmittels und Leistungen von 200 bis 400 Megawatt (vgl. hierzu Presse-Information KWU 404 v. 16. April 1980).

36
Vgl. hierzu »Die Rolle der Kernkraft für die dritte Welt«, s. Kapitel 15, Anm. 5.

37
Das gilt beispielsweise auch für die Bundesrepublik Deutschland; vgl. hierzu auch eine Untersuchung der Federal Energy Aministration (USA), »A Report on Improving the Productivity of Electric Power Units«, März 1975.

38, 39, 41
»Die Rolle der Kernkraft für die dritte Welt«, s. Kapitel 15, Anm. 5.

Kapitel 17: Kernfusion: Eine Hoffnung für wen?

1, 5
Rolf H. Simen, »Eishagel nährt die Sternenglut«, Deutscher Forschungsdienst, Sonderdienst angewandte Wissenschaft, Nr. 2/79,

2, 7, 10
Amerika-Dienst, Nr. 46/80.

3, 8
Wissenschaft Wirtschaft Politik, Nr. 45/79.

4
Bei einem anderen Verfahren hält die Trägheit der Materie das Plasma zusammen (Trägheitseinschluß), vgl. hierzu Rolf H. Simen, »Laserschüsse am Weg zur Kernfusion«, Deutscher Forschungsdienst, Sonderdienst angewandte Wissenschaft, Nr. 14/75 (über Arbeiten am Max-Planck-Institut für Plasmaphysik in Garching).

6
»Laserschüsse am Weg zur Kernfusion«, s. Anm. 4.

9
Zum Beispiel das europäische Fusionsprojekt JET (Joint European Torus) in Culham, Oxfordshire, vgl. Wissenschaft-Wirtschaft-Politik, Nr. 45/79.

11
R. Weber, »Kernfusion als Energiequelle noch unbestätigt«, VDI-Nachrichten Nr. 51 vom 21. Dezember 1979.

12
Vgl. hierzu Leopold Lukschanderl, »Saubere Kernfusion ein Traum?«, ibf-Informationsdienst für Bildungspolitik und Forschung, Nr. 747/1980 vom 7. 3. 1980 (nimmt Bezug auf Untersuchungen von G. Kamelander, Österreichische Studiengesellschaft für Atomenergie [SGAE], Wien).

Kapitel 18: Die Sonne: Eine Energiequelle für alle

1
Die in alle Richtungen des Raums abgegebene Leistung beträgt fast 4×10^{23} Kilowatt, während der von der Erde empfangene Teil bei knapp 2×10^{14} Kilowatt liegt (nach »Nutzung der Sonnenenergie – Aufgabe für die Zukunft«, Eine Ausstellung des Instituts für Auslandsbeziehungen, Stuttgart, in Bonn, Wissenschaftszentrum, Frühjahr 1980).

2
Kernforschungsanlage Jülich (Hrsg.), »Kernfragen, Nutzen und Risiken der Kernenergie«, Jülich, April 1980 (die eingestrahlte Leistung wird hier mit 178 Milliarden Megawatt angegeben).

3
Zur nichtkommerziellen Energie rechnen Energiearten, die in den üblichen Energiebilanzen nicht auftauchen, zum Beispiel Dung, pflanzliche Abfälle, aber auch Feuerholz, selbst wenn ein Teil derartiger Energien gekauft und verkauft wird.

4
Vgl. z. B. Kommission der Europäischen Gemeinschaften, »Neue Energien für die Gemeinschaft«, Stichwort Europa, 1980/2; Karl-Heinz Preuß, »Europa sucht einen Platz an der Sonne«, Deutscher Forschungsdienst, Sonderdienst angewandte Wissenschaft, Auslandsausgabe Nr. 8/77.

5
»Die zukünftige Entwicklung der Energienachfrage in der Bundesrepublik Deutschland und deren Deckung«, s. Kapitel 4, Anm. 3 und 4; die in den verschiedenen Quellen angegebenen Durchschnittswerte schwanken etwas, der hier benutzte Wert liegt an der oberen Grenze. »Energiequellen für morgen?«, s. Kapitel 6, Anm. 10, nennt beispielsweise einen Durchschnittswert von 116 Watt pro Quadratmeter für die Bundesrepublik Deutschland. Im südlichen Teil ist die Globalstrahlung etwa 10 Prozent höher als im nördlichen Teil der Bundesrepublik.

6
2200 Quadratmeter sind je Einwohner etwa für die Ernährung notwendig, etwa 350 Quadratmeter müßten zur Gewinnung von Sonnenenergie genutzt werden, wenn man einen Wirkungsgrad bei der Energieumwandlung von 25 Prozent unterstellt (vgl. hierzu »Leonberger Energietage« vom 19. bis 21. Oktober 1978 in München, verkürzte Zusammenfassung).

7
»Rationelle Energieverwendung und Nutzung der Sonnenenergie in Gebäuden«, s. Kapitel 9, Anm. 8.

8
Vgl. hierzu Philips Presseinformation, Nr. 285/79, bezieht sich auf das in Anm. 7 genannte Projekt, Kurzfassung eines Referates von E. Kauer.

9
Vgl. »Die zukünftige Entwicklung . . .« und »Energiequellen für morgen?«, s. Anm. 5.

10
Für die Langzeitspeicherung sind Warmwasserspeicher nur bedingt geeignet. Über Ansätze zu neuen chemischen Speichern vgl.: Deutscher Forschungsdienst, Sonderdienst angewandte Wissenschaft, Nr. 20/78, »Salz speichert Sonnenwärme« (Entwicklung der DFVLR); Thomas Münster, »Sonnenenergie – auf Vorrat gespeichert«, Süddeutsche Zeitung Nr. 144 vom 25. Juni 1980 (Arbeiten an der Universität München); F+E-Report Nr. 24/1980, »Chemischer Speicher für Sonnenwärme«.

11
»Erdreich als Klimaanlage«, s. Kapitel 9, Anm. 8.

12, 13
»Rationelle Energieverwendung und Nutzung der Sonnenenergie in Gebäuden«, s. Kapitel 9, Anm. 8. Die im Buchtext folgenden Angaben beziehen sich ebenfalls auf dieses Projekt.

14
S. Anm. 12 und 13, vgl. dazu auch Kapitel 9.

15
Vgl. hierzu u. a. G. D., »Computer steuert Sonnenhaus«, Deutscher Forschungsdienst, Sonderdienst angewandte Wissenschaft, Nr. 20/78 (es handelt sich bei diesem Projekt um ein 12-Familien-Haus).

16
Demonstrationsprojekt Landstuhl, s. Kapitel 9, Anm. 3; vgl. hierzu auch Faskel, Kolb, Nikolic, versch. Beiträge in Baukultur, Ausgabe 4/1980 (Schwerpunktthema »Energie-Architektur-Wende«).

17
Deutscher Forschungsdienst, Sonderdienst angewandte Wissenschaft, Nr. 20/80, »Sonne lakkiert Autos«; vgl. hierzu Sonnenenergie & Wärmepumpe, Heft 4/80.

18
H. Barthel, »Solare Grünfuttertrocknung«, in: Hans Matthöfer (Hrsg.), »Sonnenenergie II«, Frankfurt 1977.

19
Cesare Marchetti, »Wieviel Öl kostet unser täglich Brot?«, Bild der Wissenschaft, Nr. 2/80.

20
Karl-Heinz Preuß, »Die Sonne im Gewächshaus«, Deutscher Forschungsdienst, Sonderdienst angewandte Wissenschaft, Nr. 18/80.

21
»Nutzung der Sonnenenergie – Aufgabe für die Zukunft«, s. Kapitel 18, Anm. 1.

22
Dietrich Zimmermann, »Sonnenenergie betreibt Fernsehsender«, Deutscher Forschungsdienst, Sonderdienst angewandte Wissenschaft, Nr. 1/79.

23
Deutscher Forschungsdienst, Sonderdienst angewandte Wissenschaft, Nr. 17/80, »Bundespost funkt mit Sonne und Wind«.

24
Vgl. hierzu Guido Brunner, »Alternative Energiequellen in Europas Energieversorgung«, Ansprache anläßlich der Übergabe eines EURELIOS-Modells an das Deutsche Museum, München, am 2. Juni 1980. Brunner hält den Preis von 1 bis 2 DM pro Watt bereits für 1990 für wahrscheinlich. Auf einer EG-Tagung über »Photovoltaische Stromerzeugung aus Sonnenenergie« 1979 in Berlin (vgl. Marion Kern, »Gute Chancen für den Sonnenstrom«, Deutscher

Forschungsdienst, Sonderdienst angewandte Wissenschaft, Nr. 10/80) wurden 4 DM pro Watt installierter Leistung bis 1986 und 2 DM für das Jahr 2000 genannt.

25
Beispielsweise entwickelten die US-Firma »Solarex« und in der Bundesrepublik Deutschland AEG-Telefunken Verfahren zur Herstellung von billigerem mehrkristallinem Silizium. AEG-Telefunken arbeitet bei den Verfahren zur Direktumwandlung von Sonnenenergie in elektrische Energie mit der Firma Wacker zusammen. Am Standford Research Institute (Kalifornien/USA) wurde ein neuer chemischer Prozeß entwickelt, mit dessen Hilfe sich möglicherweise die Kosten für die Herstellung von Silizium von höchster Reinheit um mehr als 90 Prozent senken lassen, vgl. hierzu Franz Frisch, »Billige Zellen«, Die Zeit vom 19. 10. 1979.

26
Die EG-Kommission plant in Zusammenarbeit mit mehreren staatlichen Behörden, öffentlich-rechtlichen Körperschaften sowie weiteren Institutionen auf der Grundlage einer Kostenbeteiligung die Errichtung von mehr als einem Dutzend Solargeneratoren mit einer Leistung von 30 bis 300 Kilowatt. Dabei soll wenigstens je eine Anlage in einem EG-Mitgliedsland errichtet werden, auch in den nördlicher gelegenen Ländern. Zusammen werden die Anlagen, die bis Mitte 1983 fertiggestellt werden sollen, über eine elektrische Kapazität von etwa einem Megawatt verfügen (vgl. Europäische Gemeinschaften, Information, R+D, Forschung und Entwicklung, News Report Nr. 10).

27
»Alternative Energie für die dritte Welt«, aus einem Ad-hoc-Bericht des Beirats für neue Technologie der National Academy of Science in Washington, D. C., in: »Energie und Ernährung in der dritten Welt«, Drei Beiträge zum Thema, zusammengestellt von Ernst-Günther Jentzsch, Hrsg.: Deutsche Welthungerhilfe, Bonn, September 1979.

28
Vgl. »Nutzung der Sonnenenergie – Aufgabe für die Zukunft«, s. Anm. 1.

29, 30
Anke Hetzer, »Gemüsezucht mit Wüstensonne und Salzwasser«, Deutscher Forschungsdienst, Sonderdienst angewandte Wissenschaft, Nr. 16/76; Rolf Bettaque, »Verfahren zum Betreiben von Gewächshäusern mit Salzwasser«, Zeitschrift für Bewässerungswirtschaft, Heft 2/77.

31
Claude Mannewitz, »Auch nachts wird die Sonne genutzt«, Deutscher Forschungsdienst, Sonderdienst angewandte Wissenschaft, Nr. 25–26/79.

32
Günter Dachs, »Kühlen mit Sonnenlicht«, Deutscher Forschungsdienst, Sonderdienst angewandte Wissenschaft, Nr. 9/77.

33, 34
A. Ramachandran und J. Guruja, »Die Sonnenenergie in Reichweite«, UNESCO-Kurier, Nr. 6/1978.

35
Djibril Fall, »Die Sonne als Entwicklungshelfer der Sahelzone«, Unesco-Dienst 1/80.

36
»Kühlen mit Sonnenlicht«, s. Anm. 32; G. D., »Sonnenlicht kühlt Nahrungsmittel«, Deutscher Forschungsdienst, Sonderdienst angewandte Wissenschaft, Nr. 12/78 (Entwicklung von den Firmen Dornier und Linde).

37
C. Baron, »Energy policy and social progress in developing countries«, International Labour Review, Nr. 5/80; vgl. auch IAO-Nachrichten Nr. 4/80 vom 4. Oktober 1980.

38
Deutscher Forschungsdienst, Sonderdienst angewandte Wissenschaft, Nr. 9/77, »Die Sonne im Backofen«.

39
G. D., »Dampf von der Sonne«, Deutscher Forschungsdienst, Sonderdienst angewandte Wissenschaft, Nr. 19/76.

40
EG Nr. 49/79 Berichte und Informationen.

41
S. Kapitel 22.

42
S. Kapitel 19.

43
Weltentwicklungsbericht 1979, s. Kapitel 3, Anm. 3.

44
Deutscher Forschungsdienst, Sonderdienst angewandte Wissenschaft, Nr. 9/80, »Ziegelhärte aus dem Sonnenofen«.

45
Karl-Heinz Preuß, »Sonne für Mexiko«, Deutscher Forschungsdienst, Sonderdienst angewandte Wissenschaft, Nr. 18/78; Bundesminister für Forschung und Technologie, Kurzdarstellung des Projektes Sonntlan, Januar 1979; »Sonntlan«, Final Presentation Project Phase 1, La Paz/Mexicali, June 1979 (Dornier/Digaases).

46
»Die Sonne als Entwicklungshelfer der Sahelzone«, s. Anm. 35.

47
Besonders günstig sind die Voraussetzungen für die Sonnenenergienutzung für Länder zwischen dem 40. nördlichen und südlichen Breitengrad, die eine relativ geringe Industrialisierung aufweisen und ein noch wenig entwickeltes Energieinfrastrukturnetz besitzen.

48
J. Hofmann, J. Gretz, »The concept of the 1 MW_{el} solar thermal power plant of the European Economic Community«, Referat auf dem 2. Internationalen Sonnenforum, 12.–14. Juli 1978 in Hamburg, Manuskript.

49
Messerschmitt-Bölkow-Blohm, »1 MW_{el} solar thermal demonstration power plant of the European Economic Community«, MBB-Tasks and Actions, ohne Datum.

50
G. D., »Sonnenstrom von Farm und Turm«, Deutscher Forschungsdienst, Sonderdienst angewandte Wissenschaft, Nr. 11/79; DFVLR, »IEA-SSPS, International Energy Agency, Small Solar Power Systems Projekt«, Systembeschreibung ohne Datum; DFVLR-Pressemitteilungen vom 16. 1. 1980 und 6. 11. 1980.

51
»Energietechnik für morgen«, s. Kapitel 14, Anm. 1.

52
Karl-Heinz Preuß, »Sonnenstrom aus heißer Luft«, Deutscher Forschungsdienst, Sonderdienst angewandte Wissenschaft, Nr. 22/80; S. Kostrzewa, »Überblick über das 20 MWe Gasgekühltes Sonnenturmkraftwerk GAST«, Vortrag auf dem I. Statusseminar GAST des BMFT am 12. Mai 1980, Manuskript (Federführer der Arbeitsgemeinschaft GAST ist INTERATOM, Bensberg).

53
Ein Solarkraftwerk (Farmprinzip), das mit einem bereits bestehenden (im Inselbetrieb arbeitendem) Dieselkraftwerk gekoppelt wird, wird von einer deutschen Firma in Meekatharra, Westaustralien, gebaut. Die Abwärme der Dieselanlage wird gleichzeitig für die solare Dampferzeugung mitgenutzt. Vgl. hierzu: Dietrich Zimmermann, »Kombiniertes Diesel- und Sonnenkraftwerk«, Deutscher Forschungsdienst, Sonderdienst angewandte Wissenschaft, Nr. 17/80.

54
Vgl. hierzu u. a. Feustel, »Wirtschaftliche Perspektiven gasgekühlter Solarkraftwerke«, Statusseminar GAST, s. Anm. 52; zu dieser Frage gibt es auch mehrere amerikanische Arbeiten, die zu ähnlichen Ergebnissen kommen.

55
S. Kapitel 22.

56
Kurzdarstellung des Projekts Sonntlan, s. Anm. 45.

57
Vgl. hierzu u. a. Günter Nimtz, »Energie aus dem Weltall«, Universitas, Heft 2/80.

58
Vgl. hierzu »Raumfahrt: Grill über dem Globus«, Der Spiegel, Nr. 5/80; für das amerikanische Projekt wird dort ein Preis von 500 Milliarden bis eine Billion Dollar genannt (für einen Kranz von 60 Sonnenenergiesatelliten).

Kapitel 19: Leben wir künftig vom Wind?

1
Vgl. hierzu Deutsche Gesellschaft für Sonnenenergie, Ulf Bossel (Hrsg.), »Energie vom Wind«, Tagungsbericht der gleichnamigen Tagung vom 7. und 8. Juni 1977 in Bremen, München 1977; Bundesministerium für Forschung und Technologie (Hrsg.), »Seminar und Statusreport Windenergie«, veranstaltet von der KFA Jülich am 23. und 24. Oktober 1978, Tagungsbericht.

2
Vgl. U. Hütter, »Möglichkeiten und Aussichten der Windenergienutzung«, in: »Energie vom Wind«, s. Anm. 1.

3
L. Jarass und andere, Universität Regensburg, »Großtechnische Windenergienutzung in der Bundesrepublik Deutschland: Eine systemanalytische Bewertung des technischen und wirtschaftlichen Potentials«, August 1979; vgl. hierzu Karl-Heinz Preuß, »Leben wir künftig vom Wind?«, Deutscher Forschungsdienst, Sonderdienst angewandte Wissenschaft, Nr. 2/80.

4
Große Windenergieanlage Bau- und Betriebsgesellschaft mbH, »GROWIAN«, Systembeschreibung (Hamburg 1980).

5
Vgl. hierzu Dietrich Zimmermann, »Einarmiger Riese greift nach Windenergie«, Deutscher Forschungsdienst, Sonderdienst angewandte Wissenschaft, Nr. 9/80.

6
»Großtechnische Windenergienutzung . . .«, s. Anm. 3.

7
Günter Dachs, »Energiekrise – vom Winde verweht?«, Deutscher Forschungsdienst, Sonderdienst angewandte Wissenschaft, Nr. 6/77.

8
Deutscher Forschungsdienst, Sonderdienst angewandte Wissenschaft, Nr. 5/80, »Hochhäuser umweltschädlicher als Windmühlen«; vgl. hierzu Bundesminister für Forschung und Technologie, Antwort auf eine Anfrage von Dr. Albert Probst, MdB (BT-Drs. 8/3573) am 23. 1. 1980.

9
Vgl. hierzu u. a. »Energiekrise – vom Winde verweht?«, s. Anm. 7 sowie »Großtechnische Windenergienutzung . . .«, s. Anm. 3.

10
Amerika-Dienst, Nr. 41 vom 17. September 1980.

11
Deutscher Forschungsdienst, Sonderdienst angewandte Wissenschaft, Nr. 22/80, »Wind liefert Trinkwasser«; vgl. hierzu GKSS, Pressemitteilung Nr. 7/1980 vom 21. 10. 1980.

12
G. D., »Strom für fünf Familien«, Deutscher Forschungsdienst, Sonderdienst angewandte Wissenschaft, Nr. 25–26/79; vgl. hierzu DFVLR-Presseinformation vom 7. 12. 1979.

13
Deutscher Forschungsdienst, Sonderdienst angewandte Wissenschaft, Nr. 15/80, »Versuchsfeld für Windkraftanlagen«; vgl. hierzu GKSS, Pressemitteilung Nr. 6/80 vom 23. 6. 80.

14
Vgl. zum Problem Windenergie und Entwicklungsländer: I. Vendolsky, »Einsatzmöglichkeiten der Windenergie in Ländern der dritten Welt«, in: »Energie vom Wind«, s. Anm. 1.

15
Beispiel Malta, vgl. hierzu »Einsatzmöglichkeiten der Windenergie . . .«, s. Anm. 14.

16
Vgl. Kapitel 18.

17, 19
»Einsatzmöglichkeiten der Windenergie . . .«, S. Anm. 14.

18, 24
S. Anm. 17 und Claude Mannewitz, »Wie der Wind das Wasser pumpt«, Deutscher Forschungsdienst, Sonderdienst angewandte Wissenschaft, Nr. 12/79.

20
Vgl. zum Darrieus-Prinzip H. Selzer und C. Corth, »Arbeitsweise und Merkmale von Windenergiekonvertern«, in: »Energie vom Wind«, s. Anm. 1; Günter Dachs, »Segelflugzeuge liefern Strom«, Deutscher Forschungsdienst, Sonderdienst angewandte Wissenschaft, Nr. 24/78.

21, 22, 23
»Wie der Wind das Wasser pumpt«, s. Anm. 18.

Kapitel 20: Erdwärme: Energie aus dem Untergrund

1
Ralph Haenel, »Millionen Kilowatt unter unseren Füßen«, UNESCO-Kurier Nr. 6/1978.

2
Vgl. hierzu auch Karl-Heinz Preuß, »Strom aus heißen Steinen«, in: »Forschung – kritisch gesehen« (hrsg. v. Ernst von Khuon und Hermann Laupsien), Düsseldorf und Wien 1979.

3
Karl-Heinz Preuß, »Energie aus Wind und Wellen«, Deutscher Forschungsdienst, Sonderdienst angewandte Wissenschaft, Auslandsausgabe 7/76, vgl. auch »Energiequellen für morgen?«, s. Kapitel 6, Anm. 10.

4, 5, 8, 12, 16, 17
O. Kappelmeyer, BGR Hannover, »Statusbericht zur Geothermik« (ausgeführt auf Anfrage des BMFT), Januar 1980.

6
Oskar Kappelmeyer, »Ökonomische Grenzen und technische Probleme bei der Nutzung hydrothermaler Vorkommen geringer Enthalpie bei besonderer Berücksichtigung der geologisch-geothermischen Voraussetzungen in der Bundesrepublik Deutschland, (Hannover) 1978; vgl. auch »Statusbericht zur Geothermik«, s. Anm. 6 und Karl-Heinz Preuß, »Erdwärme in Deutschland«, Deutscher Forschungsdienst, Sonderdienst angewandte Wissenschaft, Nr. 18/80.

7
Karl-Heinz Preuß, »Erdwärme statt Heizöl«, Deutscher Forschungsdienst, Sonderdienst angewandte Wissenschaft, Nr. 25–26/79; Deutscher Forschungsdienst, Sonderdienst angewandte Wissenschaft, Nr. 21/80, »Erdwärmeprojekt gescheitert?« (vgl. hierzu BT-Drucksache 8/4474, S. 22, Antwort des Bundesministers Dr. Hauff vom 1. September 1980).

9
Verläßliche Angaben sind derzeit schwer möglich.

10
»Neue Energien für die Gemeinschaft«, s. Kapitel 18, Anm. 4.

11
Der genannte Energiebedarf im Jahre 2000 bezieht sich auf Angaben von G. Brunner, s. Kapitel 18, Anm. 24; die genannten 90 Millionen Tonnen Öl (Beitrag der hydrothermalen Erdwärme) sind das Ergebnis einer Rückrechnung auf der Grundlage der in Anm. 10 genannten Prozentzahl. Es ist daher keine verläßliche Schätzung des Potentials hydrothermaler Vorkommen, sondern gibt nur ganz grob die mögliche Größenordnung an. Die Zahl von 90 Millionen kann deshalb nur unter dieser Einschränkung betrachtet werden.

13
Vgl. »Das Angebot von Energie-Rohstoffen«, s. Kapitel 11, Anm. 1 und 3 sowie »Statusbericht zur Geothermik«, s. Anm. 4 und weitere.

14
Nach einer Schätzung der Bundesanstalt für Geowissenschaften und Rohstoffe (s. Kapitel 11, Anm. 1 und 3) erscheint eine installierte Leistung von 100 000 Megawatt im Jahr 2000 nicht unrealistisch, hängt jedoch von einer Vielzahl unterschiedlicher Faktoren ab.

15
Vgl. Gerd Lüttig, »Die Rolle der geothermischen Wärme als Energiequelle der Zukunft«, Jh. Ges. Naturkde. Württemberg, 133. Jahrgang, Stuttgart, den 15. Dezember 1978 und »Das Angebot von Energie-Rohstoffen«, s. Kapitel 11, Anm. 1 und 3.

18
Karl-Heinz Preuß, »Strom aus heißen Steinen«, Deutscher Forschungsdienst, Sonderdienst angewandte Wissenschaft, Nr. 1/78, s. auch gleicher Titel, Anm. 2.

Kapitel 21: Wasserkraft und Energie aus dem Meer

1
»Energiequellen für morgen?«, s. Kapitel 6, Anm. 10.

2, 4
»Die Rolle der Kernkraft für die dritte Welt«, s. Kapitel XV, Anm. 5; vgl. hierzu auch »Energiekrise und Entwicklungspolitik«, s. Kapitel 14, Anm. 3 sowie dieses Kapitel, Anm. 3.

3
Weltentwicklungsbericht 1979, s. Kapitel 3, Anm. 3.

5
epi, Entwicklungspolitische Informationen, Nr. 1/80.

6
D. Oesterwind, O. Renn, A. Voß, »Sanfte Energieversorgung, Möglichkeiten – Probleme – Grenzen«, Aktuelle Beiträge zur Energiediskussion, Jül-Spez-78, Juni 1980; vgl. auch »Energiequellen für morgen?«, s. Kapitel 6, Anm. 10.

7, 10
»Energiequellen für morgen?« s. Kapitel 6, Anm. 10; vgl. auch »Energie aus Wind und Wellen«, s. Kapitel 20, Anm. 3.

8, 9
Vgl. hierzu Harald Steinert, »Unbegrenzte Energie durch Meereswärme?«, Deutscher Forschungsdienst, Sonderdienst angewandte Wissenschaft, Nr. 23/80.

11
Wissenschaft Wirtschaft Politik, Nr. 29/78; vgl. hierzu Frankfurter Allgemeine Zeitung, Blick durch die Wirtschaft vom 26. 1. 80, »Strom aus Wellenbewegungen« und 30. 4. 80, »Britische Forscher liebäugeln mit der Nutzung der Wellenenergie«.

12, 13, 14
Dornier System GmbH, »Wellenenergie – Technologie und Nutzung, Systemuntersuchung«, Kurzfassung des Ergebnisberichts, März 1979 (ebenfalls beteiligt an der Finanzierung dieses Projekts war das Bundesministerium für Wirtschaftliche Zusammenarbeit).

Kapitel 22: Bioenergie und Biorohstoffe

1, 2
»Nutzung der Sonnenenergie – Aufgabe für die Zukunft«, s. Kapitel 18, Anm. 1.

3
Karl Heinz Büchel, »Agrarprodukte – Rohstoff- und Energiequelle der Zukunft«, in: Bonner Universitätsblätter 1979; vgl. auch Deutsche Shell AG, »Energie aus Biomasse«, Shell Briefing Service, Juli 1980.

4
Nach einer Definition von Büchel (s. Anm. 3) versteht man heute unter Biomasse im weitesten Sinne alle pflanzlichen Materialien. Tierische Materialien sowie land- und forstwirtschaftliche, kommunale und industrielle biologische Abfälle werden ebenfalls dazu gerechnet.

5
Karl-Heinz Preuß, »Nachwachsende Rohstoffe für die Chemie«, Deutscher Forschungsdienst, Sonderdienst angewandte Wissenschaft, Nr. 6/80; vgl. hierzu H. J. Kraege, »Forschung und Entwicklung zur Sicherung der Rohstoffversorgung«, in: »Verwertung von nachwachsenden Rohstoffen«, Dokumentation eines Symposiums am 16. und 17. Februar 1979 in München, hrsg. von der Verbindungsstelle Landwirtschaft-Industrie E. V., Essen 1979.

6, 8
»Energiesparen und alternative Energien«, Antwort der Bundesregierung auf eine Kleine Anfrage, BT-Drucksache 8/4441 vom 11. 8. 1980.

7
Frankfurter Allgemeine Zeitung vom 22. 1. 80, »Briketts aus Holzabfällen?«

9
Nach Angaben des Geschäftsführers der Gesellschaft für solare und energiesparende Technologien Ulf Bossel, s. »Briketts aus Holzabfällen?« (Anm. 7).

10
Informationsdienst für Bildungspolitik und Forschung, ibf-Spektrum Nr. 347 vom 15. 2. 80.

11
KhP, »Strohfeuer löst Energieprobleme«, Deutscher Forschungsdienst, Sonderdienst angewandte Wissenschaft, Auslandsausgabe 9/77; A. Strehler, E. M. Hofstetter, Landtechnik Weihenstephan, »Energiegewinnung aus Stroh«, Forschungsbericht ET 5183 A; A. Strehler, »Stroh – seine Nutzung als Energieträger«, AID-Informationen Nr. 20/80; Deutscher Forschungsdienst, Sonderdienst angewandte Wissenschaft, Nr. 2/80, »Stroh statt Heizöl«.

12
Es laufen auch Arbeiten zur Verdichtung von Stroh (Strohbrikettierung).

13
Vgl. Diskussionsbeiträge auf dem Symposium »Verwertung von nachwachsenden Rohstoffen«, s. Anm. 5.

14
»Nachwachsende Rohstoffe für die Chemie«, s. Anm. 5; vgl. hierzu div. Beiträge auf dem Symposium »Verwertung von nachwachsenden Rohstoffen«, s. Anm. 5 und »Agrarprodukte – Rohstoff- und Energiequelle für die Zukunft«, s. Anm. 3.

15
Gernot Gieseler und Christoph Schnell, »Gärungsalkohol aus Agrarprodukten als Biokraftstoff«, Kurzfassung, August 1980; vgl. hierzu Karl-Heinz Preuß, »Alkoholpflanzen für die Bundesrepublik«, Deutscher Forschungsdienst, Sonderdienst angewandte Wissenschaft, Nr. 17/80.

16
Die Gestehungskosten liegen nach Angaben der in Anm. 15 zitierten Studie noch etwa um den Faktor 4 über den Kosten der Benzinproduktion (z. B. Zuckerrübe DM 2,30 pro Liter Äthanol, Getreide DM 1,75). Dabei sind jedoch die im Text folgenden Bemerkungen zu beachten.

17
Auswertungs- und Informationsdienst für Ernährung, Landwirtschaft und Forsten, AID Informationen Nr. 9 vom 4. 5. 1979.

18
Vgl. hierzu Messerschmitt-Bölkow-Blohm, »Untersuchung zur Energieeinsparung in der Landwirtschaft«, BMFT, August 1979, Kurzfassung, Endbericht im Druck.

19
Vgl. Antwort des Parl. Staatssekretärs Gallus auf eine Schriftliche Anfrage (BT-Drucksache 8/2969) am 22. Juni 1979.

20
G. D., »Energie und Düngemittel aus der Kläranlage«, Deutscher Forschungsdienst, Sonderdienst angewandte Wissenschaft, Nr. 12/80.

21
S. Anm. 18.

22
Weltentwicklungsbericht 1979, s. Kapitel 3, Anm. 3.

23
S. Anm. 22; vgl. hierzu auch »Desertifikation und Maßnahmen zu ihrer Bekämpfung«, zusammengestellt anläßlich der VN-Konferenz über Maßnahmen gegen die Ausbreitung von Wüsten (Nairobi, 29. 8. 77 bis 9. 9. 77), in: Entwicklungspolitik, BMZ-aktuell, August 1977.

24
Rainer Offergeld, Bundesminister für wirtschaftliche Zusammenarbeit, »Technologietransfer in die dritte Welt«, Festrede zur Diplomierungsfeier an der Fachhochschule Heilbronn am 13. März 1980, veröffentlicht in BMZ-Mitteilung für die Presse 19/80.

25
epi Entwicklungspolitische Informationen 2/80 (Titel der Untersuchung: »Holz als Rohstoff in der Weltwirtschaft«).

26
Nach Angaben von Dr. Wu Wen, Institut für Biogas-Entwicklung, auf dem Weltkongreß über Bioenergie vom 21. bis 24. April 1980 in Atlanta (Georgia/USA), vgl. Amerika-Dienst Nr. 22/80.

27
Jörg Franz, »Sanfte Energie auf dem Vormarsch«, Deutscher Forschungsdienst, Sonderdienst angewandte Wissenschaft, Nr. 11/79.

28
Vgl. hierzu Gerald Leach, »Energie und Nahrungsproduktion«, in: »Energie und Ernährung in der dritten Welt«, Drei Beiträge zum Thema, zusammengestellt von Ernst-Günther Jentzsch, Hrsg.: Deutsche Welthungerhilfe, Bonn, September 1979.

29
»Energie aus Biomasse«, s. Anm. 3.

30, 31
»Agrarprodukte – Rohstoff- und Energiequelle der Zukunft«, s. Anm. 3.

32
»Untersuchung zur Energieeinsparung in der Landwirtschaft«, s. Anm. 18, vgl. auch Lester R. Brown, »Food or Fuel – New Competition for the World's Cropland«, Worldwatch Institute, Washington 1980; vgl. hierzu Amerika-Dienst 18/80.

33
Karl-Heinz Preuß, »Wasserstoff statt Bioalkohol«, Deutscher Forschungsdienst, Sonderdienst angewandte Wissenschaft, Nr. 19/80; Ingo Rechenberg, »Wasserstofferzeugung durch biologisch-technische Systeme«, Fachgebiet Bionik und Evolutionstechnik, TU Berlin, (Berlin 1980), vervielfältigtes Manuskript.

34
Vgl. hierzu Peter Böger, »Energieumwandlung durch photobiologische Wasserspaltung«, Umschau in Wissenschaft und Technik, Heft 20/79 und »Photobiologische Umwandlung der Sonnenenergie«, Naturwissenschaft 65, 407–412 (1978); vgl. auch Karl-Heinz Preuß, »Blaualgen produzieren Wasserstoff«, Deutscher Forschungsdienst, Sonderdienst angewandte Wissenschaft, Nr. 2/80.

35
»Neue Energien für die Gemeinschaft«, s. Kapitel 18, Anm. 4.

36, 37
Biomasse, Internationale Rohstoff- und Energieperspektiven, Nr. 1 vom 17. November 1980.

38
Amerika-Dienst Nr. 22/80; vgl. hierzu auch Thomas B. Johansson und Peter Steen, »Sonnenland Schweden – Skizze zu einer zukünftigen Energieversorgung«, Aktuelle Informationen aus Schweden, hrsg. vom Schwedischen Institut, April 1978.

39
Amerika-Dienst 41/80.

40
Amerika-Dienst 22/80.

41
Vgl.: »Energie aus Biomasse«, s. Anm 3.

42
Wissenschaft Wirtschaft Politik, Nr. 51–52/79.

Kapitel 23: Energiestrategien und globale Energiebedürfnisse

1
A. Hänle und andere, »Energie – heute und morgen«, Datensammlung (Stand: August 1980), DFVLR 1980.

2
Vergleich auf der Grundlage der im Weltentwicklungsbericht 1979 (s. Kapitel 3, Anm. 3) enthaltenen Tabellen.

3
Wolf Haefele (nach Manuskripten von), »Perspektiven langfristiger Energieversorgung«, Umschau in Wissenschaft und Technik, Nr. 20/79; W. Haefele, »Langfristige Strategien zur Welt-Energieversorgung«, Atomwirtschaft, August/September 1980; vgl. hierzu Robert Gerwin, »Die Welt-Energieperspektive«, Analyse bis zum Jahr 2030 nach dem IIASA-Forschungsbericht – vorgelegt von der Max-Planck-Gesellschaft, Stuttgart 1980; Originalbericht »Energy in a Finite World« (bei Druck dieses Buches noch nicht erschienen).

4
Dazu Gerwin (s. Anm. 3): »Sowohl für das hohe als auch für das niedrige Szenario – die Grenzen, zwischen denen die künftige Energieentwicklung verlaufen sollte – werden in der Studie je nach dem Entwicklungsstand des Modellsatzes und des Berechnungszeitpunkts unterschiedliche Werte angegeben. Für den Gesamt-Energiebedarf im Jahr 2030 kommt man beim hohen Szenario mal auf 36 TWa, mal auf 41 TWa. Beim niedrigen Szenario sind es mal 22 TWa und mal 26 TWa. Auch andere Werte tauchen auf . . .« Ausgangspunkt der Betrachtungen und Berechnungen in diesem Kapitel sind die in der »Umschau« 20/79 genannten Werte, entsprechend dem jeweils oberen Wert in dem hier wiedergegebenen Zitat, umgerechnet in Tonnen Steinkohleeinheiten. Auch die entsprechenden Tabellen in der »Umschau« wurden ausgewertet.
Die niedrigeren Daten waren bei Manuskriptabschluß noch nicht bekannt, deshalb sei zu ihnen hier folgende Anmerkung gemacht: Das Verhältnis des Energieverbrauches der Industrieländer und der Entwicklungsländer insgesamt mit jährlich 13,9 Terawatt oder 15 Milliarden Tonnen Steinkohleeinheiten (Industrieländer) zu 8,5 Terawatt oder 9,12 Milliarden Tonnen Steinkohleeinheiten (Entwicklungsländer) im niedrigen Szenario verbessert sich dadurch etwas, erreicht allerdings nicht das ohnehin günstigere Verhältnis im hohen Szenario, das sich bei der Reduzierung von etwa 42 Terawatt oder 45 Milliarden Tonnen Steinkohleeinheiten auf 36 Terawatt oder 38,5 Milliarden Tonnen Steinkohleeinheiten nur unwesentlich verbessert, da bei Entwicklungsländern wie Industrieländern gleichermaßen fast gleichgroße Prozentsätze abgezogen werden. Im nach unten korrigierten niedrigen Szenario wurden mit 13,9 Terawatt oder 15 Milliarden Tonnen Steinkohleeinheiten gegenüber zuvor 17,3 Terawatt oder 18,5 Milliarden Tonnen Steinkohleeinheiten, also minus 3,4 Terawatt oder 3,7 Milliarden Tonnen Steinkohleeinheiten, die größten Abstriche gemacht, während die Entwicklungsländer nur 0,4 Terawatt bzw. 0,43 Milliarden Tonnen Steinkohleeinheiten einbüßten.

5, 6
Vgl. hierzu »Energie-Wende«, s. Kapitel 3, Anm. 11 (S. 166 ff.).

7
»Energie-Wende«, s. Anm. 5 und 6.

Kapitel 24: Energie und Wachstum

1
Vgl. hierzu Wolfgang Klauder, »Zu den Arbeitsmarktauswirkungen unterschiedlicher Energiestrukturen«, Mitteilungen aus der Arbeitsmarkt- und Berufsforschung, 13. Jg./1980.

2, 3
»Beschäftigungswirkungen beim Übergang zu alternativen Energiestrukturen«, s. Kapitel 7, Anm. 18.

4
Vgl. hierzu auch Anm. 1.

5
Volker Hauff, s. Kapitel 8, Anm. 27.

6
Institut für angewandte Ökologie, Anmerkungen auf einer Pressekonferenz am 8. November 1979 in Bonn.

7, 8, 9, 11
»Technologietransfer in die dritte Welt«, s. Kapitel 22, Anm. 24.

10
Amerika-Dienst 22/80.

Allgemeine Anmerkungen und Literatur

»Energieflußbild der Bundesrepublik Deutschland (1978)«, Rheinisch-Westfälisches Elektrizitätswerk, Abt. Anwendungstechnik.
»Energiebilanz 1978 der Bundesrepublik Deutschland und Auswertungstabellen 1970–1978«, Arbeitsgemeinschaft Energiebilanzen, Düsseldorf.
Kommission Energiepolitik, »Erster Zwischenbericht der Kommission Energiepolitik beim Parteivorstand der SPD«, Bonn, September 1979.
Vereinigung Industrielle Kraftwirtschaft (Hrsg.), »Statistik der Energiewirtschaft 1978/79«.

SACHREGISTER